I0766301

La Cooperación Internacional y Construcción de Paz en Colombia

Experiencias desde los territorios.

Rafael F Diaz V

Coordinador

LA COOPERACIÓN INTERNACIONAL Y CONSTRUCCIÓN DE PAZ EN COLOMBIA

Índice

Presentación

La sorpresiva y no conveniente votación del octubre
de 2016 en cuanto a los resultados de aprobación o no
de un Acuerdo Final para la terminación del conflicto
y la construcción de una paz estable y duradera, con
relación a la guerra de más de seis décadas del Estado
colombiano y las FARC-EP, nos llevaría a plantear que
paso seguir y como hacer que la tan anhelada paz para
las comunidades rurales sea posible en algún momento.

El presente texto contiene las reflexiones de los trabajos de investigación realizados dentro del proyecto Vita Activa, del Centro de Estudios Espacio y Sociedad,
dicho proyecto se elaboraría durante el periodo 2016-
2018, desde la óptica de la Historia, la Ciencia Política,
el Derecho y las Relaciones Internacionales, desde una
metodología de Acción participante con poblaciones
de los departamentos de Cundinamarca, Boyacá y Santander, quienes desde sus experiencias como jóvenes,
niños, ancianos, adultos, victimas y no víctimas directas del conflicto, contribuyen a esclarecer el papel de

las ciencias sociales en Colombia hoy en día ante una guerra de más de seis décadas.

El texto a continuación se compone de tres apartados. Una primer parte en la cual se analiza y expone el papel de la cooperación internacional en Colombia durante las últimas décadas, en especial desde la implementación del Plan Colombia, como plan de cooperación del gobierno de los Estados Unidos con Colombia entre 1999 y 20916, examinando sus precedentes, objetivos e implicaciones para la sociedad civil y los derechos humanos; un segundo texto en el cual se examinan los Objetivos del desarrollo del Milenio, y su incidencia para la reducción d ella pobreza en Colombia.

Una segunda parte en la cual se examinan experiencias de paz desde jóvenes y niños, en las cueles se examina la propuesta de la Catedra de la Paz y su implementación en el aula, a partir de un estudio de caso en la ciudad de Bogotá; el papel de las TIC y la construcción de Paz tomando dos textos como referencia, uno en el cual se examina dicha propuesta desde la Localidad de Suba en Bogotá y un segundo texto en el cual se aborda la misma propuesta y su papel con respecto a la población rural en un municipio de Cundinamarca; Un tercer texto se aborda desde las experiencias del aula, con un ejercicio de empoderamiento de mujeres campesinas en Cundinamarca, en un municipio que ha llevado como muchos de este país, décadas de violencia, las cuales inciden no solo en la vulneración de los

Derechos Fundamentales, sino también en la Violencia contra la Mujer.

En una tercera parte se evalúan puntos tomados en los acuerdos de la Habana, como el punto dos en referencia a un Nuevo Campo Colombiano, examinado temas como la economía campesina, producción y explotación de recursos naturales, haciendo referencia al caso de la explotación minera en municipios de Cundinamarca y Boyacá; se expone además la evaluación de un plan decenal de Salud Pública Departamental (Santander), de cara a la solución del conflicto; dos textos adicionales expondrán el punto cinco de los Acuerdos de la Habana, en cuanto a las Víctimas del Conflicto, examinando La reincorporación de niños soldados; y los procesos de Memoria Historia como espacios para la reparación y no repetición.

Se agradece enorme mente a la participación y esfuerzo de los jóvenes investigadores del proyecto, a la participación de los diferentes actores sociales y las instituciones que colaboraron con el desarrollo de este proyecto, que en su primera fase arrojaría los resultados expuestos a continuación.

Rafael F Diaz v.
Bogotá, 7 diciembre 2018.

La cooperación internacional en Colombia 1996-2016.
Dependencia económica y militar.

Rafael Francisco Diaz Vásquez[1]

Hoy en día en el lenguaje académico y no en el cotidiano, encontramos los términos de cooperación internacional, no porque este tipo de programas no existieran en el pasado, una de las razones es él contexto actual, el acceso a mayor información y con esto de información de acontecimientos en el contexto internacional. Por lo que el tema de la cooperación internacional se ha llevado a tratar desde la economía

---

[1] Historiador. Coordinador de investigaciones Centro de Estudios Sociedad y Espacio. Colombia. Director e investigador principal del proyecto Vita Activa 2017-2018

con el actual comportamiento de bloques económicos, la ayuda humanitaria, para la resolución de conflictos y ayudas a refugiados; y las ayudas al desarrollo; tres temas sobre los cuales en Colombia presenta diálogos como protagonista.

La cooperación internacional se ha traducido en diferentes modalidades, con fines de lograr el desarrollo, de las cuales son caracterizadas por el origen de sus recursos, como[2]:

- **Ayuda Oficial al Desarrollo:** abarca todos los flujos de recursos —técnicos y financieros— destinados a países en desarrollo e instituciones multilaterales, suministrados por organismos oficiales, incluidos el Estado y gobiernos locales o sus agencias ejecutoras, además de entes privados, cuyo objeto prioritario es la promoción del desarrollo económico y social y el bienestar de los países en desarrollo; es de carácter no reembolsable y/o concesional.

---

[2] Agencia Presidencial de Cooperación Internacional. APC Colombia. ¿Cuáles son las modalidades de cooperación internacional?. Disponible en: https://www.apccolombia.gov.co/pagina/cuales-son-las-modalidades-de-cooperacion-internacional

- **Cooperación Privados:** El sector privado es un actor de desarrollo reconocido en la Alianza de Busán para la Cooperación Eficaz al Desarrollo. Desempeña una función esencial en la promoción de la innovación, la creación de riqueza, ingresos y empleos y en la movilización de recursos nacionales, contribuyendo así a la reducción de la pobreza.

- **Cooperación Descentralizada:** Es el conjunto de acciones de cooperación internacional que realizan o promueven los gobiernos locales y regionales. Se caracteriza por ser un modelo dinámico, con visión de mediano y largo plazo, en donde se ve implicada la responsabilidad política y la legitimidad, con el propósito de potencializar el desarrollo en el territorio, con la participación directa de los grupos de población interesados. Según el nivel de desarrollo de los actores participantes.

- **Cooperación Triangular:** Es un tipo mixto de cooperación internacional, que combina la cooperación tradicional o vertical (de un país desarrollado o un organismo u organización internacional) con la cooperación horizontal o

Sur-Sur (entre países en desarrollo), para brindar cooperación a un tercer país en desarrollo.

- **Cooperación horizontal (Sur-Sur):** Se utiliza para promover la generación de agendas positivas y el intercambio de conocimientos y experiencias entre países en desarrollo. Consiste en una cooperación basada en la horizontalidad, la solidaridad y el interés y beneficio mutuos, destinada a abordar conjuntamente los desafíos del desarrollo y a apoyar las prioridades de los países involucrados.

- **Cooperación Vertical (Norte-Sur):** Es aquella que se da entre un país desarrollado y otro en vía de desarrollo o de menor nivel de desarrollo.

Cooperación internacional en un contexto de la guerra fría.

Posterior a la segunda guerra mundial, se iniciaría la planeación de la recuperación económica y física de Europa, con esto a diferencia de la primera guerra mundial, donde los países vencidos tuvieron que pagar por la recuperación de los vencedores, se daría inicio a un plan de cooperación económica y racionalización de los recursos de los estados europeos, como se consideraría desde la Conferencia de la Postdam en sus apartes de Principios Políticos y Principios Económicos, con el fin de hacer frente no solo a la destrucción dejada por la guerra, sino también al gran oponente de occidente, la entonces Unión Soviética; no quiere decir esto que se "ayudara" a los países vencidos y destruidos, sino que se mantendría un control sobre los recursos y el crecimiento de la economía de estos[3], además, la búsqueda por reforzar el desarrollo del capitalismo de países, y el restablecimiento de las economías de Europa occidental marcarían el punto central del Plan Marshall (1947), de la mano de la construcción de las llamadas alternativas al desarrollo, con el establecimiento de tratados que permitieran reforzar los vínculos de Europa occidental, incluida la España fascista de Franco y a su vez, Japón.

La cooperación iniciada en 1945, no se rezagaría a una cooperación financiera como se ha tratado y subrayado en las últimas décadas, es claro como latinoamericanos, asiáticos y africanos, que Estados Unidos iniciaría un acelerado esfuerzo por mantener una

---

[3] The Berlin (Potsdam) Conference, July 17-August 2, 1945 (a) Protocol of the Proceedings, August 1, 1945. Disponible en: http://avalon.law.yale.edu/20th_century/decade17.asp

cooperación de tipo militar, bajo lo que se ha denominado los temas de seguridad nacional[4], y en específico en 1944 con el papel del creado International Bank for Reconstruction and Development IBRD en la conferencia Bretton Woods, el cual mantendría como objetivo asegurar el comercio internacional, eliminando las restricciones al libre comercio.[5]

El gran esfuerzo de los Estados Unidos por asegurar un futuro sobre las antiguas potencias devastadas por la guerra se afianzaría con dichas medias, sobre las cuales se incluiría además el dólar como moneda de referencia dentro del IBRD, diseñando todo un ciclo de acuerdos y reuniones en las cuales, se aseguraría la dependencia a las reservas de la Reserva Federal Americana, bajo el patrón del oro, añadido a la ocupación de las tropas norteamericanas dentro de Europa y extremo oriente.

Las medidas de "cooperación y ayuda" sostenidas por los Estados Unidos, se plantearían desde la Novena Conferencia Interamericana, celebrada en

---

[4] Michael J. Hogan. A CrossofIron. Harry S. Truman and the Origins of the National Security State, 1945-1954. New York: Cambridge University Press. 1998.
[5] Josep Fontana. Por el Bien del Imperio. Una historia del mundo desde 1945. Barcelona: Pasado & Presente. Capítulo 1. Postdam

abril de 1948 en Bogotá, desde la cual se originaria la Organización de los Estados Americanos- OEA, sumada a la Comisión Económica para América Latina y el Caribe- CEPAL, creada por disposición de el Consejo Económico y Social de la Naciones Unidas en 1948. Pero a diferencia de los estados europeos, la "ayuda" de los Estados Unidos a Latinoamérica entre 1945 a 1950, es inferior a la ayuda recibida por el Benelux, asegurando además, reducir la influencia del nacionalismo, comunismo y sindicalismo en la región, por medio de la prohibición de la Confederación de Trabajadores de América Latina, en palabras de "El embajador Thomas C. Mann, que ha dado nombre a la «doctrina Mann», llegó a sugerir en junio de 1961 que, antes de conceder al gobierno de México un préstamo de 400 millones de dólares, se le exigiese un programa para eliminar toda influencia izquierdista —«comunista» para él— no solo del gobierno, sino incluso «de los libros de texto y otros materiales de lectura usados en las escuelas primarias y secundarias»"[6]. Esta posición desde los Estados Unidos marca la transformación de lo que se conoce como una cooperación a una dependencia, en la cual los gobiernos la-

_____

[6] Josep Fontana. Por el Bien del Imperio. Una historia del mundo desde 1945. Barcelona: Pasado & Presente. Capítulo 10. La guerra fría en América Latina.

tinoamericanos más allá de ser visto como el "patios de atrás" en palabras de Eisenhower, han mantenido una actitud en su gran mayoría dócil ante un reconocimiento amistoso norteamericano, favoreciendo la extensión de la disconformidad y la pobreza la cual sería más efectiva con el discurso de la *Alianza contra el Progreso* y la creación de la United States Agency for International Development (USAID) en 1961 y la Pan American Development Foundation – PADF/FUPAD en 1962.

Las tesis de la CEPAL, sostenidas por Raul Prebish, sostenían un desarrollismo que establecería la dependencia económica de América Latina y el Caribe, ante un modelo de presupuestos sobre un sistema económico mundial del capitalismo, contribuiría a sostener modelos de gobierno no necesariamente democráticos, como sucedería con los casos de Batista en Cuba, Pinochet en Chile, Duvalier en Haití, Videla en Argentina, Banzer en Bolivia, Somoza en Nicaragua, Castello Branco en Brasil, Bordaberry en Uruguay, Rios Montt en Guatemala, Stroessner en Paraguay, Pérez Jiménez en Venezuela, Balaguer en República Dominicana, Sánchez Hernández en Salvador, López Arellano en Honduras; hasta modelos llamados democráticos del Frente Nacional en Colombia, la democracia COPEI-AD en Venezuela o el PRI en

México, Belaúnde Terry en Perú, Arias en Costa Rica, todos bajo el marco común de un cierre a la participación de organizaciones rurales, trabajadores, sindicatos, estudiantes y comunistas.

Por otro lado la estrategia de cooperación de la URSS con América Latina, no se diferenciaría demasiado de la norteamericana, bajo un marco común de cooperación en un intento por reforzar los lazos internacionales fracturados por el autoritarismo de Stalin, Nikita Jrushchov realiza el intento de una diversificación política, mayor presencia soviética e independencia de los Estados Unidos, como se definiría en el XXIII Congreso del Partido Comunista en 1966, cuestión que no pasaría a la acción por el cisma Chino-Soviético, sumado a lo que consideraron los soviéticos, el limitante de una influencia real de Cuba sobre América Latina[7]

Pero con la caída del bloque soviético en 1991, la idea de cómo el "mundo libre" ha triunfado

---

[7] Augusto Varas. América Latina y la Unión Soviética: Una nueva relación. Buenos Aires: FLACSO. 1987. Pp. 22; ver también: Augusto Varas. De la Komintern a la Perestroika. América Latina y la Unión Soviética Santiago: FLACSO. 1991; Augusto Varas, "América Latina y la Unión Soviética Relaciones interestatales y Vínculos Políticos", Documento de Trabajo, FLACSO, septiembre de 1981

sobre el comunismo, y con esto de la necesidad de la universalización de la democracia liberal, se ha concebido un orden mundial "cosmopolita" dentro de la única identidad democrática liberal, asociando otras identidades como los enemigos de ese mundo libre, como lo plantea Chantal Mouffe en su texto En torno a lo político.

Las estrategias de cooperación se han tornado en el discurso de la seguridad en las últimas dos décadas, y está en la lucha por el mantenimiento de la democracia, expresada en casos como la destrucción de Irak y Afganistán bajo la bandera de la guerra con el terrorismo, confirmada como gran mentira años después por el informe Chilcot; los programas de asistencia técnica para África y Asia, principalmente en países sumidos en el conflicto, desarrollado en los últimos años por el fundamentalismo islámico incitado por la Islamofobia generada por el contexto del 9-11; sumando específicamente en Colombia, con el denominado Plan Colombia, en el cual según el Departamento Nacional de Planeación de Colombia, en su informe de 2016, se dirigió en más de un 70% expresado en "componente militar" de los más de 9.600 millones de dólares, dejando según cifras del mismo informe un costo social de más de seis millones de víctimas, el asesinato de más de 4300 civiles presuntamente por las fuerzas militares del gobierno, cuatro millones de personas desplazadas forzadamente[8].

El Plan de dependencia Colombia.

La estrategia de seguridad democrática, como se denomina el lema del gobierno de Álvaro Uribe Vélez entre 2002 y 2006, realizaría un énfasis en un plan de lucha contra las llamadas organizaciones terroristas, discurso en el cual la "lucha contra el terrorismo", planteada por los Estados Unidos tomaría un punto esencial, al fortalecer con esto la dependencia política de Colombia hacia los Estados Unidos, así como de la búsqueda por mantener y aumentar las ayudas econó-

---

[8] Departamento Nacional de Planeación (2016). Plan Colombia DNP 15 años. 9 de febrero de 2016. Disponible en: https://www.dnp.gov.co/Paginas/Plan-Colombia-DNP-15-a%C3%B1os.aspx

micas en cooperación estratégica militar enmarcadas en el ya existente Plan Colombia[9].

En 1999 el congreso de los Estados Unidos aprobaría el Plan Colombia, como estrategia para poner fin al largo conflicto armado colombiano, eliminar el tráfico de drogas y promover el desarrollo económico y social. En este participarían diferentes entes del gobierno norteamericano como la Andean Counterdrug Initiative (ACI) y el Foreign Military Financing (FMF) del Department of Defense. Este inicialmente estaría propuesto como un plan de seis años, expirando en 2005, cuando el gobierno de Colombia solicitaría una extensión del mismo, y con esto de un aumento de recurso económicos. El pan tendría estimado un costo inicial de $2.8 billones de dólares, alcanzando a solicitar finalmente más de $9.6 billones de dólares, asumidos en su totalidad por el gobierno de los Estados Unidos, mientras Los países europeos consideran que no estarían a favor de dicho Plan, ya que no se

---

[9] Plan Colombia: Plan for Peace, Prosperity, and the Strengthening of the State, Government of Colombia, Office of the Presidency, October. 1999

proporcionan fondos de desarrollo económico y social.[10]

Según el Departamento Nacional de Planeación del gobierno de Colombia, en 2016, el Plan Colombia, inicialmente se concebiría como instrumento de guerra, este designaría más de un 85% en "ayuda militar", la cual se destinaría para aumentar la capacidad operacional con más batallones, helicópteros y soldados profesionales. Distinguiendo y exponiendo en dicho Plan Colombia para la Paz como se denomina originalmente desde 1998 por el gobierno de Andrés Pastrana Arango, tres fases[11] (Ver tabla 1 y 2.)

* **Primera fase 1999-2006.** *Plan para la Paz y el Fortalecimiento del Estado.* Se proyectaría inicialmente una cifra de $2.8 billones de dólares, de los cuales finalmente se destinarían $4.8 billones de dólares en recursos del sector defensa únicamente.

---

[10] Connie Veillette. (2005) CRS Report for Congress. Plan Colombia: A Progress Report. Washington: Analyst in Latin American Affairs Foreign Affairs, Defense, and Trade Division. p.p. 1
[11] Departamento Nacional de Planeación DNP. (2016) Plan Colombia DNP 15 años. Bogotá: DNP. Disponible en: https://www.dnp.gov.co/Paginas/Plan-Colombia-DNP-15-a%C3%B1os.aspx

- **Segunda fase 2007-2010.** *Estrategia del fortalecimiento de la democracia y del desarrollo social.* Se destinaron $2.1 billones de dólares en los cuales se comprendería inicialmente destinar una parte de estos 30% en ayudas del sector social, el restante 70% en el sector defensa.

- **Tercera fase. 2011-2016.** *Iniciativa de desarrollo estratégico para Colombia.* Se destinarían $2.7 billones de dólares, en componentes mayormente para el desarrollo económico y ayuda a las poblaciones afectadas por el conflicto armado, además de un pequeño porcentaje para la erradicación de cultivos de cocaína.

Gráfico 1. Dinero destinado por el gobierno de los Estados

	Asistencia Militar	Asistencia Instituc	Total Asistencia EE.UU
Total ayudas de los EE.UU 1996-2016	7.634	2.899	10.533
Plan Colombia 1999-2016	7.368	2.897	10.265
Primera Fase 1999-2005	3.508	763	4.271
Segunda Fase 2006-2010	2.483	1.047	3.530
Tercera Fase 2010-2016	1.377	1.087	2.464

Unidos en cooperación para Colombia 1996-2016.

Fuente: Oficina en Washington para Asuntos Latinoamericano, Oficina de la Naciones Unidas; Connie Veillette. (2005) CRS Report for Congress. Plan Colombia: A Progress Report. Washington: Analyst in Latin American Affairs Foreign Affairs, Defense, and Trade Division; Departamento Nacional de Planeación DNP. (2016) Plan Colombia DNP 15 años. Bogotá: DNP. Disponible en: https://www.dnp.gov.co/Paginas/Plan-Colombia-DNP-15-a%C3%B1os.aspx

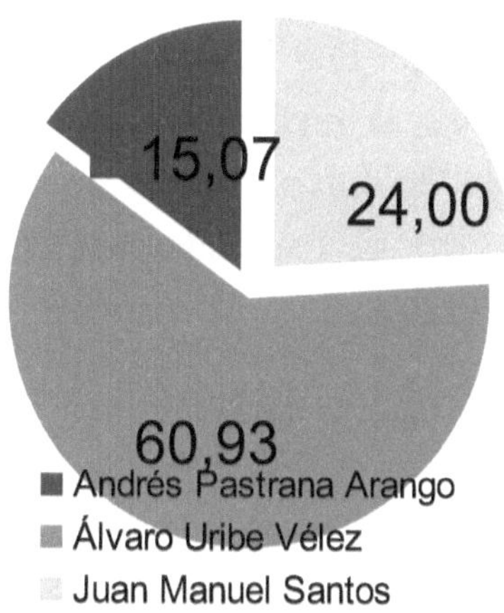

Fuente: Oficina en Washington para Asuntos Latinoamericano, Oficina de la Naciones Unidas; Connie Veillette. (2005) CRS Report for Congress. Plan Colombia: A Progress Report. Washington: Analyst in Latin American Affairs Foreign Affairs, Defense, and Trade Division; Departamento Nacional de Planeación DNP. (2016) Plan Colombia DNP 15 años. Bogotá: DNP. Disponible en: https://www.dnp.gov.co/Paginas/Plan-Colombia-DNP-15-a%C3%B1os.aspx

La política de gobierno Pastrana caracterizada por los fallidos acuerdos y diálogos con las FARC y el ELN, se marcaría además por una evidente fuerza pública débil ante la confrontación militar, debilidad encontraste ante la sorprendente inyección en ayuda militar por parte del Plan Colombia como se muestra en la tabla 1. en la cual se mantiene una cifra de $10.533 billones de dólares totales en ayudas recibidas entre 1996 y 2916, de los cuales $10.265 son dineros adjudicados al Plan Colombia entre 1999-2016.

Tabla 2. Billones de dólares del plan Colombia en sus fases.

	Asistencia Militar	Asistencia Institucional	Total Asistencia EE. UU
Total ayudas de los EE. UU 1996-2016	7634	2899	10533
Plan Colombia 1999-2016	7368	2897	10265
Primera Fase 1999-2005	3508	763	4271
Segunda Fase 2006-2010	2483	1047	3530
Tercera Fase 2010-2016	1377	1087	2464

* Las cifras están dadas en billones de dólares.
Fuente: Oficina en Washington para Asuntos Latinoamericano, Oficina de la Naciones Unidas; Connie Veillette. (2005) CRS Report for Congress. Plan Colombia: A Progress Report. Washington: Analyst in Latin American Affairs Foreign Affairs, Defense, and Trade Division; Departamento Nacional de Planeación DNP. (2016) Plan Colombia DNP 15 años. Bogotá:

DNP. Disponible en: https://www.dnp.gov.co/Paginas/Plan-Colombia-DNP-15-a%C3%B1os.aspx

Si bien el Plan Colombia conocido como *Plan para la Paz y el Fortalecimiento del Estado 1999-2005*, llegaría a una cifra de $4271 billones de dólares, como se corrobora en el reporte presentado al congreso de los Estados Unidos en 2005 por Conie Veillette, la totalidad de estos se destinarían a defensa y fortalecimiento institucional, sin contar con planes de asignación de ayudas para el desarrollo social; repercute en la emergencia humanitaria vivida por Colombia en los mismos años, donde se inicia un proceso de acelerado desplazamiento forzado, aumento de víctimas y hechos victimizantes como masacres, desplazamiento, homicidios, violaciones a los derechos humanos, entre otros, como desplazamiento, masacres, desapariciones forzadas y crímenes de estado, entre otros.

Mas de $10 billones de dólares se inyectarían asistencia para la "cooperación" durante los años 1999-2016 por parte del gobierno de los Estados Unidos, es claro que este tipo de cooperación daría a un salto cuantitativo durante el gobierno de Andrés Pastrana (1998-2002) donde el gobierno de Colombia pasa de recibir $152 millones de dólares entre 1996 a

1998 a recibir más de $1.6 billones de dólares entre 1999-2002, además de como dichos dineros disminuyen en su proporción durante el gobierno de Juan Manuel Santos, además de ser notable como la asignación de los dineros varia en un 55.88% para la asistencia militar y un 44.11% en asistencia de programas sociales (Ver tabla 2).

Gráfico 2. Porcentaje de ayudas económicas de los Estados Unidos a los gobiernos de Colombia entre 1996-2006

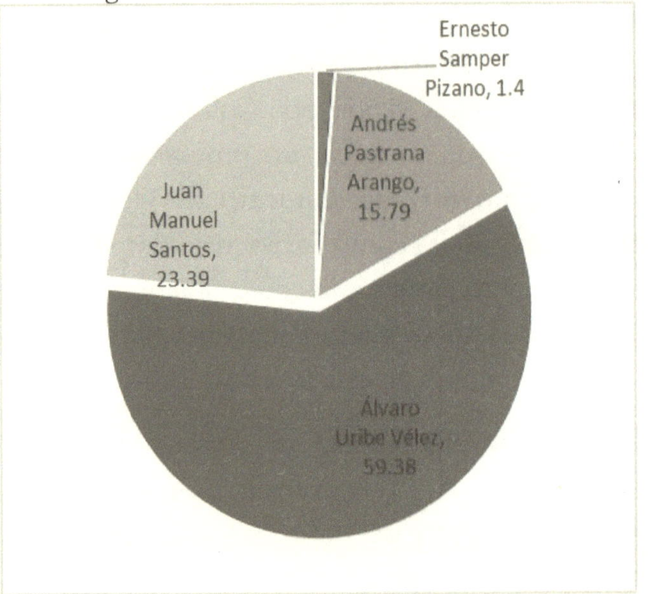

Fuente: Oficina en Washington para Asuntos Latinoamericano, Oficina de la Naciones Unidas; Connie Veillette. (2005) CRS Report for Congress. Plan Colombia: A Progress Report. Washington: Analyst in Latin American Affairs Foreign Affairs, Defense, and Trade Division; Departamento Nacional de

Planeación DNP. (2016) Plan Colombia DNP 15 años. Bogotá: DNP. Disponible en: https://www.dnp.gov.co/Paginas/Plan-Colombia-DNP-15-a%C3%B1os.aspx

El impacto de la asignación de los recursos económicos en las tres fases del Plan Colombia, repercute así en la situación de Derechos Humanos en Colombia, por lo que además, el cambio de planteamiento en cuanto a la política de inversión del estado en cuanto a destinar estos al mejoramiento de las condiciones de vida de los colombianos en las zonas más golpeadas por el conflicto, lograra exponer una transformación en el conflicto colombiano, con la disminución de homicidios, masacres, secuestros y crímenes de estado entre otros.

De la mano de la cambio en la asignación de los recursos en la tercera fase (2010-2016) es necesario resaltar el proceso paralelo seguido por el estado colombiano, en cuanto a dar una salida al conflicto con uno de los actores de los cuales se ha tratado como un actor de importancia histórica en Colombia, las Fuerzas Armadas Revolucionarias de Colombia FARC-EP, quienes iniciaran un proceso de dialogo con el estado una vez se diera el ascenso a la presidencia de Juan Manual Santos, y con quienes se firmaría un Acuerdo Final en Cartagena el 26 de septiembre de 2016.

Fortalecimiento militar y sus consecuencias.

Antes de la implementación del Plan Colombia, la asistencia militar de los Estados Unidos estaba enmarcada en la política de lucha contra las drogas, iniciada desde la llamada alianza para el Progreso en los tiempos de John F Kennedy como presidente de los Estados Unidos y Alberto Lleras Camargo como presidente de Colombia. Desde dicha Alianza, el gobierno colombiano y en especial la fuerza pública emprendería un trabajo de guerra subversiva bajo los lineamientos del macabro *Kill Ratio,* Body Count y el *Search and Destroy, lineamientos de guerra impartidos desde Vietnam por el General Norteamericano William Westmoreland's. En dicha lucha subversiva, para el caso colombiano se integraría como lo sostiene Mario Aguilera, una Violencia antisindical, en la que líderes sindicales, sociales y periodistas caen víctimas del fuego de grupos paramilitares y fuerzas del estado.*

Ante esto se ha puesto en evidencia por medio de la caracterización del conflicto por parte del Centro Nacional De Memoria Histórica -CNMH y el Registro Único de Víctimas

- RUV, además de la participación de entidades como el Centro de Investigación y Educación Popular -CINEP, la Consultoría para los Derechos Humanos y el Desplazamiento -CODHES y la Oficina Del Alto Comisionado De Las Naciones Unidas Para Los Derechos Humanos – OACNUDH, la manera en que delitos como masacres, asesinatos selectivos, civiles muertos en acciones bélicas, han aumentado a medida que aumenta la intensidad del conflicto, y esto en proporción a los recursos asignados por parte de la cooperación de los Estados Unidos con el Plan Colombia. Llevando con eso a evidenciar como el conflicto armado no se puede plantear de una manera homogénea en tiempo y espacio, así como sus repercusiones no se pueden elaborar de las mismas formas para los victimarios y víctimas.

La necesidad de llegar a un acuerdo para el fin del conflicto con las FARC-EP en 2010, se manifiesta incluso hasta hoy como una idea sobre la cual las FARC-EP, eran el principal actor causante de violaciones a los derechos humanos en Colombia, dentro de los múltiples actores que han realizado presencia en el conflicto armado colombiano.

Se debe tener en cuenta que el conflicto armado colombiano se mantiene variables en cuanto a sus victimarios, victimas, tipos de crímenes y geografía. En esto en cuento al periodo estudiado se observa un aumento desproporcionado en cuanto al número de masacres, despojo de tierras, desplazamiento forzado, desaparición forzada, amenazas perdida de bienes y homicidios, específicamente entre los años 1999-2010, por lo que coincide con el aumento de asignación de recursos de cooperación militar para la guerra y con el periodo conocido con los casos de los llamados "falsos positivos" pero consagrados como crímenes de estado en el Derecho Internacional.

Tabla 3. Víctimas incluidas por hecho victimizantes registrados hasta 2018.

Crimenes de guerra y sus victimas	Numero de casos
Abandono o despojo de tierras	7.169
Acto terrorista	54.599
Amenaza	132.125
Delitos contra la libertad y la integridad sexual	3.931
Desaparición forzada	93.165
Desplazamiento	5.368.138
Homicidio	636.184
Minas anti-persona	10.573
Perdida de bienes muebles o inmuebles	75.079
Secuestro	30.666
Sin información	5.550
Tortura	6.562
Vinculación de niños, niñas y adolescentes	6.920
Total casos	**6.430.661**

Fuente: Registro Único de Víctima – Unidad para las Víctimas, diciembre de 2017. XII informe del gobierno nacional a las comisiones primeras del Congreso de la República. Abril de 2018.

Con la Ley 1448 de 2011, conocida como la Ley de Víctimas y Restitución de Tierras, el estado colombiano inicia la tarea de atención y reparación de víctimas del conflicto armado interno en Colombia, ante esto, desde el estado se dispone la creación de la Unidad para la Atención y Reparación Integral a las Victimas, con el fin de mantener la participación de las víctimas en los procesos de reparación en miras de una coordinación de acciones que permitan la asistencia, atención y reparación otorgadas por el Estado[12],

Así, desde la Unidad de Victimas, se han clasificado diferentes tipos de delitos como: Delitos contra la libertad y la integridad, Desaparición forzada, desplazamiento, Homicidio, Minas anti-persona, Perdida de bienes muebles o inmuebles, Secuestro, Tortura, entre otros, cuya cifra haciende para mediados de 2018 a más de 10 millones de personas, los cuales han sido discriminados de la siguiente de la manera hasta 2018 como lo muestra la tabla 4. Pero dentro de los registros de hechos victimizantes, sobre sale la concentración de hechos en Antioquia, Bolívar, Nariño, Magda-

---

[12] Unidad para la atención y Reparación Integral a las Victimas. Reseña de la Unidad. Disponible en:
https://www.unidadvictimas.gov.co/es/la-unidad/resena-de-la-unidad/126

lena, Cauca, Choco, Valle del Cauca y Cesar, en el orden respectivo (Tabla 3)

Tabla 4. Casos de Asesinatos, Desapariciones, Atentados de muerte, Amenazas de Muerte registrados hasta 2018 el RUV

Departamento	Total	Departamento	Total
Antioquia	3,034	Córdoba	125
Valle	1,435	Sin Ubicación	87
Santander	1,167	Quindío	77
Bogotá D.C	532	Putumayo	75
Risaralda	383	Cundinamarca	54
Cesar	376	Caquetá	54
Cauca	368	Guainía	45
Arauca	285	Boyacá	43
Tolima	274	Guaviare	38
Nariño	245	Huila	35
Atlántico	244	Chocó	25
Bolívar	210	Casanare	19
Caldas	194	Amazonas	6

Magdalena	189	Vaupés	4
Norte de Santander	144	Vichada	2
Meta	143	San Andrés y Providencia	2
Sucre	137	Guajira	1

Fuente: Unidad para la atención y Reparación Integral a las Victimas. Reseña de la Unidad. Disponible en: https://www.unidadvictimas.gov.co/es/la-unidad/resena-de-la-unidad/126

Es evidente que a medida que fue aumentando el presupuesto de guerra, la guerra iría cobrando más víctimas y con esto más daños irreparables para la sociedad colombiana. En esto acciones como masacres, asesinatos selectivos, desplazamiento forzado y confrontaciones bélicas, son el reflejo de como el país entre 1999 y 2010, relejara una guerra en la cual el objetivo del estado seria la subversión, pero dejando un aun lado la integridad de la población civil, la cual se encontraría en medio del fuego cruzado. (ver gráficos 4-7).

Gráfico 3. Acciones bélicas por actores armados 1990-2011

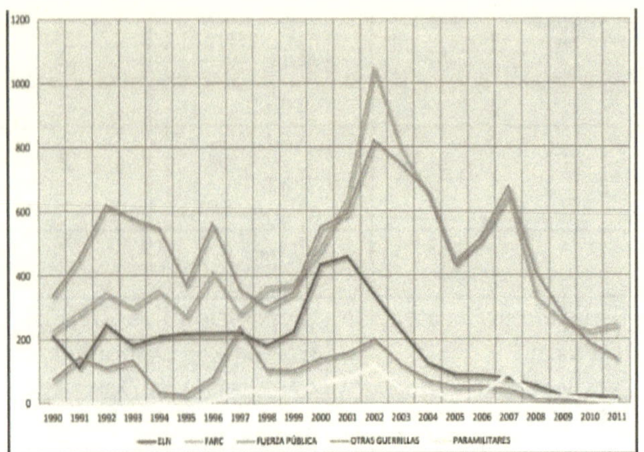

Fuente: Primer informe especial CINEP. Programa por la Paz. 2012.

Gráfico 4. Violaciones a los DIH 1990-2011

Gráfico 5. Relación de masacres y victimas 1980-2012

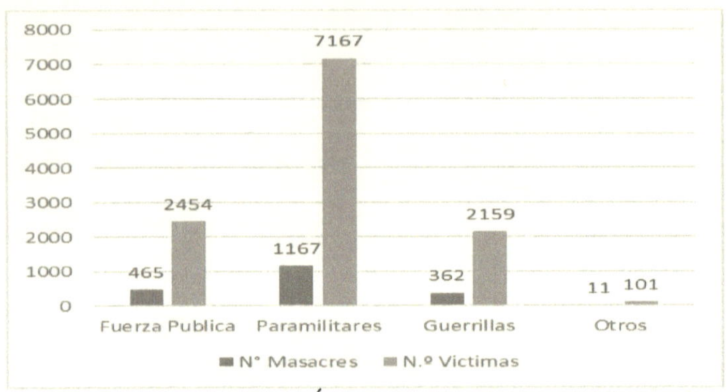

Gracias al trabajo realizado por la Unidad de Victimas y la participación de estas, se ha podido elaborar un registro de la evolución del número de víctimas en Colombia desde 1985 hasta la fecha, teniendo en cuenta puntos de referencia donde 1985, serviría como base para acercamientos de Paz, los diálogos y desmovilizaciones de grupos subversivos entre 1989 y 1991, y la llamada desmoralización de los grupos paramilitares entre 2003 y 2006. Este registro escalofriante desde cualquier punto de vista muestra como en Colombia en las últimas cuatro décadas, el conflicto armado fue escalando de manera acelerada, y cuyo aumento se impulsa con la asistencia militar del gobierno de los Estados Unidos en el Plan Colombia.

Conclusión.

Es claro que desde la implementación del Plan Colombia en 1999 el número de víctimas aumentaría de 338.349 a 689.484 en el año 2000, y que solamente en la primera fase de la implementación de este se registran más de 4.2 millones de víctimas del conflicto. Lo que no desestima que antes no se presentaran víctimas ni hechos victimizantes, según el RUV hasta 1998 se contabilizan 1.7 millones de víctimas del conflicto armado en Colombia (Ver tabla 5), del total de víctimas se puede apreciar que más de 45% corresponden a la primera fase del Plan Colombia, siendo el periodo con mayor número de víctimas y en segundo lugar la segunda fase del Plan Colombia más del 19% de víctimas registradas.

Gr+Afico 6. Relación de diferentes hechos violentos 1980-2011

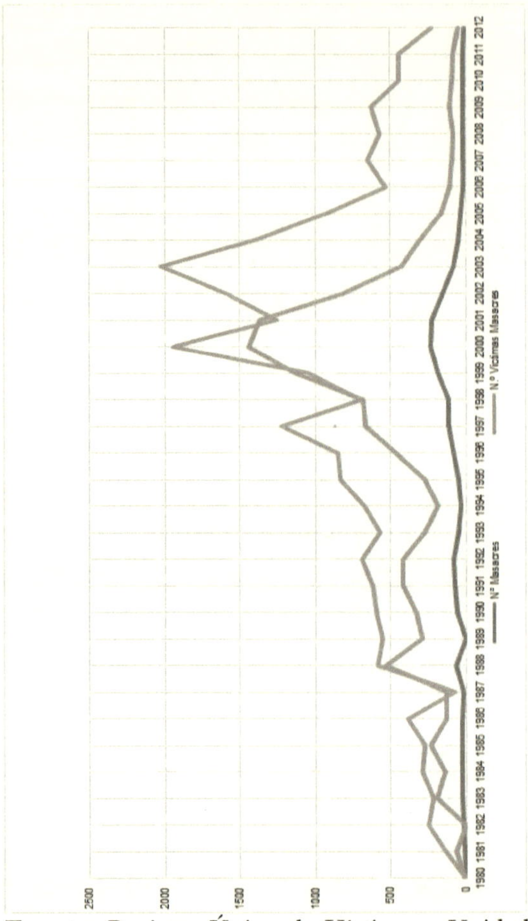

Fuente: Registro Único de Víctima – Unidad para las Víctimas, diciembre de 2017. XII informe del gobierno nacional a las comisiones primeras del Congreso de la República. Abril de 2018.

Gráfico 7. Registro de Victimas 1985-2013

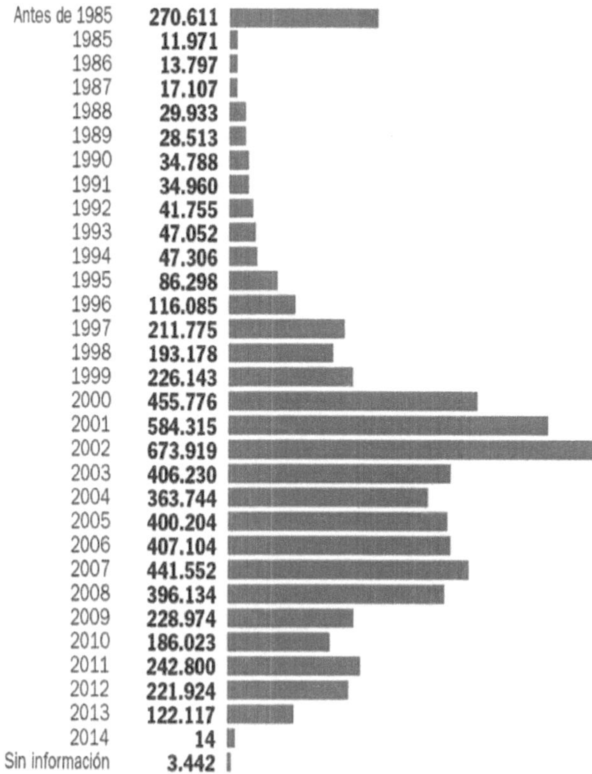

Fuente: Registro Único de Víctima – Unidad para las Víctimas, diciembre de 2017. XII informe del gobierno nacional a las comisiones primeras del Congreso de la República. Abril de 201/ Revista Semana. Seis millones de víctimas deja el conflicto en Colombia. Agosto 2 de 2014

El escalamiento del conflicto desde los años noventa contrasta con la desmovilizaciones de grupos armados existentes, entre 1988 y 1994 se presentarían las desmovilizaciones de grupos armados como el M-19; Partido Revolucionario de los trabajadores- PRT; Ejército Popular de liberación – EPL; Movimiento Armado Quintín Lame – MAQL; Corriente de Renovación Socialista – CRS; el Frente Francisco Garnica, y las milicias de Medellín; con lo que intentaría medir el éxito de los procesos de paz ante la reincorporación de miembros los grupos armados, por lo que iniciados los Acuerdos de la Habana hasta su firma, se ha enfatizado en la necesidad de brindar garantías y seguridad para los desmovilizados en el proceso de reincorporación, cuestión que para mediados de 2018, no se estaría presentando arrojando un numero de 76 excombatientes asesinados, de los cuales 13 habían sido asesinados por grupos armados ilegales (paramilitares) en los Espacios Territoriales de Capacitación y Reincorporación (ETCR). Estas muertes de excombatientes se suman así a los 482 líderes sociales asesinados desde 2016 hasta noviembre de 2018.

Es importante señalar que la población civil se ha encontrado en medio del conflicto desprotegida, llevando a ser parte de un desplazamiento forzado interno y también en una proporción externo, como refugiados (grafico 8 y 9).

Gráfico 8. Colombianos en el exterior (principales países de emigración)

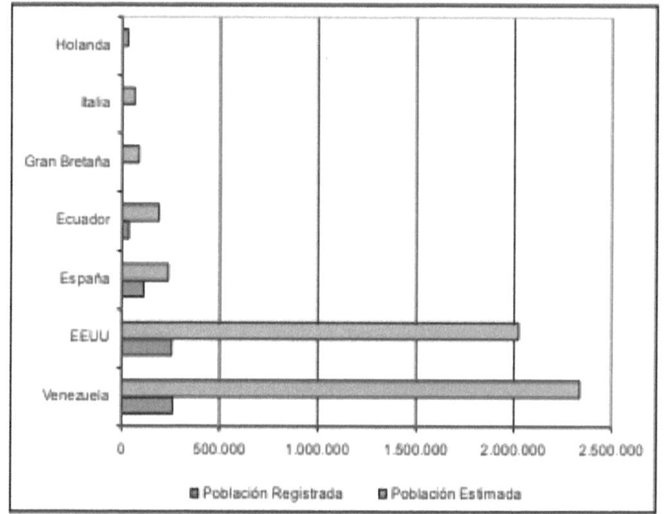

Fuente: Ministerio de relaciones exteriores. Programa Colombia Nos Une. 2005.

En un examen minucioso de los actos en contra de la población civil es claro que es un objetivo principal de grupos paramilitares, quienes se han ensañado en contra de esta desde los años ochenta, sin tomarse medidas por parte del estado colombiano a pesar de los llamados de las organizaciones internacionales.

Gráfico 9. Desplazamiento forzado en Colombia 1985-2012

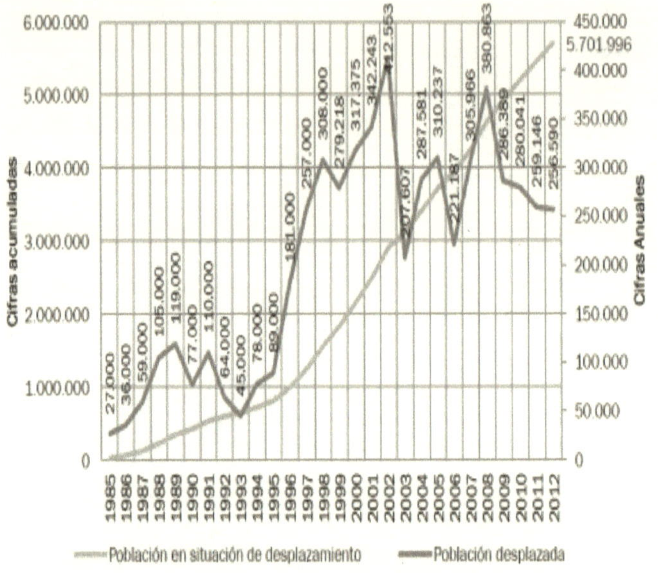

Fuente: CODHES-SIISDHES 2013.

Se debe señalar además como dentro de los actos delictivos en contra de la población civil las fuerzas del estado ocupan un lugar importante, llevando a cabo, masacres, asesinatos selectivos y desapariciones de civiles quienes ocupan un espacio como maestros, defensores de derechos humanos, sindicalistas, periodistas o estudiantes principalmente.

Finalmente queda en evidencia como el planteamiento de un Acuerdo para la soluciona del conflicto con las FARC-EP, durante el gobierno de Juan Manuel Santos, llevo a un des escalamiento del conflicto y con esto de un descenso sustancial de las cifras de víctimas del país. Los diálogos de la Habana no solo llevarían a un acuerdo final en 2016, contribuirían a llevar a las victimas desde sus diferentes casos ante el estado y las FARC-EP, en un intento de Verdad, Justicia, Reparación y no Repetición, de la mano de instituciones como la Justicia Especial para la Paz, que se instalaría en actividades desde 2017.

Fuentes
Consultoría para los Derechos Humanos y el Desplazamiento, ***CODHES***
Unidad para la atención y Reparación Integral a las Victimas.
Centro Nacional de Memoria Histórica
Sistema de Información sobre Desplazamiento Forzado y Derechos Humano

Bibliografía
Agencia Presidencial de Cooperación Internacional. APC Colombia. ¿Cuáles son las modalidades de cooperación internacioal. Disponible en: https://www.apccolombia.gov.co/pagina/cuales-son-las-modalidades-de-cooperacion-internacional
Augusto Varas, "América Latina y la Unión Soviética Relaciones interestatales y Vínculos Políticos", Documento de Trabajo, FLACSO, septiembre de 1981

Augusto Varas. América Latina y la Unión Soviética: Una nueva relación. Buenos Aires: FLACSO. 1987

Augusto Varas. De la Komintern a la Perestroika. América Latina y la Unión Soviética Santiago: FLACSO. 1991

Connie Veillette. (2005) CRS Report for Congress. Plan Colombia: A Progress Report. Washington: Analyst in Latin American Affairs Foreign Affairs, Defense, and Trade Division.

Departamento Nacional de Planeación (2016). Plan Colombia DNP 15 años. 9 de febrero de 2016. Disponible en: https://www.dnp.gov.co/Paginas/Plan-Colombia-DNP-15-a%C3%B1os.aspx

Departamento Nacional de Planeación DNP. (2016) Plan Colombia DNP 15 años. Bogotá: DNP. Disponible en: https://www.dnp.gov.co/Paginas/Plan-Colombia-DNP-15-a%C3%B1os.aspx

Josep Fontana. Por el Bien del Imperio. Una historia del mundo desde 1945. Barcelona: Pasado & Presente. 2012.

Marco Palacios (2012). Violencia publica en Colombia 1953-2010. Bogotá: FCE

Mario Aguilera Pena. (2013) la violencia contra el movimiento sindical: discusiones, periodización y propuestas para una política de Memoria, En: Proyecto Reparación Colectiva del movimiento sindical en Colombia: memoria hist6rica y garantía de los derechos de sus víctimas. Bogotá: CUT.

Michael J. Hogan. A CrossofIron. Harry S. Truman and the Origins of the National Security State, 1945-1954. New York: Cambridge University Press. 1998.

Plan Colombia: Plan for Peace, Prosperity, and the Strengthening of the State, Government of Colombia, Office of the Presidency, October. 1999

The Berlin (Potsdam) Conference, July 17-August 2, 1945 (a) Protocol of the Proceedings, August 1, 1945. Disponible en: http://avalon.law.yale.edu/20th_century/decade17.asp

La cooperación internacional y su incidencia en la reducción de la pobreza en Colombia en el marco de los Objetivos de Desarrollo del Milenio: 2010-2015

Daniela Barrera[13]
Johana Beltrán

INTRODUCCIÓN

El presente trabajo se presenta como parte del proyecto de investigación de la Universidad San Buenaventura *"Las regiones en Colombia, una herramienta necesaria para la internacionalización de territorios (CJPE001-03)"*, realizado en el año 2017. Dentro de esto, se presenta el siguiente artículo como Reflexión, en la cual se intentará abordar la incidencia de la cooperación interna-

---

[13] Profesionales en Relaciones Internacionales. Investigadoras proyecto: Vita Activa. Semillero Conflicto, Historia y Acción Humanitaria- CHYAH. Universidad de San Buenaventura. Facultad de Ciencias Jurídicas y Políticas. Bogotá. 2017-2018.

cional en la reducción de la pobreza Colombia durante los años 2010 a 1025, en el marco de los objetivos de desarrollo del milenio-ODM.

Las dinámicas nacionales e internacionales desde el último siglo han estado fuertemente permeadas por desequilibrios económicos, políticos y sociales, de los cuales ni siquiera los países más adelantados han estado a exentas de los mismos. Como ejemplo de ello, se puede destacar la grave crisis económica y financiera que se produjo durante la primera mitad del siglo XX y que desencadeno una serie desequilibrios sociales que se reprodujeron a lo largo del mundo dejando graves consecuencias. Por otra parte, un hito histórico que vale la pena mencionar es la detonación de la Segunda Guerra Mundial, la cual se desencadena en el año 1.939 y culmina en el año 1945 y que afectó directa e indirectamente a millones de personas, por lo que puede catalogase como uno de los conflictos bélicos más sangrientos de la historia.

Estos hechos mencionados anteriormente, de una u otra forma lograron desestabilizar los escenarios nacionales e internacionales de los Estados, en los ámbitos económico, político y social, y por ello, se considera que la cooperación internacional, ha llegado a convertirse en un importante mecanismo de apoyo u apalancamiento en pro de corregir problemáticas e impulsar el desarrollo de los Estados que así lo requieran.

Para contextualizar, es importante mencionar que la cooperación internacional se puede entender como: aquellas acciones que se llevan a cabo por parte de actores como el Estado, organizaciones, ONGs, entre otros, con el fin de alcanzar metas u objetivos comunes a nivel tanto nacional como internacional de uno o más actores. (Socas, N & Hourcade, 2009).

En este contexto, a principios del siglo XXI, más específicamente para el año 2000, dio lugar uno de los acontecimientos que puede catalogarse como de los más icónicos e importantes en materia de cooperación. Líderes de ciento ochenta y nueve países, decidieron dar cita en las Naciones Unidas con el fin de proponer e implementar mecanismos para hacer frente a distintas problemáticas a nivel mundial. Tal propuesta llama la atención en cuanto a que es una propuesta novedosa y se planteó a principios del siglo XXI por lo que sería de una u otra forma el camino rector del actuar de la comunidad internacional en materia de cooperación y desarrollo.

Dicha reunión recibió el nombre de "La Cumbre del Milenio" y fue impulsada principalmente por el en su momento Secretario General de Las Naciones Unidas. El hecho más relevante que se dio en tan importante reunión, es que líderes y representantes asistentes a la misma, consensuaron trabajar sobre ocho objetivos considerados claves para el desarrollo y progreso de los Estados, donde se abordaron temas relacionados con la reducción de la pobreza extrema y el hambre, reducir la mortalidad infantil, asegurar un ambiente sano y seguro, lograr una sociedad global para el desarrollo entre otros objetivos considerados claves para el nuevo siglo XXI. Por lo que tal proyecto empezó a denominarse "Los Objetivos de Desarrollo del Milenio-ODM" y sobre el cual, se estableció un periodo de quince años para el cumplimiento de dichas metas. (Naciones unidas, 2015)

En este sentido, y tras mencionar algunos de los desafíos a los cuales está expuesta la sociedad global en pleno siglo XXI y tras exponer la importancia de la cooperación internacional como mecanismo de apalancamiento para superar crisis u problemáticas y el gran avance que se da en materia de cooperación internacional por cuenta de la Declaración del Milenio y el establecimiento de los ocho ODM, es importante analizar en qué medida la cooperación internacional ha contribuido en el cumplimiento de dichos objetivos. Por ello, en el presente artículo, se pretende abordar la incidencia de la cooperación internacional por medio de las agencias de cooperación en el caso colombiano, tomando como referencia el objetivo número uno de los ODM, referente a la reducción de la pobreza.

La pobreza en Colombia, según el Departamento Administrativo Nacional de Estadística-DANE (2012), es calculada a partir de dos indicadores; el primero de ellos hace referencia a la pobreza monetaria, la cual se determina a partir de los ingresos monetarios de los colombianos, y la segunda forma es por medio del Índice de Pobreza Multidimensional. En cuanto a esta segunda forma de medir el índice de pobreza en Colombia, se tienen en cuenta cinco dimensiones tales como condiciones educativas, condiciones de la niñez y juventud, trabajo, salud y servicios públicos y condiciones de la vivienda, condiciones básicas para una calidad de vida digna.

De este modo, y para identificar cual es el verdadero papel de la cooperación internacional y determinar su incidencia en cuanto a la reducción de la pobreza en Colombia, se plantea como pregunta problema: ¿Cuál ha sido el papel de la cooperación internacional, en cuanto a la reducción de la pobreza en Colombia, en el marco de los Objetivos de Desarrollo del Milenio durante los años 2010 a 2015?

Por otra parte, el objetivo general que se plantea es analizar la incidencia de la Cooperación Internacional en Colombia en el marco de los Objetivos de Desarrollo del Milenio y su contribución en la reducción de la pobreza en el país durante los años 2010-2015. Así, se plantean tres objetivos específicos con los cuales se busca dar alcance al propósito del artículo: (1) Identificar la importancia de la cooperación internacional como instrumento para el desarrollo de los países; (2) Identificar los antecedentes históricos de la cooperación internacional en Colombia (3) Analizar la importancia de la Declaración del Milenio; (4) Analizar la incidencia de la cooperación internacional en la reducción de la pobreza en Colombia, a través del Programa de las Naciones Unidas para el Desarrollo-PNUD y la Agencia de los Estados Unidos para el Desarrollo-USAID.

De esta manera, y como se expuso anteriormente la cooperación internacional es el argumento transversal a la investigación, y por ello, se pretende explicar cómo la cooperación internacional es un instrumento clave para el desarrollo, debido a que facilita el acceso o intercambio de recursos humanos, físicos, financieros, técnicos y tecnológicos que permiten el desarrollo y por ende la reducción de la pobreza por medio de la generación de oportunidades mediante el fortalecimiento de los procesos sociales, económicos y políticos. Se aborda en el periodo de tiempo de 2010 a 2015, teniendo en cuenta que en Colombia se produce un cambio de gobierno y con ello se reestructura la visión de país, hecho que se debe tener en cuenta a la hora de analizar las variables que se tienen planteadas abordar.

En este sentido, la estructura del artículo se desarrollará de la siguiente manera. En la primera parte, se abordará el concepto y una la evolución de la cooperación internacional, así como la importancia de esta para el desarrollo de los países, lo cual sirve para contextualizar a modo general el tema transversal a la investigación que es la cooperación internacional. En la segunda parte, se hará una breve presentación de los antecedentes históricos de la cooperación internacional en el caso colombiano, para en la tercera parte entrar a abordar la Declaración del Milenio con el fin de contextualizar los ODM y para finalizar con la investigación, se presentarán los resultados de la investigación con los cuales se pretende dar alcance al cuarto objetivo en cuanto a determinar la incidencia de la cooperación internacional por medio del Programa de las Naciones Unidas para el Desarrollo-PNUD y la Agencia de los Estados Unidos para el Desarrollo-USAID, en la reducción de la pobreza en Colombia, de cara al cumplimiento de los Objetivos de Desarrollo del Milenio-ODM.

LA COOPERACIÓN INTERNACIONAL: EVOLUCIÓN Y CONCEPTO

Desde su concepción, la cooperación internacional ha evolucionado para llegar a convertirse en lo que hoy se conoce por ello. Es considerado un fenómeno que surge como una de las consecuencias de la Segunda Guerra Mundial y tras los grandes cambios que se produjeron a lo largo del siglo XX (Unceta & Yoldi,

2000). Por ello es importante hacer un breve recorrido en el tiempo para identificar sus principales avances.

Unceta & Yoldi (2000) argumentan que la cooperación internacional ha existido desde hace mucho tiempo atrás, sin embargo, esta era empleada en escenarios en los cuales los países buscaban dar solución a problemáticas por una vía externa a la militar. Por lo que destacan que la relación entre cooperación y desarrollo tal y como se conoce hoy día, se produce tras uno de los hechos bélicos más sangrientos de la historia: La Segunda Guerra Mundial y las nuevas dinámicas en el sistema internacional que surgieron tras esta.

Las nuevas dinámicas a destacar de este periodo de post guerra serían los contrastes entre los países que salieron vencedores de la guerra y los que por el contrario sufrieron graves consecuencias por la misma. Por un lado, un gran auge económico empezó a afectar positivamente a algunos países el mundo occidental y por el otro, muchos países de Europa pasaban por su peor momento, grandes desequilibrios económicos y sociales era lo que los caracterizaba.

En este sentido, Estados Unidos empezó a jugar un importante papel en la economía mundial, donde se destaca que para el año "1945 la economía de EE.UU. representaba casi la mitad de la producción y del comercio del mundo, y en las arcas de la Reserva Federal norteamericana se encontraba el 80% de las reservas de oro mundiales" (Unceta & Yoldi, 2000, p.16). Estas importantes características, llevaron a que Estados Unidos se convirtiese en el gran actor del sistema internacional y del cual surgió el primer indicio de cooperación internacional en el marco de asistencia y desarrollo, hecho que cambiaría significativamente las dinámicas de las relaciones internacionales.

Este acercamiento de cooperación para el desarrollo se produce en el año 1.947 en el marco del Plan Marshall. El cual tenía como propósito, la transferencia de recursos proveniente de los Estados Unidos, hacia los países de Europa que habían sido devastados por la guerra, y con lo que se pretendía la recuperación del continente, el cual para su momento y como se expuso anteriormente, lo caracterizaban los graves desequilibrios económicos y sociales. Así, es importante mencionar que este modelo de cooperación que estaba surgiendo, ya de una u otra forma se encontraba inmerso en la carta fundacional de las Naciones Unidas. Unceta & Yoldi (2000) afirman: Además de reconocerse de hecho la existencia de países independientes y del «derecho de los pueblos a decidir por sí mismos»— se aceptaba el compromiso de «emplear la maquinaria internacional para promover la mejora económica y social de todos los pueblos», lo que vendría a suponer la incorporación del desarrollo como uno de los objetivos prioritarios de la organización. (p. 31)

Este organismo internacional sería el impulsor de distintos programas y agencias que se configurarían con el tiempo en importantes mecanismos de cooperación y desarrollo. En este sentido, es importante mencionar que "desde 1946 existían ya organizaciones como la UNICEF (Fondo de las Naciones Unidas para la Infancia) y la UNESCO (Organización de las Naciones Unidas para la Educación, la Ciencia y la Cultura), creadas por la Asamblea General" (Unceta & Yoldi, 2000, p.31). Del mismo modo, posteriormente, en el año 1.965, se da la creación del Programa de las Naciones Unidas para el Desarrollo, y se configuro "como una fusión de los programas y fondos para ayuda técnica, y que con el paso del tiempo acabaría convirtiéndose en una de las instituciones más relevantes en este terreno" (Unceta & Yoldi, 2000, p.32).

Este último programa mencionado anteriormente, ha llegado a convertirse en uno de los programas más importantes de las Naciones Unidas para el desarrollo. Actualmente, hace presencia en ciento setenta países, y se ha encargado de formular, estructurar y desarrollar políticas u alianzas en pro del desarrollo y de la reducción de la pobreza. (PNUD, 2018). La creación e implementación de estos programas y muchos más que ha implementado la ONU, ponen de manifiesto el gran papel que está empezando a jugar la cooperación internacional para el desarrollo y como ejemplo de ello, y haciendo mención a la evolución que se pretende enseñar acerca de la cooperación internacional y su relación con el desarrollo, es indispensable mencionar que en el año 2000, el foco de la cooperación y el desarrollo, se fijó en la disminución de la pobreza y esto se forjó en uno de los ejes centrales del presente artículo; La declaración del Milenio y sus ocho objetivos claves para el desarrollo el cual se concibe como un escenario clave de cooperación de cara al futuro.

Para finalizar esta primera parte del trabajo, se hace necesario establecer que se entiende por cooperación internacional al día de hoy, por ello, se dice que son todas aquellas acciones que son practicadas por actores tales como los Estados, Organizaciones nacionales y Organizaciones no Gubernamentales entre otros, cuyo fin es alcanzar objetivos comunes tanto en el escenario nacional como internacional de uno o más actores (Socas, N & Hourcade, 2009), la cual, se puede definir además como un importante mecanismo por medio del cual, los Estados han buscado hacer frente a diferentes problemáticas u fenómenos que han dado lugar en la esfera tanto nacional como internacional.

El accionar de la cooperación internacional, con el fin de ser promovida y efectuada de la mejor forma, se encuentra dividida en diferentes tipos y modalidades, los cuales se especializan en diferentes áreas con el fin de determinar sobre qué aspectos u áreas en específico se va a cooperar. Algunos de los tipos o modos de cooperación son los siguientes: Técnica, cultural, financiera, bilateral, norte-sur, sur -norte, descentralizada, multilateral, bilateral.

Por otra parte, en la cooperación internacional, intervienen distintos actores, tales como; "actores públicos, en este grupo se encuentran organismos multilaterales de carácter financiero, los Estados y sus entidades y hasta las universidades; actores privados, dentro de los actores privados se encuentran las empresas, sindicatos, ONG, fundaciones entre otras" (Boni, 2010, p.10).

Como se presentó anteriormente, y a modo de conclusión de esta primera parte, la cooperación existe desde ya varios años atrás, sin embargo, con el paso del tiempo y como consecuencia de distintos fenómenos u problemáticas que se han desarrollado a nivel mundial y que han cambiado drásticamente la forma en que el sistema internacional se relaciona con sus diferentes actores, pues esta misma también ha cambiado su esencia y ha logrado evolucionar dependiendo del contexto en el que se desarrolla.

Por lo mencionado anteriormente, se puede asegurar que la cooperación internacional, pasó a ser un pilar fundamental en las relaciones internacionales de los

Estados, quienes, por cuenta de las nuevas dinámicas en el escenario internacional, han visto la necesidad de crear nuevos canales u vías de relacionamiento, que contribuyan a la cooperación más efectiva en pro de la consecución de diferentes metas u objetivo que cada uno de estos se plantea para beneficio tanto propio como colectivo. Del mismo modo la cooperación internacional funciona como un corredor de comunicación que facilita que los Estados colaboren para mantener en estabilidad al sistema internacional, si se habla en temas específicos tales como la paz y la seguridad del mundo, por lo que se hace necesaria si se desea construir cada día un lugar menos complejo para vivir.

ANTECEDENTES HISTÓRICOS DE LA COOPERACIÓN INTERNACIONAL EN COLOMBIA

Los antecedentes históricos de la cooperación internacional en Colombia se remiten principalmente a un escenario de Ayuda Oficial al Desarrollo (AOD), propiciada desde instancias internacionales y Estados con mayores niveles socioeconómicos y que estaba dirigida hacia los países menos desarrollados. En Colombia se presenta el fenómeno de la cooperación internacional desde la década de 1950, en tanto se presentan convenios entre el país, el Banco Interamericano de Reconstrucción y Fomento (BIRF), la Organización de Estados Americanos (OEA) y los Estados Unidos.

Estas relaciones se ubican y normatizan a través de los documentos del Consejo Nacional de Política Económica y Social (CONPES) y las acciones del Departamento Nacional de Planeación (DNP). Así mismo, para 1954 Colombia establece un convenio con la Organización de las Naciones Unidas (ONU) con el objetivo de favorecer el progreso económico y social, así como el desarrollo de los pueblos (Gutiérrez, 2012).

Gutiérrez (2012) además afirma que la cooperación internacional en el país se establece de manera oficial en el año 1968, tras a creación de la Unidad de Proyectos Especiales y Crédito externo del DNP, cuya principal función radicaba en dirigir y manejar los financiamientos provenientes del exterior (en seguimiento de la modalidad de cooperación financiera mencionada ya anteriormente en el presente trabajo). Por otra parte, se establecen otro tipo de oficinas en diversas organizaciones en Colombia con funciones específicas y dirigidas de manera exclusiva y la gestión y administración de los recursos provenientes de la cooperación internacional.

Dos años después, no obstante, debido a la ingente cantidad de recursos que llegaban a los países provenientes de la ayuda externa, el DNP se ve en la obligación de crear toda una división especializada en la temática, que sería posteriormente conocida como la

División Especial para la Cooperación Técnica Internacional. Sus funciones, de acuerdo con Baracaldo (2015), eran las de coordinar los recursos provenientes de la cooperación internacional de manera conjunta con el Ministerio de Relaciones Exteriores y a nivel nacional.

Posteriormente en la década de 1990, de acuerdo con Baracaldo (2015), hay más desarrollo de la cooperación internacional en el país a través de la creación en 1993 de la Agencia Colombiana de Cooperación Internacional (ACCI), como un organismo adscrito al DNP. Posteriormente, dos años después, se presenta la normativa necesaria para tener lineamientos sobre la cooperación internacional por medio de la Política Nacional de Cooperación Internacional contemplada en el documento CONPES 2769 de 1995. La Política Nacional se hace necesaria debido a que, para la década de los Noventa el país es clasificado como un país de ingreso medio (Baracaldo, 2015).

Con la llegada del nuevo milenio, y las nuevas dinámicas internacionales que se presentaban en el mundo, en Colombia se presentan nuevos marcos de referencia para el manejo y la administración de la Cooperación Internacional. En el año 2003, continuando con el desarrollo de la institucionalidad en materia de cooperación internacional, la ACCI deja de ser una dependencia del DNP y es adscrita al Departamento

Administrativo de la Presidencia de la República (DAPR). Posteriormente en 2005 y en el marco del programa de renovación de la administración pública se crea la Agencia Presidencial para la Acción Social y la Cooperación Internacional (Baracaldo, 2015).

La línea de cooperación internacional se mantiene entonces bajo unos parámetros relativamente heterogéneos desde el año 2002 y hasta la finalización del mandato del entonces presidente Álvaro Uribe Vélez. De acuerdo con Baracaldo (2015), la cooperación internacional también fue articulada a los planes de desarrollo de cada uno de los periodos presidenciales. El año 2010 supuso un punto de quiebre importante para el país en materia de Cooperación Internacional, debido a que es en dicho año cuando recibe la categoría de país de renta media-alta, lo que lo convierte en un país con un doble rol de receptor y de donante.

Dicho nuevo rol, no obstante, supuso una reestructuración de las estrategias de cooperación internacional. Durante el gobierno Uribe, una de las prioridades en la agenda internacional radicaba en los Estados Unidos, pues era uno de los principales donantes; una vez que Colombia adquiere el rol de país de renta media-alta los recursos que antes iban para Colombia tienen nuevos objetivos prioritarios. Por tal motivo, además de mantener las relaciones con los socios tradicionales, se abre una alternativa para generar nuevas relaciones con países equivalentes en niveles de desarrollo en América Latina y el Caribe, Asia Pacífico, Asia Central y África (Baracaldo, 2015).

Un año después, y en el marco de la reestructuración de la cooperación internacional recibida y brindada por el país, se crea la Agencia Presidencial de Cooperación Internacional de Colombia (APC-Colombia) mediante la Ley 1444 de 2011 y el Decreto 4152 del 3 de noviembre de 2011.

La agencia está facultada para actuar como interlocutor oficial entre la comunidad internacional y las instituciones colombianas en materia de coordinación y gestión de programas, proyectos e iniciativas de Cooperación Internacional. APC-Colombia lidera el Sistema Nacional de Cooperación Internacional (SNCI), mecanismo de articulación de la cooperación pública y privada que recibe y otorga el país, es el espacio por excelencia para la coordinación, consenso y articulación de todos los actores políticos, técnicos y reguladores de la CI en Colombia. (Red, A, 2017)

Finalmente, y de acuerdo a lo anterior, el SNCI surge para reunir a las entidades públicas nacionales y locales, todas las fuentes de cooperación, el sector privado, y las organizaciones sociales, en cabeza de la APC, de forma que pueda ordenar y facilitar la interacción y articulación de cada uno de los actores de la cooperación internacional en el país. Es así como se encuentra constituida en la actualidad la cooperación internacional en Colombia, bajo el funcionamiento de la APC-Colombia y bajo los lineamientos dados por la política exterior que se manejó durante los ocho de gobierno del antiguo presidente Juan Manuel Santos.

LA DECLARACIÓN DEL MILENIO: UN ESCENARIO DE COOPERACIÓN

Las dinámicas de la cooperación internacional hasta finales del siglo XX habían mantenido unos estándares relativamente ecuánimes en torno a los tipos y temáticas de la cooperación. No obstante, con la Declaración del Milenio (DM) en el cambio de siglo, la agenda internacional giraría en torno al cumplimiento de unas metas a mediano plazo (quince años, a lo sumo); los ODM serían entonces el nuevo discurso que se manejaría a nivel internacional y por tanto un carácter de obligatoriedad para todos los países firmantes de dicha declaración.

El contexto de la DM se presenta en un escenario en el que los recursos para la ayuda oficial al desarrollo estaban menguando considerablemente, y por ello se requería de un instrumento legitimador que permitiera continuar con los aspectos importantes que la cooperación internacional tenía para esos tiempos. Dado que, de acuerdo con Cantillo (2014), era necesario contar con algún indicador cuantificable de los resultados de la ayuda oficial al desarrollo, surgió la DM y con ella los ocho objetivos que conformarían las nuevas metas y estrategias de la cooperación internacional.

De acuerdo a la Asamblea General de la ONU (2000), los ocho ODM se presentan como una necesidad frente a una cooperación internacional deshumanizada, y se introduce en la cooperación el concepto de "Desarrollo Humano", colocando a los individuos en el centro de la cooperación y de las actividades de esta (lugar en el que, de hecho, siempre debieron estar). Los ocho objetivos del milenio son: 1) Erradicar la pobreza extrema y el hambre, 2) Conseguir la enseñanza primaria universal, 3) Promover la igualdad entre los géneros y la autonomía de la mujer, 4) Reducir la mortandad infantil, 5) Mejorar la salud materna, 6) Combatir el VIH/SIDA, el paludismo y otras enfermedades, 7) Garantizar la sostenibilidad del medio ambiente y 8) Fomentar una asociación mundial para el desarrollo. Puede afirmarse, entonces, que es el octavo objetivo el que demarca como instrumento esencial a la cooperación internacional, entretanto los sietes restantes suponen una guía temática de trabajo para direccionar las acciones futuras de la cooperación internacional.

Sin embargo, las falencias identificadas en el proceso de creación y aún en el contenido de la DM (y por ende de los ODM) fueron notorias en su momento. Los ocho ODM fueron planteados como unas metas que debían ser cumplidas en un plazo de quince años, sin muchos indicadores con los que poder realizar dicha medición y sin tener en cuenta los efectos cualitativos del desarrollo (Cantillo, 2015). En resumen, la DM se consolidó como el instrumento guía de la cooperación internacional aún a pesar de las falencias que se observaban en la ejecución de los objetivos, y aún a pesar de todas las reuniones de alto nivel que se tuvieron a lo largo de los quince años para evaluar el impacto que tuvieron los ODM en los países firmantes de la declaración.

Aun cuando los ODM terminaron su plazo en el año 2015, las metas que fueron propuestas originalmente para el cumplimiento de los mismos no fueron conseguidas en su totalidad, lo cual resulta entendible debido a las falencias de formulación y medición que ya se han mencionado anteriormente en el presente documento. No obstante, el balance que arrojan los ODM resulta ser positivo y numerosos aspectos, especialmente en países cuyos niveles de desarrollo al iniciar el milenio se encontraban notablemente bajos (Cantillo, 2015).

Es conveniente entonces, de acuerdo con lo anterior, identificar el impacto que tuvo la implementación de los ODM en Colombia, de la mano de organizaciones propias de la cooperación internacional como el Programa de las Naciones Unidas para el Desarrollo (PNUD) y la Agencia de Estados Unidos para la Cooperación Internacional (USAID). Para ello, se desarrollará un balance sobre los aspectos más importantes de la implementación de los ODM y las estadísticas que han sido arrojadas por los estudios hechos anteriormente sobre la temática.

INCIDENCIA DEL PNUD Y USAID EN LA DISMINUCIÓN DE LA POBREZA EN COLOMBIA DE CARA A LOS OBJETIVOS DE DESARROLLO DEL MILENIO-ODM.

Debido a la importancia depositada a nivel internacional en el cumplimiento de los ODM (y los beneficios que a largo plazo podían traer para los países con menores niveles de desarrollo), en Colombia el papel del PNUD fue esencial para la consecución de buena parte de los ocho objetivos. A pesar de que luego de los quince años el balance en Colombia no fue tan positivo como se esperaba, los avances en materia económica y social son notorios. El PNUD, a su vez, obró como el organismo representante a nivel internacional encargado del seguimiento de los ODM en Colombia, y como tal contribuyó a hacer el seguimiento de la implementación de cada uno de los objetivos, haciendo veeduría y generando informes sobre la situación del país una vez cumplido el plazo de cumplimiento de los objetivos (Rodríguez, 2010).

Rodríguez (2010) realiza un estudio detallado del avance de los ODM. La normatividad que se aplicó a nivel nacional para hacer de los ODM una política de gobierno en el país fue el documento CONPES 91 de 2005, y de igual forma la Agencia Presidencial para la Acción Social y la Cooperación Internacional hizo de los ODM una de sus prioridades para la cooperación técnica internacional. No obstante, las dinámicas socioeconómicas del país fueron un obstáculo constante en la implementación de los objetivos, especialmente aquellos referentes a la erradicación de la pobreza y la desigualdad.

De acuerdo con el informe del PNUD (2015), aunque Colombia tuvo un balance relativamente positivo luego de la finalización del plazo para la consecución de los ODM, los retos que permanecen son notorios. Mientras que en las zonas urbanas la situación de pobreza se presenta en 1 de cada 4 colombianos, en las zonas rurales se presenta en uno de cada 2. Lo anterior se da también teniendo en cuenta el estado de dejación de las zonas más alejadas de la capital que no han tenido respaldo estatal durante mucho tiempo.

Departamentos como el Chocó, el Cauca y la Guajira tienen tasas de pobreza superiores al 50%, y es preciso resaltar además que dichos departamentos poseen una enorme población de origen raizal, afrodescendiente e indígena. A su vez, otros aspectos fuera del control estatal generaron que los niveles de pobreza y desigualdad de mantuvieran relativamente estables, pese al crecimiento económico constante del país.

Situaciones como la ola invernal que dejó enorme cantidad de afectados, el conflicto armado que ha sumado desplazamiento forzado a lo largo y ancho del territorio y la crisis económica del año 2008 han generado un panorama de pobreza y desigualdad del que Colombia no ha podido salir.

En lo referente a temas educativos, la meta para Colombia, de acuerdo al PNUD (2015) se situaba en ofertar un 93% de la cobertura de educación media. No obstante, de acuerdo con el organismo internacional este objetivo no se cumplió debido a que para el 2014 sólo había una cobertura de 78.1% (ver gráfico 1). PNUD indicó que, pese a que durante las dos últimas décadas los cupos para la educación media se han incrementado en 760.000, para consolidar la meta establecida para Colombia eran necesarios otros 260.000 cupos. Según estimaciones del PNUD, de continuar la tendencia del país en materia educativa, la meta establecida podría lograrse, en consolidado nacional, hasta el 2021, mientras que para Colombia Rural se lograría sólo hasta 2030.

Gráfico 1: Coberturas brutas en educación básica y media, Colombia 2013

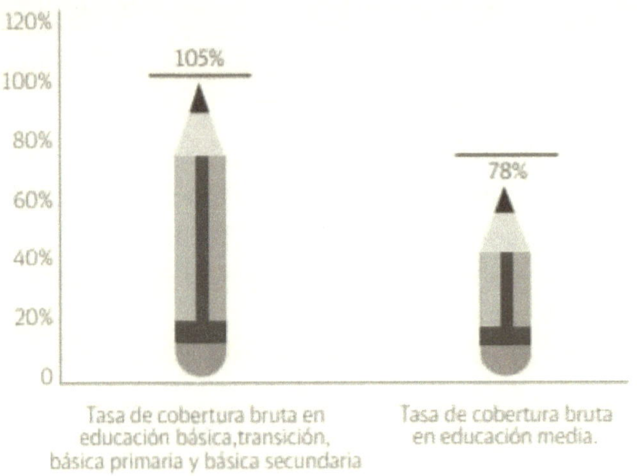

Fuente: Programa de las Naciones para el Desarrollo PNUD. (2015). Objetivos de Desarrollo del Milenio: informe 2015. p. 20 Recuperado de https://www.apccolombia.gov.co/sites/default/files/archivos_usuario/publicaciones/undp-co-odminformeultimo-2015_2.pdf

Por parte de USAID, la estrategia de cooperación en Colombia que fue manejada por la agencia estadounidense no tuvo como eje central los ODM (a diferencia del PNUD). La agencia estadounidense, generalmente en el marco de la cooperación internacional, tiene como objetivos el mejoramiento de aspectos enmarcados en el desarrollo de los ODM y medibles a partir de conceptos importantes como el acceso a recursos básicos, educación, tierras, etc. No obstante, en Colombia se ajustaron los objetivos de cooperación debido a la situación de conflicto armado que se veía en el país por más de medio siglo y por los eventos coyunturales ocurridos en el país en su camino hacia la transición hacia la paz.

A partir de lo anterior, y de acuerdo con el documento de estrategias de USAID 2014-2018, se establece que el objetivo primordial de la agencia en Colombia radica en el establecimiento de una paz sostenible e incluyente. Para lograr dicho objetivo, establece a su vez cuatro objetivos de desarrollo, a saber:

(1) Promover la presencia efectiva de instituciones y procesos democráticos en las áreas objetivo; (2) Facilitar la reconciliación entre víctimas, excombatientes y otros ciudadanos; (3) Mejorar las condiciones para un crecimiento económico incluyente en las zonas rurales; y (4) Fortalecer la resiliencia ambiental y el desarrollo bajo en emisiones (USAID, 2014, p. 4).

Dichos objetivos de desarrollo dejan en evidencia un distanciamiento de los ODM específicamente en Colombia debido a la coyuntura transicional de un proceso de paz. No obstante, los objetivos 3 y 4 si compaginan adecuadamente con los ODM, puesto que estos buscar ayudar a erradicar la pobreza extrema y a mejorar las condiciones medioambientales en el país. Prueba de ello está en la concentración de esfuerzos en zonas con mayores índices de riesgo como lo es Tumaco, por ejemplo, donde los recursos de USAID se han concentrado para la consecución de los proyectos productivos.

De acuerdo con Burbano y Quintero (2014), USAID tuvo un papel activo durante el periodo 2008-2011 en el municipio de Tumaco, en el cual se desarrollaron diferentes proyectos y estrategias dirigidas en parte hacia la consecución de los ODM. Temáticas como la planeación participativa, la recuperación cultural, proyectos de saneamiento de agua, atención a población infantil vulnerable, entre otros, son las que se han manejado por parte de USAID en uno de los rincones más afectados del país a causa del conflicto armado, evidenciando que el organismo internacional estadounidense ha tenido un papel igualmente participativo y necesario en la consolidación de sus dos últimos objetivos de desarrollo, que son los que compaginan directamente con la consolidación de los ODM en Colombia.

Cómo lo establece uno de los objetivos de desarrollo del plan de cooperación de USAID, específicamente el referente a mejorar las condiciones económicas de las zonas rurales, el plan de cooperación de USAID contempló un apartado específico para el tema de la tierra en Colombia (qué además es uno de los pilares y causas principales del conflicto armado interno en el país). De acuerdo con el informe de USAID de 2016, los esfuerzos de la organización por implementar y acelerar la restitución de tierras y los aspectos ligados a esta temática han generado indicadores positivos sobre las comunidades en las que se han desarrollado proyectos (USAID, 2016).

Tabla 1: Resumen de avances en desarrollo rural durante el año 2016

Región	Proyectos con financiación	Proyectos que están siendo implementados	Hogares rurales beneficiados	Mujeres beneficiadas	APPs
Cauca	31	31	209	158	1
Cesar	11	10	512	291	1
Meta	4	4	441	176	1
Montes de María	31	22	759	256	1
Tolima	10	0	48	22	2
Total	87	67	1.969	903	5

Fuente: Agencia de los Estados Unidos para el Desarrollo Internacional USAID. (2016). Programa de Tierras y Desarrollo Rural de Colombia Informe anual octubre de 2015-septiembre de 2016. p. 46 Recuperado de https://www.land-links.org/wp-con-
tent/uploads/2017/04/USAID_Land_Tenure_LRDP_Annual_
Report_Oct_2015-Sept_2016-SP.pdf

De acuerdo al informe muchos de los proyectos que se realizaron en las zonas afectadas por el conflicto armado no fueron solamente financiados y desarrollados por USAID, sino que estos fueron realizados en cooperación con organizaciones nacionales de índole público (como el Instituto Geográfico Agustín Codazzi —IGAC—, la Unidad de Restitución de Tierras —URT— o la Superintendencia de Notaria y Registro —SNR—). Además, la organización tomó en cuenta un enfoque de género para la evaluación de sus proyectos (que si bien no es el punto focal de sus objetivos de desarrollo si forma parte de los ODM y conviene ser resaltado).

La tabla 1 muestra que muchas de las iniciativas que fueron cofinanciadas por USAID tuvieron impacto sobre miles de hogares, pero también sobre una cantidad considerable de mujeres. Así, para el 2015 se habían implementado 87 proyectos en cinco regiones del país con diversidad de temáticas y había sido beneficiadas 903 mujeres en situación de vulnerabilidad a causa del conflicto armado interno. De igual forma, 1969 hogares habían sido beneficiados a causa de dichos proyectos productivos.

Se pone entonces en evidencia que las acciones de la agencia estadounidense han tenido un impacto positivo en el país y que indirectamente ha colaborado con el alcance de los ODM. Aún a pesar de que su estrategia de cooperación en Colombia fuese distinta a la que aplicaba en el resto de los países de la región dada la situación coyuntural de transición hacia la paz, se han generado directrices y proyectos que han contribuido a la solución de temáticas importantes, tanto en los lineamientos de los ODM como en los de USAID. Finalmente, y debido a esa divergencia entre los lineamientos de USAID en su estrategia de cooperación y los de otras agencias como el PNUD no pueden establecerse paralelismos adecuados ni certeros, aunque se han dado unos pequeños atisbos de comparación en el presente documento.

RESULTADOS

Según un informe de las Naciones Unidas (2015), los ODM lograron salvar la vida de millones de personas y por medio de ellos se logró consensuar un importante compromiso en materia de desarrollo. Se asegura que las estrategias establecidas a principios del siglo dieron sus frutos y con la voluntad política impartida por gran parte de los líderes que se comprometieron con la causa, se lograron obtener resultados bastante positivos. A continuación, se presentarán algunas cifras que sustentan dicha afirmación en cuanto al objetivo marco de la investigación; Objetivo 1. La erradicación de la pobreza extrema y el hambre.

Si se habla en términos generales, la tasa de pobreza extrema en países en desarrollo tuvo un cambio positivo notorio si se comparan las cifras de 1990 a las del 2015. "La pobreza extrema se ha reducido de manera significativa. En 1990, casi la mitad de la población de las regiones en desarrollo vivía con menos de 1,25 dólares al día. Este porcentaje ha descendido a 14% en 2015" (Naciones Unidas, 2015, p.4)

De la misma manera, si se toman las cifras de las personas que habitan en pobreza extrema en el mundo, también dejan ver el escenario positivo que dejan esos quince años de esfuerzos. A nivel mundial, la cantidad de personas que viven en pobreza extrema se ha reducido en más de la mitad, cayendo de 1.900 millones en 1990 a 836 millones en 2015 (Naciones Unidas, 2015, p.4). En este sentido se destaca que la gran mayoría de los cambios positivos que respaldan estas cifras se han desarrollado a partir del año 2000.

Así mismo, el PNUD en su informe sobre los ODM del año 2015, destaca que América Latina ha logrado alcanzar grandes e importantes cambios:

La proporción de la población latinoamericana en situación de pobreza disminuyó desde un 43.9% en 2002 hasta 28.1% en 2013, lo que, en términos absolutos, significa que en el periodo de referencia más de 58 millones de personas lograron incrementar sus ingresos. Además, en lo referente a la pobreza extrema, la tasa de incidencia cayó desde 19.3% en 2002 hasta 11,7% en 2013. (PNUD, 2015, p.15)

En este sentido, un hecho importante que destaca el informe, es la situación en el caso específico de Colombia.

Entre 2002 y 2014 la tasa de incidencia de la pobreza monetaria se redujo desde niveles cercano al 50% hasta 28,5%. Lo anterior significó que en poco más de una década el país logró sacar a 6,7 millones de personas de la situación de pobreza, lo cual convierte a Colombia en el quinto país que mayores avances alcanzó en este frente. (PNUD, 2015, p.15)

Las cifras hasta el momento dan un balance positivo para Colombia y los datos que se tienen en cuanto a la lucha contra la pobreza extrema, dejan ver una vez más el compromiso no solo por parte del gobierno nacional durante los años 2010 a 2015 sino también de la gran ayuda que viene por parte de la cooperación internacional, en cuanto a pobreza extrema, Colombia logró dar un paso importante, "pasó de 17,7% en 2002 a niveles de un dígito doce años más tarde (de 8,1%)" (PNUD, 2015, p.15)

Además de lo anteriormente expuesto, Colombia logró destacarse en comparación con algunos otros países de América Latina quienes también se encontraban en la misma lucha, puesto que "logró cumplir con un año de anticipación la meta establecida en los Objetivos de Desarrollo del Milenio (ODM), que determinaba que la tasa de pobreza debía situarse en 28.5% al cierre de 2015" (PNUD, 2015, p.15)

Los datos anteriormente expuestos, imparten optimismo en cuanto al papel que jugaron los ODM, los cuales sirvieron como se ha dicho ya, como el camino rector u conductor del actuar de los Estados y el sistema internacional en general. Dichas cifras no hubieran sido del todo posibles sin un verdadero compromiso en primer lugar por los gobiernos nacionales y locales de cada uno de los países inmersos en la lucha por el cumplimiento de los ODM, del mismo modo y no menos importante se encuentra el papel de la cooperación internacional, la cual sin lugar a duda tiene una gran cuota de responsabilidad en ello. Las cifras son positivas sin embargo aún quedan muchos aspectos por mejorar, pero es de destacar que la Cumbre del Milenio fue el escenario propicio para la cooperación Internacional y el desarrollo.

CONCLUSIÓN

La cooperación internacional, indudablemente, ha sido una herramienta necesaria para la consolidación de los ODM en Colombia y ha sido un factor clave para el progreso y el desarrollo del país. Tal y como se evidenció a lo largo del documento. A pesar de que en Colombia no se consiguieron las metas propuestas, si se generó un importante avance en estos objetivos.

Bajo la necesaria tutela del PNUD, y con la coordinación de todos los instrumentos de Cooperación Internacional que conformaron el aparato estatal durante los años 2010-2015, se generó una considerable reducción en temas de pobreza, violencia, analfabetismo, entre otras temáticas, que supuso un reconocimiento importante por parte de las Naciones Unidas.

USAID por su parte, establece en su plan de cooperación en Colombia el objetivo de impulsar una paz sostenible e incluyente en Colombia, teniendo en cuenta el conflicto armado que hizo presencia por más de cincuenta años en el territorio. Sin embargo, es importante resaltar este hecho no se aleja de la consecución de los ODM y en el caso específico de la reducción de la pobreza mucho menos, puesto que es evidente que uno de los factores que ha contribuido en el incremento de tal pobreza ha sido el conflicto armado y las graves consecuencias que ha dejado este.

Se puede en este sentido decir que tanto el PNUD como USAID, si jugaron un papel importante en la reducción de la pobreza en Colombia, cada uno de estos aporto de forma distinta a la consecución de los

ODM. En cuanto al papel del PNUD se destaca su papel de veedor en la consecución de tales objetivos y del cual Colombia recibió gran apoyo para conseguirlos y de USAID se destaca la cofinanciación de distintos proyectos que encaminados al área rural y para beneficio además de mujeres víctimas de la violencia.

No obstante, en conjunto con los avances y los reconocimientos para Colombia en materia de desarrollo, se despliegan aún una serie de retos que debe afrontar el país en aras de conseguir un verdadero desarrollo con componentes humanos. Los ODM ya han caducado y los nuevos restos surgidos de mano de la Organización de las Naciones Unidas son los Objetivos de Desarrollo Sustentable, cuya viabilidad y resultados deberán ser motivo de nuevos estudios.

Bibliografía

Acción Social. (2008). *La cooperación internacional y su régimen jurídico en Colombia.* Recuperado de https://www.apccolombia.gov.co/sites/default/files/archivos_usuario/publicaciones/lacooperacioninternacionalysuregimenjuridicoencolombia.pdf

Alonso, J & Glennie, J. (2015). ¿Qué es la cooperación para el desarrollo? *Development Cooperation forum.* Recuperado de http://archive.ipu.org/splz-e/nairobi16/policy-brief-sp.pdf

Alvares, S. (2012). Una introducción a la cooperación internacional al desarrollo. *Redur, 10.* 285-309.

Asamblea General de las Naciones Unidas. (2000). Resolución aprobada por la Asamblea General. Recuperado de http://www.un.org/spanish/milenio/ares552.pdf

Asamblea General Organización de las Naciones Unidas (2000). Declaración del Milenio. Recuperado de http://www.un.org/spanish/milenio/ares552.pdf

Ayllón, B. (2007). La Cooperación Internacional para el Desarrollo: fundamentos y justificaciones en la perspectiva de la Teoría de las Relaciones Internacionales. *Carta internacional*, 2(2), 32-47.

Baracaldo, M. (2015). La cooperación internacional como instrumento para el desarrollo integral en Colombia. Monografía de Grado. Universidad Militar Nueva Granada. Recuperado de https://repository.unimilitar.edu.co/bitstream/10654/7171/1/ LA%20COOPERACI%C3%93N%20INTERNACIONAL%20 CO-
MO%20INSTRUMENTO%20PARA%20EL%20DESARROL LO%20INTEGRAL%20EN%20COLOMBIA.pdf

Boni, A., Calabuig, C., Cuesta, I., Gómez, M., Lozano, J., Monzo, J., & Torres, A. (2010). La cooperación internacional para el desarrollo. *Cuadernos de cooperación para el desarrollo*. Pp. 5-152.

Burbano, A & Quintero, G. (2014). *Incidencia de la Cooperación internacional en el municipio de Tumaco, en el periodo 2008-2011*. Monografía de grado. Universidad de Nariño, San Juan de Pasto, Colombia.

Cantillo, V. (2014). La cooperación internacional post 2015: la transición de los ODM a los ODS. *Revista Internacional de Cooperación y Desarrollo*, 1(2), 249-261.

Chiani, A., Scartascini, J., Barzola, M., Bosoni, A., Cianciardo, H., Moyano, F. Sticco, G. (2009). *La cooperación internacional: herramienta clave para el desarrollo de nuestra región*. Buenos Aires, Argentina: Konrad-Adenauer-Stiftung.

Correa, G. (2010). *Directorio de cooperación internacional: una guía de fuentes de recursos para las organizaciones de la sociedad civil*, Buenos Aires, Red Argentina para la Cooperación Internacional.

Departamento Administrativo Nacional de Estadística. (2012). Pobreza en Colombia. Recuperado de https://www.dane.gov.co/files/investigaciones/condiciones_vida/pobreza/cp_pobreza_2011.pdf

Duarte Herrera, L. K. y González Parias, C. H. (2014). Origen y evolución de la cooperación internacional para el desarrollo. *Panorama*, 8(15), 117-131.

Gutiérrez Hernández, M. (2012). *Analizar las relaciones de coopera-ción entre la organización de las Naciones Unidas y la Agencia Presiden-cial para la Acción Social y la cooperación internacional - Acción Social para la construcción de paz y desarrollo humano. Estudio de caso: art-redes Nariño con enfoque de género en los años 2007- 2009.* Monografía de Grado. Universidad Colegio Mayor De Nuestra Señora Del Rosario.

Infraestructura Colombiana de Datos Especiales. (2017). *Agencia Presidencial de Cooperación Internacional de Colombia*. Recuperado de http://www.icde.org.co/aliados/nacionales/apc

Koldo, u. & Yoldi, p. (2000). La cooperación al desarrollo: sur-gimiento y evolución histórica, Primera Edición, País Vasco, Vitoria-Gasteiz. Recuperado de http://www.dhl.hegoa.ehu.es/ficheros/0000/0029/La_cooperacion_al_desarrollo._manual_1_castellano.pdf

Organización de las Naciones Unidas. (2015). Objetivos de Desarrollo del Milenio Informe de 2015. Recuperado de http://www.un.org/es/millenniumgoals/pdf/2015/mdg-report-2015_spanish.pdf

Programa de las Naciones para el Desarrollo PNUD. (2015). Objetivos de Desarrollo del Milenio: informe 2015. Recuperado de https://www.apccolombia.gov.co/sites/default/files/archivos_usuario/publicaciones/undp-co-odminformeultimo-2015_2.pdf

Programa de Las Naciones Unidas para el Desarrollo. (2018). Acerca del PNUD. Recuperado de http://www.undp.org/content/undp/es/home/about-us.html

Ramírez, G. (2010). La Declaración Del Milenio Naturaleza, Principios Y Valores. *Oasis,* (15).

 Red Nacional de Agencias de Desarrollo Local de Colombia. (2017). *¿Qué es la Cooperación Internacional?* Recuperado de http://www.redadelco.org/que-es-la-cooperacion-internacional

Ripoll, A. & Ghotme, R. (2015). La cooperación internacional: herramienta de desarrollo o de atraso. *Revista latinoamericana de Bioética. 15*(1), 54-63.

Rodríguez, O. (2010). Balance de los Objetivos del Milenio en Colombia. *Oasis,* 15, 221-246.

Sebastián, J. (2000). Las Redes de Cooperación como modelo organizativo y funcional para la I+D. *Redes, 7* (15), 97-111.

Socas, N. & Hourcade, O. (2009). La cooperación internacional. En: A. M. Chiani, y Scartascini del Río, J. B., La cooperación internacional: herramientas clave para el desarrollo de nuestra región. Buenos Aires, Argentina: Konrad Adenauer Stiftung. Recuperado de http://www.kas.de/wf/doc/17526-1442-4-30.pdf

Tassara, C. (2011). Experiencias exitosas de desarrollo social en la cooperación internacional. Lecciones aprendidas en el caso de Colombia. *Migración, desarrollo humano e internacionalización,* pp. 85-109.

USAID. (2014). Estrategia de Cooperación 2014-2018: Un camino hacia la paz. Recuperado de https://www.usaid.gov/sites/default/files/documents/1862/Estrategia_de_Cooperaci%C3%B3n_USAID_Colombia_2014-2018.pdf

USAID. (2016). Programa de tierras y desarrollo rural en Coombia. Informe Anual octubre de 2015 – septiembre de 2016.

LA CÁTEDRA DE PAZ.
Lectura para su implementación en el aula

Miguel Angel Martinez Diaz
Paola Christinne Rozo Sanchez[14]

INTRODUCCIÓN.

Educar para la paz, en especial, es una necesidad que tiene que tiene que ser atendida desde las más altas esferas del poder, la sociedad y la comunidad educativa del país, es crucial vincular a todos los sectores de la sociedad civil, con el propósito de aportar a la construcción de una cultura de paz que contribuya a la

---

[14]   Profesionales en Relaciones Internacionales. Investigadores proyecto: Vita Activa. Semillero Conflicto, Historia y Acción Humanitaria- CHYAH. Universidad de San Buenaventura. Facultad de Ciencias Jurídicas y Políticas. Bogotá. 2017-2018.

formación integral de la población más vulnerable, que ha sido víctima de la violencia.

La educación para la paz es crucial para vincular a todos los sectores de la sociedad civil, en particular a aquellos que han sido marginados, debido a las profundas desigualdades que han trazado las problemáticas sociales que alimentaron el conflicto, la vinculación en especial de los niños y jóvenes, con el propósito de aportar a la construcción de una cultura de paz que contribuya a la formación integral de la población más vulnerable, y de esta manera la educación aportará a la superación y no repetición del conflicto.

La superación del conflicto dependerá estrictamente de los esfuerzos por destruir las raíces de las causas del mismo, entre ellas la profunda desigualdad en materia de todos los niveles de educación, principalmente primaria y secundaria, toda iniciativa tanto del Gobierno como de la academia y las comunidades que aporte a combatir las causas estructurales de la desigualdad es trascendental de cara al futuro.

En el marco del conflicto colombiano, el estudio de este, resulta ser un aspecto primordial para entender y conocer las causas, circunstancias, actores, financiación, violaciones de DD.HH, la evolución misma del conflicto y decenas de detalles más que explican las razones de su surgimiento, expansión y su larga prolongación en el tiempo, sin embargo y dada la actualidad de la Historia en el país, en el currículo o plan de estudios de la educación, primaria, básica y secundaria en Colombia, el panorama de la educación en el país, parece estar lejos de abordar lo necesario en materia de contenidos, para formar a los estudiantes con un pensamiento crítico entorno a su realidad y acontecer diario.

La necesidad urgente de abordar en el programa de estudios a nivel nacional, la Historia de Colombia, enfatizada en los conflictos y el desarrollo de fenómenos de violencia generalizada en el territorio, prima la importancia de la reaparición en el escenario educativo de currículos especializados, que cuenten con sus propios espacios, y brinden a la educación en el país de un nuevo aire en el aula, respecto lo que se enseña y se promueve en el aprendizaje.

La superación y no repetición del conflicto depende en buena medida de la dirección que tome la educación en el país, esto será posible si la verdad forma parte de los esfuerzos, si la Historia hoy inexistente, que se enseñe en escuelas y colegios, cumpla con su objetivo, la comprensión del pasado y presente como individuos y nación, de esta forma será posible la construcción de memoria, recordar a las víctimas y reconciliarnos como sociedad.

Construir memoria es precisamente otro de los retos a los que se enfrenta el país, ha primado en el tiempo una versión de los acontecimientos, es importante conocer todas las caras del conflicto, para explicar la dinámica de la guerra y como se recuerda esta, las víctimas y victimarios en un conflicto como el colombiano, en muchos casos se difuminan, se confunden, se puede ser ambos, tal es la degradación del tejido social en el país, que no hay claridad al respecto.

No se debe pretender construir memoria a partir de una sola visión, se construye memoria a partir de la diversidad, ser capaces de reconocer las diferencias, es el primer paso, sin embargo y a pesar del propósito, los obstáculos están presentes, prevalece hoy una falta de memoria colectiva, la sociedad se entienda así misma, su presente y su pasado, de acuerdo a como se ha establecido desde las aulas, carente de pensamiento crítico, de conciencia histórica y ante todo indiferente por la normalización de la violencia.

Buena parte de la problemática interna que ha alimentado el conflicto ha sido la forma en cómo se han intentado solucionar, desde combatir a fuego a grupos insurgentes, hasta diálogos de paz entre las partes, sin embargo las raíces de los problemas no han sido objeto de solución, la violencia se ha desencadenado, debido a varios aspectos, entre ellos, la negativa por dar la cara a los asuntos que están pendientes en materia de tierras, participación política y en general en la concentración del poder.

MEMORIA

Debido a que este proyecto plantea la Educación para la Paz desde el reconocimiento de la Historia y de que esta está ligada directa e indirectamente con los hechos del presente, es importante definir el concepto de Memoria y la importancia que tiene esta para poder impartir la enseñanza de la Historia como base de la construcción de una sociedad caracterizada por la cultura de paz. El concepto de Memoria juega un papel muy importante a la hora de reconstruir y enseñar la Historia del Conflicto Colombiano. Al ser este un conflicto de tan larga duración, los relatos creados, tanto orales como escritos, son cruciales para el reconocimiento de responsabilidades y de actuaciones en este y de reconstrucción de la verdad para la reconciliación y el perdón.

Esto se puede lograr en la medida en la que entendamos que la Memoria es el conjunto de recuerdos, tanto colectivos como individuales, que hacen parte de un relato y de un hecho especifico, en el cual es predominante la variedad de relatos y de realidades que se construyen a partir del pasado y del presente de una sociedad. Para Le Goff, en su texto del Orden de la Memoria, la construcción de la Memoria le corresponde al estudio de lo social debido a que: "(...) Los fenómenos de la Memoria, ya en sus aspectos biológicos, ya en los psicológicos, no son más que los resultados de sistemas dinámicos de organización, y existen sólo en cuanto la organización los conserva o los reconstituye". (LeGoff, 1991)

Es por esto que el autor afirma que la Memoria, aunque es parte de una percepción individual y cognitiva de la realidad, esta se moldea y se adapta desde la percepción social de los recuerdos y de los relatos de una sociedad dada por una organización a través del lenguaje, que también es una construcción social, o a través de la escritura la cual se manifiesta por la acumulación sistemática de relatos oficiales y no oficiales de la historia.

Esta construcción de relatos ha dado paso a las relaciones de poder a lo largo de la historia y como estas relaciones definen lo que debe ser recordado y lo que no. Le Goff plantea que la Memoria es un elemento de la eterna búsqueda del individuo y de la sociedad por construir y definir una identidad que nos establezca en un tiempo y en un espacio determinado. Esta búsqueda hace que la construcción de Memoria en una sociedad se convierta en el afán de ostentar el poder y de definir esta identidad en la sociedad.

Las diferentes clases sociales y contextos que estas han determinado han sido de gran influencia sobre lo que la Memoria Colectiva de una sociedad debe recordar y lo que se debe hacer con esa Memoria pues está en juego lo que esta sociedad es, en todo el sentido de la palabra, y las proyecciones a futuro que esta determina frente a determinada situación ya sea política, económica o social. Le Goff hace el llamado a la búsqueda incansable por parte de la academia de una democratización de Memoria social que sea incluyente con todos los relatos posibles en la reconstrucción de una historia tanto del pasado como del presente para que la dinámica de recordar y re construir el pasado no sea exclusiva de algún sector de la sociedad sino sea múltiple y diversa en su carácter de construcción de la identidad.

Es así que la educación se convierte en el medio fundamental por el que la Memoria puede ser ubicada en un espacio temporal determinado y ser utilizada de herramienta frente a la forma de actuar de cierto grupo social de frente al futuro del mismo. Entonces, nace la necesidad de la educación y de la adquisición del conocimiento para poder crear la Memoria, ya sea de una colectividad o de un individuo en contrato. Al respecto, Le Goff argumenta que "el concepto de conocimiento, importante para el período de adquisición de la Memoria, lleva a interesarse por variados sistemas de educación de la Memoria existentes en las diferentes sociedades y en épocas diversas: la mnemotécnica." (LeGoff, 1991)

Esta mnemotécnica y el estudio de esta han permitido que el proceso de "hacer Memoria intervenga no sólo la preparación de recorridos, sino también la relectura de tales recorridos". Este concepto nos permite entender como la adquisición de conocimiento de los hechos pasados influye de forma directa con la forma como se construyen los pensamientos del individuo y los imaginarios de la sociedad. Esto permite que esta relectura de los hechos configure y adapte a la sociedad a los cambios que se van dando a través de la historia desde las percepciones y constructos cognitivos que tenga cada persona.

Es decir, si un individuo hace Memoria de algún hecho que haya tenido lugar en su entorno, de la cual tengan Memoria quienes están a su alrededor, este será capaz de realizar juicios subjetivos propios sobre los hechos, generar opiniones y visión crítica al respecto, y adaptarse a cualquier cambio que estos hechos hayan realizado en su entorno. Esto supone que a la hora de analizar y reconstruir la Memoria se tengan en cuenta los diversos contextos sociales y culturales de las personas.

EDUCACIÓN PARA LA PAZ
En el año 2012 el Gobierno de Colombia anuncia el inicio de las negociaciones las FARC-EP. La hoja de ruta que se estableció para llevar a cabo las negociaciones contiene seis puntos principales de negociación

para la finalización del conflicto armado. Estos puntos fueron:

-Política de desarrollo agrario integral para implementar una reforma agraria que mejore las condiciones del campo y de los campesinos colombianos,
-Participación política que busca solucionar aquellos problemas de exclusión política que dieron paso a la guerra y se dé una participación eficiente de todos los ciudadanos en la política del país.

-Fin del conflicto en el cual se incluyó el cese al fuego y la desmovilización del grupo y que establece la implementación de todos programas y proyectos relacionados al acuerdo.

-Solución al problema de las drogas ilícitas en la que se construye un programa para la erradicación de cultivos ilícitos y del narcotráfico.

-Acuerdo sobre las víctimas del conflicto en el que se establece todo un sistema jurídico para la paz en el que se crean la Comisión para el Esclarecimiento de la Verdad, la Unidad de Búsqueda de Personas Desaparecidas en el contexto del conflicto y la Jurisdicción Especial para la Paz que se encargara de juzgar a quienes hayan cometido crímenes en el contexto del conflicto.

-Y por último, la Implementación, verificación y refrendación en la que se incluyó el plebiscito para la refrendación los procesos de implementación y verificación políticos y jurídicos (Oficina del Alto Comisionado para la Paz, 2017)

Fueron cuatro años de conversaciones en las que participaron todos los grupos sociales que fueron actores durante el conflicto, al igual que países, organizaciones internacionales observadoras que debían mantener el espíritu negociador y de paz entre las partes. Las conversaciones se llevaron a cabo en La Habana, (Cuba), siendo este un país observador junto con Noruega. Según informes del gobierno nacional, en la mesa de negociaciones se escucharon a 60 víctimas del conflicto que narraron sus experiencias, además realizaron sus solicitudes para ser incluidas en el acuerdo final. (Oficina del Alto Comisionado para la Paz, 2016)

Para el año 2014 ya se habían acordado y firmado tres puntos del acuerdo general, fue cuestión de tiempo para que los otros también se acordarán, para que de esta forma se diera paso al fin del conflicto. En este contexto, gran parte de la sociedad y de las instituciones gubernamentales daban por hecho el éxito de las negociaciones de cara a la firma del acuerdo en su totalidad.

Así, el Gobierno Nacional y el Congreso de la República aprobaron la Ley 1732 del 2014, al igual que el Decreto 1032 del 2015 en el que se establece la Cátedra para la paz como una asignatura obligatoria en todas las instituciones educativas del país en los niveles de educación preescolar, básica y media. Esta ley da un plazo de 6 meses desde el 1 de septiembre de 2014 para el cumplimiento de la misma en todo el territorio nacional.

En esta ley se estableció que la Cátedra para la Paz tiene como objetivo "(...) crear y consolidar un espacio para el aprendizaje, la reflexión, el diálogo sobre la cultura de la paz, el desarrollo sostenible que contribuya al bienestar general y el mejoramiento de la calidad de vida de la población." (Ministerio de Educacion Nacional, 2010) También se establece que la cátedra para la paz debe estar incluida en el Plan de Desarrollo Educativo de la nación por lo tanto también de carácter obligatorio.

De igual forma, en el Decreto 1038 del 2015 se reglamenta que la cátedra para paz tiene carácter obligatorio en todas las instituciones educativas que tiene como objetivo: "(...) fomentar el proceso de apropiación conocimientos, competencias relacionados con territorio, la cultura, el contexto económico, social y la Memoria Histórica, con propósito de reconstruir el tejido social, promover la prosperidad general, garantizar la efectividad de los principios, derechos consagrados en la Constitución." (Ministerio de Educacion Nacional, 2015)

Establece también, que la cátedra para la paz debe tener unos ejes temáticos a la hora de plantear la ejecución de la misma. Esta catedra debe incentivar el diálogo sobre la cultura de la paz, la educación para la paz y el desarrollo sostenible. No contiene ningún currículo específico para la enseñanza o la implementación para la cátedra para la paz, aunque sí decreta que se deben incluir por lo menos dos de los siguientes temas:

a) Justicia y Derechos Humanos.
b) Uso sostenible de los recursos naturales.
c) Protección de las riquezas culturales y naturales de la Nación.
d) Resolución pacífica de conflictos.
e) Prevención del acoso escolar.
f) Diversidad y pluralidad.
g) Participación política.
h) Memoria Histórica. i) Dilemas morales.
j) Proyectos de impacto social.
k) Historia de los acuerdos de paz nacional e internacional.
1) Proyectos de vida y prevención de riesgos.

Este tema de la implementación de una cátedra para la paz en el actual contexto de pos acuerdo debe ser de suma importancia en el proceso la formación del tejido social de la sociedad en la construcción de un nuevo país en el que la guerra y la violencia no deberían ser cotidianas para las personas. La enseñanza del conocimiento de esta guerra y de las causas y consecuencias de la misma, abrirán las puertas para que la sociedad pueda replantear y reconstruir aquellos imaginarios sociales que hacen que Colombia sea un país violento.

Existen diferentes iniciativas de educación para la paz en las que se busca reconfigurar la cultura violenta por la que se ha caracterizado Colombia durante toda su historia. Estas iniciativas provienen desde el mismo gobierno nacional hasta organizaciones sociales, pasando por colectivos gubernamentales y no gubernamentales. Así, se han encontrado diferentes intentos de guías o manuales para la implementación de la cátedra para la paz en el país.

Se encontró en el programa Colombia Aprende, tres documentos dirigidos a la implementación de la Cátedra para la paz en todos los establecimientos educativos de Colombia de educación preescolar, básica media. Estos documentos fueron planteados como guías orientadoras a las instituciones educativas y los docentes de Colombia para que realicen ciertas actividades, definidas en determinados ejes temáticos, dirigidos a la enseñanza de la paz y cumplimiento de la Ley 1732 de 2014 que establece como obligatoria la cátedra para la paz en todo el país.

Estas guías presentan propuestas de actividades y ejes temáticos para todos los grados desde primero a once y muestran el desarrollo y conclusiones que deben tener las sesiones de enseñanza donde se apliquen estas guías. Las tres guías son:

• Secuencias didácticas de educación para la paz (1° a 11° grado)
• Desempeños de educación para la paz (1° a 11° grado)
• Orientaciones generales para la Implementación de la cátedra de la paz en los establecimientos educativos de preescolar, básica y media de Colombia

Estas cartillas fueron diseñadas en el 2015, impulsadas por el Ministerio de Educación Nacional con la ayuda de las universidades de los Andes, Externado, Pedagógica y Nacional; con docentes del Atlántico, Medellín y Bogotá. De igual forma, se consultó a varios investigadores nacionales y organismos de cooperación internacional expertos en el tema, para la construcción de estos documentos. (Ministerio de Educacion Nacional, 2015)

Secuencias didácticas de educación para la paz (1° a 11° grado)

En la cartilla de secuencias didácticas se plantean tres competencias ciudadanas que deben ser enseñadas a los estudiantes y de las cuales se deben cumplir ciertos desempeños al final de todas las actividades. Las competencias son: Convivencia y paz, Participación y responsabilidad democrática, Pluralidad, identidad y valoración de las diferencias. Se enumeran cuatro pasos de desarrollo de las actividades por medio de las cuales se busca desarrollar en los estudiantes las capacidades necesarias para que los contenidos de la catedra para la paz dejen alguna huella en el aprendizaje de los estudiantes en la construcción de la ciudadanía.

Con estas competencias se espera que los estudiantes sean capaces de:

• Paso I: Identificar los principales problemas de su entorno

• Paso R: Reconocer, desarrollar las destrezas necesarias para que reconozcan los problemas dentro de un marco histórico particular, estrechamente relacionado con múltiples aspectos de carácter social, político y económico

• Paso C: Conectar: fomentar su capacidad de análisis sobre resultados de su indagación así como establecer relaciones con sus posiciones y acciones

•   Paso A: Actuar: promover la acción de los estudiantes por medio de estrategias de prevención de problemáticas y transformación de su entorno (Ministerio de Educacion Nacional, 2015)

De acuerdo a estas competencias se plantean cuatro sesiones para grado once como desarrollo de la cátedra para la paz, se toma únicamente este grado pues es el objetivo de la investigación y de la intervención. A su vez, el desarrollo de estas sesiones se justifica con las competencias que están definidas en cuatro ejes temáticos en el documento de Desempeños de Educación para la Paz en lo programado.

Sin embargo, algo que se puede observar es que las cuatro sesiones planteadas están encaminadas únicamente al segundo eje programado que se denomina: Identidad y participación ciudadana. No está establecido ninguna actividad o sesión para los otros ejes temáticos aparte de las competencias que los estudiantes deberían desarrollar con cada temática. Así, los otros ejes temáticos planteados son:

•   Eje 1: Ciudadanía y convivencia pacífica,

•   Eje 2: Identidad y participación ciudadana

•   Eje 3: Procesos de construcción de paz y de posconflicto en el mundo.

•   Eje 4: Retos de convivencia y paz en un mundo globalizado.

En los ejes uno y dos se pretende que los estudiantes comprendan y se reconozcan como ciudadanos que participan en la construcción del país y que tienen derechos y deberes por medio del estudio de la constitución de 1991 y del conflicto armado colombiano hasta la actualidad.

De igual forma, para los ejes tres y cuatro se busca que los estudiantes se reconozcan como ciudadanos globales y conozcan las experiencias de otros países en cuanto a procesos de paz. Así mismo, la cartilla define que los estudiantes deberían desarrollar habilidades de: "Toma de perspectiva, Pensamiento crítico, Empatía, generación de opciones y consideración de consecuencias" (Ministerio de Educación Nacional, 2015).

Desempeños de educación para la paz (1º a 11º grado)

En la cartilla de Desempeños para la educación para la paz también se dan unas guías pedagógicas sobre cómo enseñar estos temas planteados. Se busca enseñar sobre cómo promover estos desempeños, cómo evaluarlos, los riesgos a tener en cuenta (en la enseñanza de estos desempeños) y recomendaciones para el servicio social obligatorio.

Orientaciones generales para la Implementación de la cátedra de la paz en los establecimientos educativos de preescolar, básica y media de Colombia

Finalmente, en la cartilla de Orientaciones generales para la implementación de la cátedra para la paz se dan definiciones generales de lo que es la educación para la paz y otros términos generales sobre la convivencia en las aulas y sobre las competencias ciudadanas que se deben tener en cuenta a la hora de la implantación de esta cátedra. Se tratan de mostrar los avances que ha realizado el gobierno en cuanto a la cátedra basados en el Decreto 1038 de 2015 sin embargo son inconcluso, con propuestas de proyectos sobre los cuales no existen informes o pruebas de su implementación.

Tabla 1 Contenidos del Decreto 1038, Cartilla de orientaciones generales para la Catedra para la paz

Categorías de Educación para la Paz	Temas del Decreto Reglamentario 1038
Convivencia Pacífica	Resolución pacífica de conflictos
	Prevención del acoso escolar
Participación ciudadana	Participación política
	Proyectos de impacto social
Diversidad e identidad	Diversidad y pluralidad
	Protección de las riquezas culturales de la Nación
Memoria histórica y reconciliación	Memoria histórica
	Historia de los acuerdos de paz nacionales e internacionales
Desarrollo sostenible	Uso sostenible de los recursos naturales
	Protección de las riquezas naturales de la Nación
Ética, cuidado y decisiones	Justicia y Derechos Humanos
	Dilemas morales
	Proyectos de vida y prevención de riesgos

Fuente: Ministerio de Educación Nacional, 2015

También, se categorizan los temas que establece el decreto y la ley en seis ejes temáticos principales que serían la base de la construcción de la metodología de una Cátedra para la Paz, las cuales se definen una por una sin mucha profundidad o definición de las temáticas puntuales que debe tratar cada tema. La categorización es de la siguiente manera:

De igual forma, existe una cartilla elaborada por una organización denominada CEDAL. Esta organización está orientada a la comunicación educativa de la mano con la pedagogía para niños, jóvenes y adultos con principios cristianos. En la cartilla propuesta se divide en tres partes las cuales están divididas en actividades para las tres poblaciones dependiendo del contexto social en el que se encuentren.

En la parte dirigida a los niños el objetivo principal es crear una pedagogía en la que los niños se apropien de normas de convivencia basadas en la armonía y la paz en los entornos en los que los niños viven diariamente. De igual forma, se les dan a los niños conceptos básicos de convivencia, ciudanía y paz con las cuales se espera que desarrollen las capacidades intelectuales necesarias para las siguientes etapas de la vida. Así, los talleres lúdicos se realizan con materiales audiovisuales y plásticos que permiten que los conceptos dados queden en la mente de los niños plasmada como conocimiento básico. (Centro de Comunicación Educativa Audiovisual, 2013)

La siguiente parte dirigida a los jóvenes, tiene como objetivo despertar en las jóvenes capacidades de concientización y lucha por la instauración de una paz plena en el país. Esta concientización debe ir de la mano de las actividades necesarias para que los jóvenes puedan crear sus propias opiniones críticas de acuerdo a los acontecimientos de su entorno. De igual forma se pretende que los jóvenes se hagan responsables de sus actuaciones y el lugar que tienen estas en la construcción de la historia del país. Las actividades propuestas para los jóvenes son de carácter reflexivo, en las que se les pide a los jóvenes que construyan su visión crítica sobre la paz y los temas adyacentes a esta. (Centro de Comunicación Educativa Audiovisual, 2013)

Finalmente, el objetivo de las actividades para los adultos es poder generar espacios de resolución de conflictos comunitarios, de enseñanza del perdón y la reconciliación. En estos talleres se busca que los adultos logren aprender cómo aplicar la convivencia pacífica en sus comunidades, con sus familias y sus vecinos.

Los temas de esta cartilla son, principalmente, el reconocimiento de la identidad, la resolución de conflictos, la construcción de paz en el entorno social de cada generación, la cultura ciudadana, la cultura de la paz, el perdón y la reconciliación, el respeto a la vida y principalmente la convivencia pacífica. La cartilla propone doce actividades lúdicas por cada parte las cuales son: Talleres creativos con los niños, talleres culturales con los jóvenes, y asambleas comunitarias como multiplicadores de experiencias. (Centro de Comunicación Educativa Audiovisual, 2013)

Si bien estos temas son de vital importancia para la implementación de la Cátedra para la Paz, la cartilla no define ejes temáticos ni indicadores de los temas a tratar en las actividades propuestas. De igual forma no establece la relación con la Ley 1732 de 2015 ni con el Decreto 1038 de 2015 o con las temáticas propuestas en este, sino que propone su propia hoja de ruta en la enseñanza de la paz.

La editorial Santillana en conjunto con la Universidad Javeriana crearon una guía para la implementación de la cátedra para la paz. En esta cartilla se definen términos generales de educación para la paz y la importancia y significado de construir la cultura de paz en Colombia. También propone que la implementación de la cátedra para la paz pueda ser considerada como un área y pueda ser incluida "en alguna de las áreas establecidas, que podrían ser Ciencias Sociales o Humanidades, por tener mayor afinidad con Cátedra de la paz". (Salamanca, y otros, 2016)

La Cátedra no defiende la obligatoriedad establecida
por la ley de ser una asignatura aparte al plan de estudios establecido por las instituciones, sino que plantea
diferentes soluciones para ser incluida ya sea en alguna
área o en alguna otra asignatura. Acude a la Ley 115 de
1994, que habla de la autonomía escolar por la que cada institución educativa tiene el derecho de establecer
las asignaturas que considere necesarias para el buen
desarrollo de los planes de estudio.

La Ley 1620 de 2013 cuyo objeto es promover y fortalecer la convivencia escolar, la formación ciudadana
en todos los temas relacionados al cumplimiento de
las normas dentro de la institución educativa y en el
ámbito social y el Decreto 1038 de 2015 en el cual se
plantea que: "deberá fomentar el proceso de apropiación de conocimientos y competencias relacionados
con el territorio, la cultura, el contexto económico y
social y la memoria histórica, con el propósito de reconstruir el tejido social, promover la prosperidad general y garantizar la efectividad de los principios, derechos y deberes consignados en la constitución". (Salamanca, y otros, 2016)

En esta cartilla se definen las temáticas propuestas en
la Ley 1732 de 2014 de la Cátedra para la Paz y se dan
principios generales sobre los cuales se deben construir las temáticas a la hora de la implementación de la

misma. Sin embargo, estos temas son demasiado amplios teóricamente y no se define una hoja de ruta temática definida que pueda ser una guía clara para las instituciones de educación colombianas.

De igual forma, se proponen ciertas actividades de acuerdo a riquezas naturales, resolución pacífica de conflictos, prevención del acoso escolar, memoria histórica. Estas actividades se llevan a cabo en cuatro clases por tema. En los temas de recursos naturales y memoria histórica las actividades son meramente de investigación y entregas de informes por parte de los estudiantes y en resolución pacífica de conflictos y prevención del acoso escolar las actividades son de recoger experiencias y opiniones de los estudiantes para incentivar el debate en el aula. (Salamanca, y otros, 2016)

Otra organización importante en la construcción de paz en el país es EDUCAPAZ quienes crearon una cartilla dirigida principalmente a niños. Esta cartilla no define las temáticas a desarrollar en la implementación de la cátedra para la paz aunque define el objetivo de "responder a la necesidad de promover una Cultura de Paz basada en los derechos fundamentales de los niños/as, que rechace la violencia y que procure prevenir los conflictos destructivos abordando sus causas, apuntando a soluciones concretas con la participación de todos los sujetos del hecho educativo: niñas/os, maestras/os, padres, madres y la comunidad." (EDU-CAPAZ, 2015)

Esta cartilla contiene quince actividades lúdicas que promueven la resolución de conflictos y la construcción de la paz, sin embargo, no existe ninguna actividad que promueva la memoria o que se acerque a la historia del conflicto armado en Colombia.

La organización Viva la Ciudadanía también creó una cartilla pedagógica enmarcada en el contexto del pos-acuerdo en Colombia. Esta cartilla explica de forma clara y concisa cada punto del acuerdo de paz firmado con las FARC y propone una actividad por cada punto para poder enseñar estos puntos de forma pedagógica y efectiva.

Aunque hace un acercamiento a la historia del conflicto, no profundiza en las causas del mismo y no presenta bases históricas concretas que justifiquen los puntos negociados en este acuerdo. De igual forma no propone alguna actividad a modo de conclusión para conocer las opiniones de los participantes en cuanto al escenario de pos-acuerdo en el país (EDUCAPAZ, 2015)

Este proyecto piloto se realiza en este contexto de pos-acuerdo en el que se considera que la educación es el eje fundamental de la construcción de la sociedad y de un mejor futuro. Los jóvenes deben tener, aunque sea un mínimo de conocimientos sobre las causas y consecuencias del conflicto para que puedan reconocerse a sí mismos como parte de la historia y como actores de una nueva en la que deben utilizar la cultura de paz como el imaginario cotidiano para toda la sociedad colombiana.

Así, se realiza este proyecto en un colegio distrital de la ciudad de Bogotá para poder realizar un diagnóstico sobre cómo está la situación de lo decretado por el gobierno nacional y demostrar las falencias y los aciertos sobre esto en los años que ha estado vigente la ley e implementar una intervención social a pequeña escala que demuestre estas mismas y les dé una solución planteada desde la misma sociedad.

De igual forma se encontró que en la Institución Educativa objeto de la intervención no existe dentro del plan de estudios un espacio concreto dirigido exclusivamente a la formación en cultura de paz e historia del conflicto, así como la socialización de los acuerdos de paz.

Es por esto que el objetivo fundamental del diagnóstico y la intervención consiste en medir e identificar el grado de conocimiento de los estudiantes sobre el Conflicto Armado Colombiano, sus causas, actores, víctimas, etc., resaltar aspectos relevantes del contexto histórico en el que se ha desarrollado el conflicto interno, el proceso de los diálogos de paz de forma generalista y los retos y oportunidades a los que se enfrenta el país a futuro.

También, como parte de la enseñanza e implementación del proyecto piloto de la Cátedra para la Paz, se plantea que la construcción de memoria es importante para el desarrollo del tejido social. Esto es posible considerando que a la suma de actores nacionales en el proceso se invite a vincularse a actores internacionales como países que han atravesado por situaciones de conflicto. Países que han sido receptores en el pasado siglo de ayuda y cooperación internacional, particularmente en asistencia técnica y enseñanzas de lecciones aprendidas.

Intervención social en educación
La Investigación-Acción Participativa IAP es primordial en el marco de la intervención social en el escenario latinoamericano, la importancia de esta en el desarrollo de un proyecto de intervención radica en la comunión entre la teoría y la práctica, haciendo uso de los saberes teórico-prácticos. La IAP posibilita el cumplimiento de los objetivos que se tracen en el marco de una intervención social, en la cual el empoderamiento de los sujetos de dicha intervención es definitivo.

Una tarea principal para la IAP, ahora y en el futuro, es aumentar no sólo el poder de la gente común y corriente de las clases subordinadas debidamente ilustradas, sino también, su control sobre el proceso de producción de conocimientos, así como el almacenamiento y el uso de ellos. (Marielsa Ortiez, 2008)

El empoderamiento de las poblaciones intervenidas es un objetivo que se marca la IAP, el método establece herramientas teórico practicas enmarcados en el proceso investigativo, que exige de forma rigurosa la búsqueda de conocimientos y de esta forma como establece Fals Borda constituya un aporte a la transformación estructural de la sociedad.

La Investigación Acción Participativa es un proceso dialéctico continuo en el que se analizan los hechos, se conceptualizan los problemas, se planifican y se ejecutan las acciones en procura de una transformación de los contextos, así como a los sujetos que hacen parte de los mismos. (Calderon & Cardona, 2012)

La estructura metodológica que acompaña la IAP facilita el trabajo del investigador, al igual que promueve la rigurosidad en el desarrollo de la misma. Una vez analizados los hechos, se realizan diagnósticos que tengan como objetivo la identificación de la problemática que se aborda. La formulación de soluciones se da partir de la planificación previa a la intervención, considerando siempre las dificultadas de carácter extraordinario que se puedan presentar, relacionados con la predisposición de tiempo, coordinación de los espacios y agendas entre otros.

Desde la academia, las Universidades pueden ser esenciales en asumir un rol protagónico en el marco de las intervenciones sociales, la oportunidad de aplicar el conocimiento en determinadas áreas que puedan beneficiar e impactar en la realidad de una población específica, de esta forma contribuyendo a la transformación de la sociedad, es un hecho invaluable que se debe asumir desde la institucionalidad misma de las Universidades.

Fals Borda no niega la posibilidad de que las universidades puedan participar de forma directa en la resolución de problemas concretos de la sociedad, pero eso supone, pasar del concepto de "extensión universitaria" al de "universidad participante": "la educación debe hacerse no pensando en la academia sino en el mundo, en la vida, en el contexto. (Marielsa Ortiez, 2008)

Esta referencia a la "extensión universitaria" y de "universidad participante" invita a formar para la transformación, la inmersión de la academia en asuntos sociales que necesitan con urgencia de soluciones inmediatas, un deber de las universidades en pro de definir estrategias serias que promuevan el desarrollo de la sociedad.

Así, la Investigación Acción Participativa es un "proceso dialéctico continuo en el que se analizan los hechos, se conceptualizan los problemas, se planifican y se ejecutan las acciones en procura de una transformación de los contextos, así como a los sujetos que hacen parte de los mismos" (Calderón & Cardona, 2010)

De esta forma, se busca que la elación entre el interventor y la población a intervenir no sea vertical y jerárquica, sino que sea paralela entre todas las personas involucradas y que la acción y la participación de todos los integrantes del grupo a intervenir alimenten la enseñanza y las mejoras que se quieren lograr con la intervención.

En este proyecto, se busca que los estudiantes compartan sus experiencias personales y se reconozcan a sí mismos como una generación que también ha conocido y visto los horrores del conflicto armado colombiano. Que sean capaces de entender las consecuencias que estos hechos históricos han traído a toda la sociedad colombiana y a sus propios círculos más cercanos como a sus familias y sus amigos.

Todo esto para que los estudiantes se sientan responsables de transformar estas realidades que se han formado con la guerra como parte de la vida cotidiana, para que cuando la intervención termine puedan por si mismos construir un pensamiento crítico que les permita mirar el futuro del país de forma distinta y con la voluntad de ser actores del cambio.

Es por esto que se plantea una intervención social en el contexto de la Catedra para la Paz dirigida a los jóvenes de Colombia que son las generaciones de las cuales dependerá a forma como el país afronte los pos acuerdos y eventualmente el posconflicto una vez todos los grupos armados dejen las armas. Gracias a la IAP (Investigación-Acción Participativa) (Lara, 2012)

CASO DE ESTUDIO.

Para la formulación y la implementación del proyecto se toma como objetivo la población estudiantil de educación media de colegios privados y públicos de Bogotá. Sin embargo, para efectos de la implementación del proyecto piloto este se realiza a los alumnos de un curso de grado 10 y 11 del Colegio Agustín Fernández situado en Bogotá en la localidad de Usaquén, UPZ San Cristóbal Norte, en la dirección: Carrera 7 #155-20.

La Institución Educativa cuenta con un total de 2703 estudiantes distribuidos en tres sedes con jornadas mañana, diurna y nocturna. Los grados once están repartidos en tres (3) cursos en los que cursan 142 alumnos en total de los cuales un curso de 32 estudiantes es objeto de la intervención. Por otra parte, la Institución posee una planta de 151 docentes de los cuales 29 hacen horario presencial en la jornada de la mañana de la sede San Cristóbal Norte.

Durante la exploración inicial se encontró que, en esta institución educativa, además de que no existe la cátedra para la paz dispuesta por el gobierno en el Decreto 1732 de 2015, no hay un programa en el plan de estudios que contenga temas de la historia o de los hechos relevantes del conflicto colombiano y tampoco que hable acerca del proceso de paz.

No existe un espacio académico integral en este colegio que contextualice a los jóvenes sobre el porqué del conflicto, el cómo y el cuándo, a pesar de la creación de la Ley 1732 de 2015, la cual reglamenta la inclusión de una cátedra para la paz como materia independiente en todos los planes de estudio de los colegios en Colombia y el decreto 1038 de 2014 que convierte esta ley en obligatoria para todos los establecimientos de educación preescolar, básica y media.

Es importante destacar que la institución educativa cuenta con dos docentes con capacitación en Cátedra para la Paz, ambas docentes licenciadas en Ciencias

Sociales, pero que no profundizan mucho en la este tema al no estar incluido en el plan de estudios. A su vez, se pudo observar que desde el año 2016 estudiantes universitarios de diferentes instituciones han adelantado talleres de educación para la paz con los estudiantes de grados de secundaria del colegio, pero estos talleres han tenido poco impacto en los jóvenes al ser muy cortos y no tener seguimiento académico por parte de la institución.

En este trabajo el principal objetivo es identificar y medir el grado de conocimiento de los estudiantes sobre el conflicto armado colombiano y su historia. Por esto se decidió realizar la medición de estos conocimientos mediante dos pruebas evaluativas en diferentes temporalidades que permitieran dar una idea del avance o retroceso del conocimiento de los alumnos involucrados en la intervención.

Para la recolección de datos y la construcción del plan de estudios de las sesiones, la realización de las encuestas que se realizan en el estudio se fundamenta en una investigación de tipo no experimental, pues con estas no se pretende manipular las variables y las situaciones de los individuos a estudiar, sino que se pretende encontrar variables que ya existen y describirlos para poder encontrar falencias y fortalezas que serán trabajados y cambiados mediante la intervención (Sampieri, Fernandez, & Baptista, 2006)

Con esta investigación no experimental también se tiene una mayor probabilidad de validez externa, es decir, de que este estudio también pueda ser aplicado a otros individuos y situaciones comunes (Sampieri, Fernandez, & Baptista, 2006). Esto se debe a que al ser un proyecto piloto se espera que se pueda replicar en diferentes instituciones educativas y que se pueda desarrollar con más profundidad y más apoyo institucional en todo el país para obtener la implementación del Decreto 1732 de 2015 que se compromete a que esta catedra sea obligatoria.

Estas pruebas se dividieron así:
- **Prueba piloto de diagnóstico:**
Para la formulación del presente proyecto se realizó inicialmente una prueba piloto de diagnóstico para poder medir el conocimiento que los estudiantes tienen acerca del contexto histórico del conflicto colombiano, la coyuntura por la que atraviesa el país dadas las negociaciones en la Habana y la firma del acuerdo de paz al momento de plantear el proyecto y sin ningún tipo de intervención del colegio o de otra fuente externa.

Esta se realizó un año antes de la intervención para poder obtener datos que ayudaran con la construcción del planteamiento del proyecto, su viabilidad y los posibles temas a tratar.

Para poder realizar la intervención se decidió que esta prueba de diagnóstico también ayudará a investigar las problemáticas de conocimiento de los estudiantes sobre las que se realizarán las actividades planteadas para realizar las estrategias de mejora de acuerdo a las problemáticas identificadas en el curso. Por esto se plasmó la tabulación de las respuestas y los promedios de cada estudiante. (Ver anexos 2 y 3).

Esta prueba de diagnóstico cuenta con once (11) preguntas cerradas con opción de única respuesta (*Ver anexo 1*). De esta forma las preguntas cerradas se calificaron considerando la cantidad de preguntas con respuestas correctas sobre un total de once (11) preguntas. (*Ver anexo 2*).

Después de esta prueba de diagnóstico y de la visita que se hizo al colegio se planteó una lluvia de ideas de las problemáticas que más se resaltaron en la institución y en los estudiantes. De esta lluvia de ideas se diseñó un diagrama en el que se identificaron las causas directas e indirectas y los efectos directos e indirectos de la problemática central que se planteó luego de la prueba el cual es el siguiente (*Ver Ilustración N°1*).

De igual forma en este punto se realizó el planteamiento de la Matriz de Planificación (Marco Lógico) de la intervención en la que se incluyen los presupuestos de la intervención, los temas a tratar y las actividades específicas que se realizarían durante el desarrollo de las actividades. (*Ver Tablas 2,3 y 4*)

•   Evaluación final:
Esta prueba se realizó al final de las sesiones para medir los conocimientos adquiridos de los estudiantes durante la intervención y también medir el éxito o fracaso de la misma.

Esta prueba es una versión mejorada a la prueba de diagnóstico teniendo en cuenta las temáticas a desarrollar en la intervención planteada. Sin embargo, se ejecuta al final de la intervención, esto para medir qué conocimientos adquirieron los estudiantes durante esta y si alguno de los conceptos o temas tratados no fue claro y hay necesidad de modificar alguna sesión para que esta pueda ser más efectiva en una futura implementación.

Esta prueba consta de diez preguntas cerradas con única respuesta, las cuales (…)"contienen categorías u opciones de respuesta que han sido previamente delimitadas" (Sampieri, Fernandez, & Baptista, 2006) que tratan temas sobre la historia del conflicto en tres tiempos los cuales son las variables de medición: pasado, presente y futuro del conflicto en el que se integran las variables secundarias de: el origen del conflicto armado, actores, poblaciones afectadas, contexto histórico nacional e internacional, puntos del acuerdo de paz con las FARC y derechos humanos. Estas preguntas se realizan para medir el grado de conocimiento de los estudiantes y se califican por promedio de las respuestas contestadas correctamente y erróneamente.

Básicamente mide si la intervención fue exitosa y es viable para su implementación en otras instituciones educativas en el país o si necesita planes de mejora para su implementación. Se califica de la misma forma que la anterior, pero esta mide el éxito o fracaso de la intervención al demostrar que los estudiantes se apropiaron y aprendieron los temas sugeridos.

## 1.	Análisis de resultados

El siguiente análisis relaciona las dos pruebas realizadas antes y después de la intervención respectivamente. El universo de estudiantes encuestados fue de 32 en total los cuales hacen parte del curso 1103 del Colegio Agustín Fernández ubicado en la localidad de Usaquén. Estas dos pruebas no son idénticas pues en la primera las preguntas fueron de carácter general y de opinión de los conocimientos que los estudiantes podrían tener sobre el conflicto armado colombiano de acuerdo a lo que, hasta el momento de la prueba, hubiesen visto en medios de comunicación, en el aula de clases o en su entorno social.

La segunda prueba, al ser una versión mejorada de la primera, intenta especificar y condensar los temas vistos en las actividades propuestas para que los estudiantes pudieran categorizar los temas a la hora de apropiarlos. Se pudo observar que hubo una mejora considerable del conocimiento de los estudiantes desde la primera prueba a la segunda.
La relación es la siguiente:

Prueba numero 1
En los resultados de esta prueba (ver anexo 3) se encontró que en el promedio total de respuestas correctas por estudiante en una escala del 0% al 100% fue de 51,4% en el que solamente 6 estudiantes de los 32 encuestados tuvieron un promedio total de respuestas correctas sobre el 60%. Es decir, más de 7 preguntas correctas. De estos, un estudiante tuvo el 81,8% o 9 preguntas correctas en total, 5 obtuvieron el 63,6% de respuestas correctas. Del total de estudiantes encuestados, 10 tuvieron el 54,5% de preguntas respondidas correctamente o 6 en total. 11 estudiantes obtuvieron 45,5% o 5 respuestas correctas, 3 obtuvieron el 36,3% de respuestas correctas o 4 y un estudiante tuvo 27,2% de respuestas correctas o 3.

En esta encuesta se evaluó el conocimiento que tenían los estudiantes sobre el conflicto armado colombiano antes de realizar las actividades propuestas con 11 preguntas. La primera pregunta fue sobre los actores del conflicto y mide la capacidad de los estudiantes de identificarlos. Se encontró que el 87,5% de los estudiantes contestaron correctamente esta pregunta, es decir 28 estudiantes. Esta pregunta se relaciona con la variable de medición del pasado y el tema del que hace parte es el de origen del conflicto armado, este tema se les enseño a los estudiantes durante la sesión 2 (Ver anexo 7). De la misma forma tiene una relación directa con la pregunta número 1 de la segunda prueba.

Gráfico No. 1 Porcentaje respuestas correctas de la pregunta 1, prueba 1

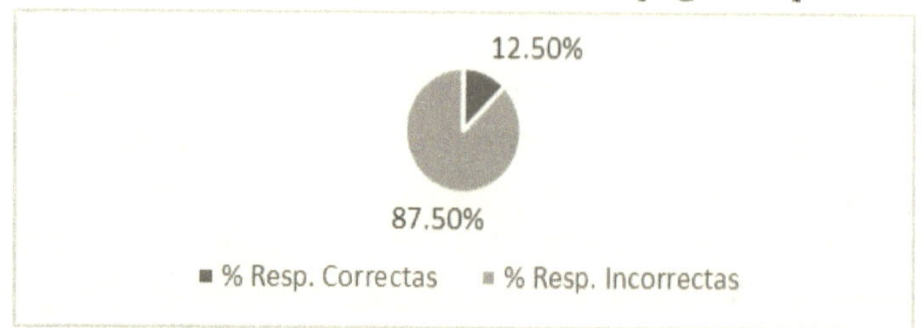

Fuente: Elaboración propia. Datos obtenidos a partir de prueba 1.

La segunda pregunta tiene que ver con las causas del conflicto armado. Esta pregunta les permite a los estudiantes ver que este se originó por diferentes hechos históricos que se dieron en el contexto histórico del país en diferentes momentos determinados y les da nociones básicas sobre la historia misma del conflicto.

En esta pregunta solamente el 59, 38% de los estudiantes contestaron correctamente. El tema del que hace parte esta pregunta es de los orígenes del conflicto pues les da a los estudiantes nociones de hechos históricos importantes que hicieron parte de la formación de las condiciones para que se generara el conflicto armado colombiano. Esta pregunta se relaciona con la pregunta 2 de la segunda prueba para el resultado final.

Gráfico No. 2 Porcentaje respuestas correctas de la pregunta 2, prueba 1

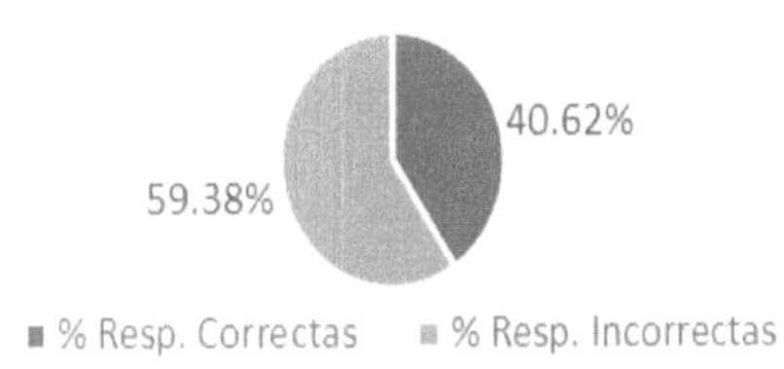

Fuente: Elaboración Propia. Datos obtenidos a partir de prueba 1.

La tercera pregunta tiene que ver con el contexto histórico del conflicto armado. Esta pregunta presenta conceptos básicos para la apropiación y entendimiento de las dinámicas del conflicto pues establece los papeles que han jugado los actores del conflicto durante la historia de la violencia. Está relacionada con la tercera pregunta de la prueba 2 y fue enseñada a los estudiantes en la segunda sesión. De igual forma, se relaciona con la variable del pasado y la temática en a que se encierra es en el contexto histórico nacional del conflicto pues ayuda a entender muchos hechos históricos. En

129

esta pregunta solamente el 25% de los estudiantes respondieron correctamente.

La cuarta pregunta habla sobre el surgimiento de guerrillas en Colombia y los hechos históricos que sucedieron con los diferentes grupos armados que surgieron en la historia del país. Está relacionada con la cuarta pregunta de la prueba 2. En esta pregunta el 50% de los estudiantes contesto correctamente. Esta fue enseñada a los estudiantes en la segunda sesión que habla de la variable del pasado y el tema de los orígenes del conflicto armado

Gráfico No. 3 Porcentaje respuestas correctas de la pregunta 3, prueba 1

Fuente. Elaboración Propia. Datos obtenidos a partir de prueba 1.

Gráfico No. 4 Porcentaje respuestas correctas de la pregunta 4, prueba 1

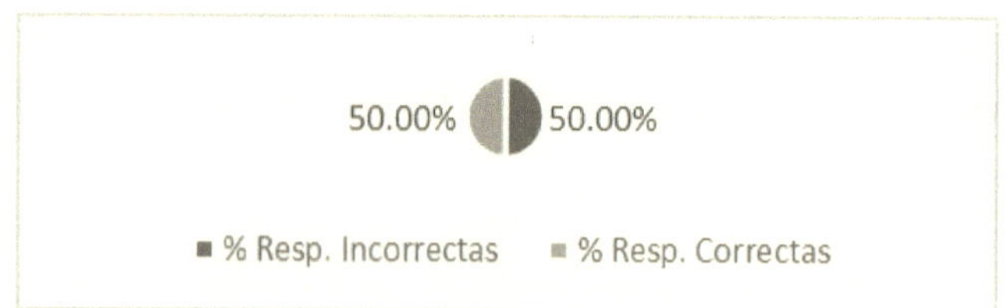

Fuente: Elaboración propia. Datos obtenidos a partir de prueba 1.

La quinta pregunta se trata de contextualizar a los estudiantes en las ubicaciones geográficas que han sido importantes en la historia del conflicto, en negociaciones y en intensidad del mismo. Se relaciona con la quinta pregunta de la segunda prueba y con la variable del pasado en el tema de poblaciones y lugares epicentro de la historia del conflicto. Esta pregunta la contestaron correctamente el 31,25% de los estudiantes.

Gráfico No. 5 Porcentaje respuestas correctas de la pregunta 5, prueba 1

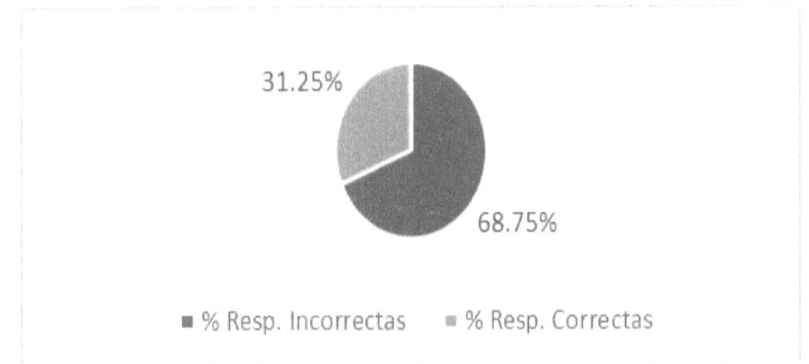

Fuente: Elaboración propia. Datos obtenidos a partir de prueba 1.

La sexta pregunta trata del contexto internacional histórico del conflicto y como la comunidad internacional se ha involucrado para lograr la resolución pacífica. Esta pregunta tiene que ver con la variable del pasado y se relaciona con la sexta pregunta de la prueba 2. El porcentaje de respuestas correctas contestadas en esta pregunta fue de 53, 13% del total de los estudiantes.

131

La séptima pregunta es sobre los derechos humanos que han sido vulnerados a través de la historia de conflicto. Este tema les permite a los estudiantes entender las consecuencias que dejo tantas décadas de guerra en las poblaciones afectadas. Esta pregunta está relacionada con la pregunta 7 de la prueba 2, en donde se fusiona con la variable de derechos humanos. En esta pregunta se obtuvo un porcentaje de respuestas correctas de 21,88% del total de estudiantes

Gráfico No. 6 Porcentaje respuestas correctas de la pregunta 6, prueba 1

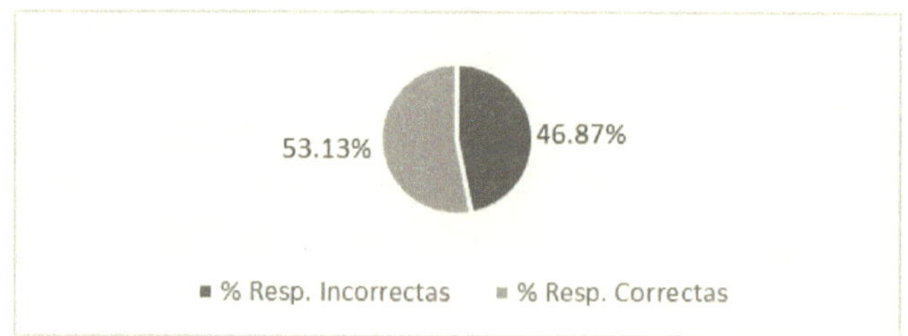

Fuente: Elaboración propia. Datos obtenidos a partir de prueba 1.

Gráfico No. 7 Porcentaje respuestas correctas de la pregunta 7, prueba 1

Fuente: Elaboración propia. Datos obtenidos a partir de prueba 1.

La octava pregunta de esta prueba habla directamente de las violaciones a los derechos humanos que se han cometido a lo largo del conflicto armado en Colombia. Esta pregunta está relacionada con la siete en la segunda prueba y en esta se fusiono con la 7 pregunta. Este tema tiene que ver con las variables del pasado y del presente pues aún se siguen cometiendo violaciones a los derechos humanos en las regiones más apartadas del país. Esta pregunta obtuvo un 100% de respuestas correctas lo que demuestra el impacto que han tenido los medios de comunicación en los estudiantes cuando se muestran todas las consecuencias de la guerra en los medios masivos.

Gráfico No. 8 Porcentaje respuestas correctas de la pregunta 8, prueba 1

Fuente: Elaboración propia. Datos obtenidos a partir de prueba 1.

La novena pregunta se trata de las poblaciones más afectadas por el conflicto armado, pues en todo el país no se ha dado el conflicto en la intensidad en la que otras regiones han tenido que sobrevivir. Esta pregunta tiene que ver con las variables del pasado, presente y

133

futuro pues es importante comprender que estas poblaciones, y muchas otras, han sido afectadas económica, social y culturalmente debido a la guerra y es necesario que estas poblaciones reciban la asistencia necesaria. El porcentaje de respuestas correctas en esta pregunta fue de 46,88% del total.

Gráfico No. 9 Porcentaje respuestas correctas de la pregunta 9, prueba 1

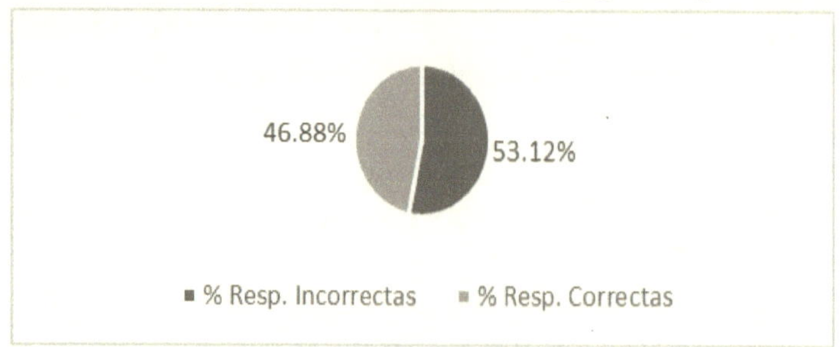

Fuente: Elaboración propia. Datos obtenidos a partir de prueba 1.

La décima pregunta tiene que ver con las estadísticas del contexto internacional actual en el que se encuentra Colombia, en el que es uno de los países con mayor cantidad de desplazados internos en el mundo. Saber esto les permite a los estudiantes comprender la gravedad de las consecuencias del conflicto y la necesidad de la paz en el país. Esta pregunta obtuvo un porcentaje de 53,17% de respuestas correctas de os estudiantes

Fuente: Elaboración propia. Datos obtenidos a partir de prueba 1.

La pregunta número once trata de uno de los temas más importantes en la coyuntura de del acuerdo de paz con las FARC y los ejes temáticos establecidos para mejorar la calidad de vida de los colombianos y poder llegar a un acuerdo de los temas más importantes y urgentes que necesitan de una solución casi que inmediata relacionados con el conflicto armado. Esta tiene que ver con el presente y los temas importantes para poder establecer la cultura de paz en todo el país. Esta pregunta tuvo un porcentaje de respuestas correctas del 37,50%.

En los resultados de esta prueba (ver anexo 5) se encontró que en el promedio total de respuestas correctas por estudiante en una escala del 0% al 100% fue de 91,88% en el que 30 estudiantes de los 32 encuestados tuvieron un promedio total de respuestas correctas sobre el 60%. Es decir, más de 7 preguntas correctas. De estos, 18 estudiantes tuvieron el 100% o 10 pre-

guntas correctas en total, 7 obtuvieron el 90% de respuestas correctas o 9, 4 estudiantes obtuvieron un
80% de respuestas correctas u 8 y un estudiante tuvo
el 70%, o 7. Del total de estudiantes encuestados, 2
obtuvieron el 60% de las respuestas correctas.

Gráfico No. 11 Porcentaje respuestas correctas de la pregunta 11, prueba 1

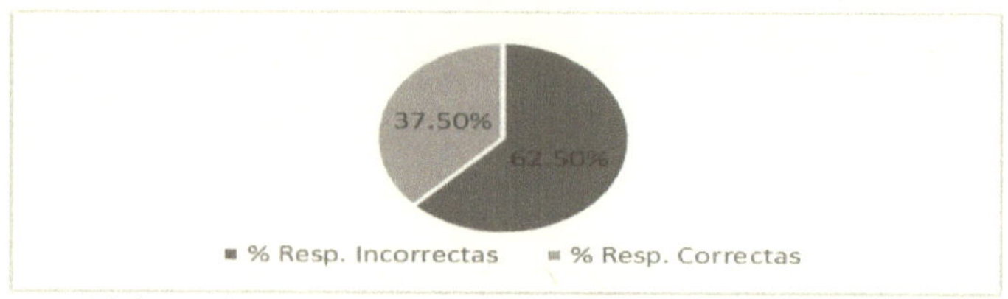

Fuente: Elaboración propia. Datos obtenidos a partir de prueba
1.

Prueba 2

Esta prueba mide el conocimiento de los estudiantes
después de la intervención en donde se les formo en
cuanto a temas como el conflicto armado, el proceso
de paz, entre otros. La primera pregunta es la misma
de la primera prueba y esta tuvo un 90,63% de respuestas correctas de todos los estudiantes mostrando
una mejora de más del 20% en cuanto al conocimiento
de los orígenes del conflicto, teniendo en cuenta que
en la primera prueba esta pregunta tuvo un buen pun-
taje.

La pregunta dos en esta prueba es la misma   que
en la primera prueba y tuvo un resultado del 93,75%
de respuestas correctas en total, demostrando una me-

jora de más del 40% de los estudiantes en temas de hechos históricos relevantes en la historia de conflicto y sus orígenes.

La tercera pegunta en esta prueba es la misa tres en la primera y se obtuvo un resultado de 96,88% de las respuestas correctas en total. Acá se muestra una mejora considerable de más del 60% con respecto de la prueba anterior en cuento al conocimiento de los estudiantes sobre los actores del conflicto y el papel que han jugado a través de la historia.

Gráfico No. 12 Porcentaje respuestas correctas de la pregunta 1, prueba 2

Fuente: Elaboración propia. Datos obtenidos a partir de prueba 2.

Gráfico No. 13 Porcentaje respuestas correctas de la pregunta 2, prueba 2

Fuente: Elaboración propia. Datos obtenidos a partir de prueba 2.

137

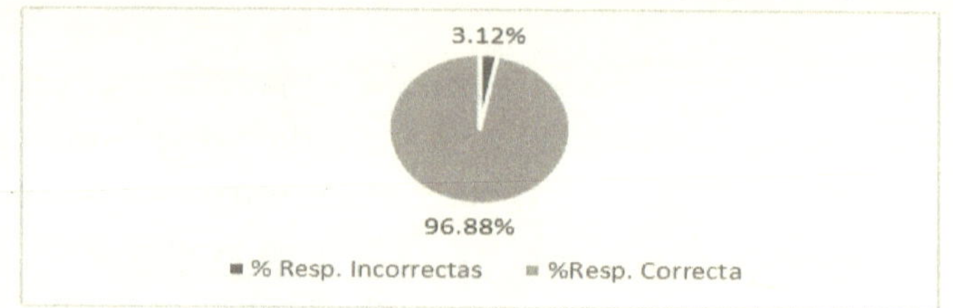

Fuente: Elaboración propia. Datos obtenidos a partir de prueba 2.

La cuarta pregunta en esta prueba es, también, la misma cuarta en la primera y obtuvo un resultado del 87,50% de las respuestas correctas. Con respecto a la prueba anterior, la mejora fue de un 30% en el conocimiento de los estudiantes en cuanto a los aspectos externos e internos del surgimiento de las guerrillas en el país.

Gráfico No. 15 Porcentaje respuestas correctas de la pregunta 4, prueba 2

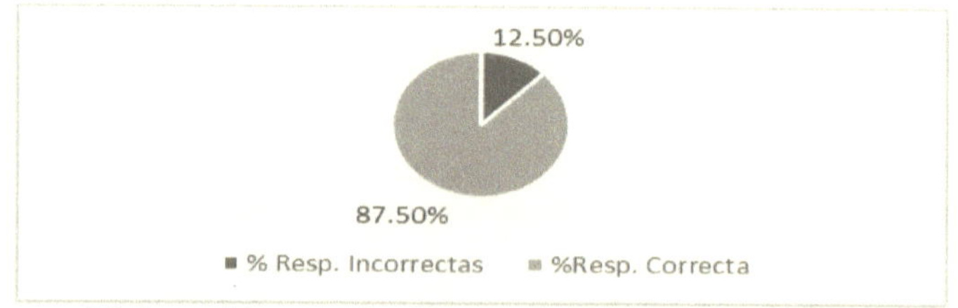

Fuente: Elaboración propia. Datos obtenidos a partir de prueba 2.

La quinta pregunta es la misma que la quinta en la primera prueba y tuvo un resultado de 84,38% de las respuestas correctas totales mostrando una mejora del 50% en cuanto al conocimiento de los estudiantes en poblaciones protagonistas en la historia del conflicto.

Gráfico No. 16 Porcentaje respuestas correctas de la pregunta 5, prueba 2

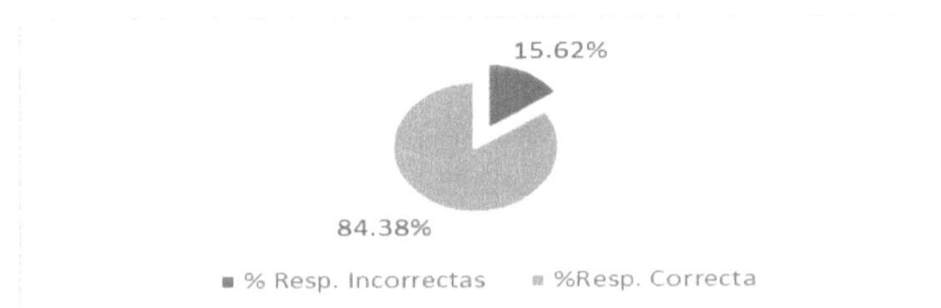

Fuente: Elaboración propia. Datos obtenidos a partir de prueba 2.

Gráfico No. 17 Porcentaje respuestas correctas de la pregunta 6, prueba 2

Fuente: Elaboración propia. Datos obtenidos a partir de prueba 2

La sexta pregunta es la misma que la sexta de la primera prueba y obtuvo un resultado del 87,50% de las respuestas correctas. Esto muestra una mejoría de más del 30% con respecto a la prueba inicial con respecto a el contexto internacional y nacional en el que se ha visto sumergido el conflicto en Colombia y los intentos de la comunidad internacional a lo largo de los años para encontrar una salida pacífica.

La séptima pregunta de esta prueba es la misma octava pregunta de la prueba uno, sin embargo, esta se fusiono con la séptima pregunta de la primera prueba para que quedara una sola pregunta que sintetizara las violaciones a los derechos humanos más significativas que han tenido lugar durante la duración del conflicto y sus puntos más álgidos. Esta pregunta tuvo un resultado del 100% de respuestas correctas totales. Se vio una mejora del 80% con respecto a la pregunta siete de la primera la cual trataba del concepto de los falsos positivos de la cual no había un conocimiento apropiado al respecto. Con la pregunta número 8, que es la misma pregunta, en la primera prueba esta tuvo un aumento del 0% teniendo en cuenta que el resultado de esta pregunta en la primera prueba también fue de 100%.

La octava pregunta de esta prueba está relacionada con la Memoria Histórica y el conocimiento que los estudiantes tienen sobre esta después de la intervención y el taller realizado. Esta pregunta está relacionada en la primera prueba con la pregunta número 9 en la que es importante reconocer los procesos de construcción de memoria individual y colectiva que han techo las poblaciones más afectadas del conflicto para poder buscar la reconciliación y la reparación. Esta

pregunta tuvo un 100% de respuestas correctas en total.

Gráfico No. 18 Porcentaje respuestas correctas de la pregunta 7, prueba 2

Fuente: Elaboración propia. Datos obtenidos a partir de prueba
2.

Gráfico No. 19 Porcentaje respuestas correctas de la pregunta 8, prueba 2

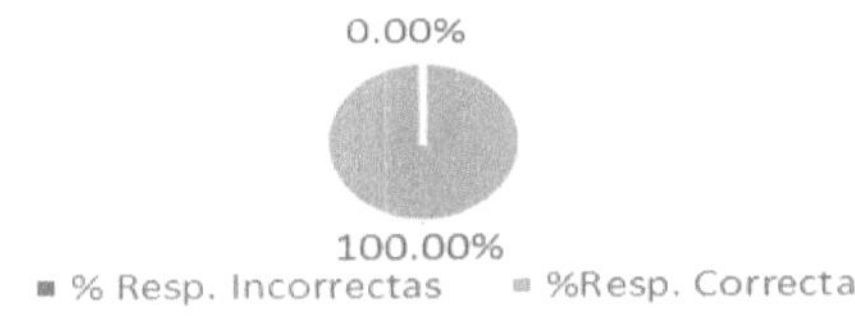

Fuente: Elaboración propia. Datos obtenidos a partir de prueba
2.

La novena pregunta tiene que ver con uno de los factores que influyeron directamente en la historia del
conflicto como lo conocemos hoy y la forma como
los grupos armados se pudieron sostener durante tantas décadas de guerra. Esta pregunta se relaciona con
la primera prueba en la pregunta número 10 teniendo
en cuenta la historia del conflicto y las consecuencias
que este ha tenido socialmente en todas las regiones
donde ha sido más fuerte, como el desplazamiento

forzado. Esta pregunta tuvo un porcentaje de respuestas correctas del 93,75%.

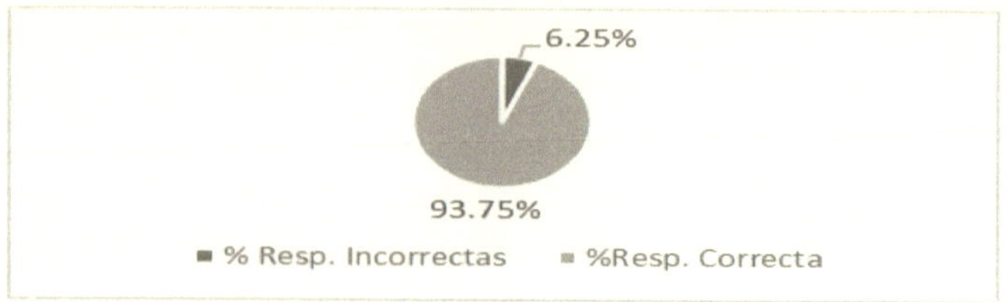

Fuente: Elaboración propia. Datos obtenidos a partir de prueba 2

La décima pregunta trata del acuerdo de paz negociado con la guerrilla de las FARC y el conocimiento que los estudiantes lograron obtener después de las enseñanzas que se les dio de los puntos más importantes de este acuerdo. Esta pregunta se relaciona en a prueba 1 con la pregunta numero 11 pues en esta también se les mostro a los estudiantes los temas más importantes para Colombia que debían ser agregados en el acuerdo para que el posconflicto tuviera un efecto más positivo en la mejora de la calidad de vida de todos los colombianos. Esta pregunto obtuvo un porcentaje de respuestas correctas del 84,38%.

En la relación entre las dos pruebas se puede observar que hubo una mejora de más del 50% en el conocimiento de los estudiantes después de las actividades pedagógicas planteadas. Es importante resaltar que también durante las actividades se les dio a los estudiantes los espacios para participar y debatir sobre los temas tratados en cada sesión lo que permitió que los estudiantes compartieran sus conocimientos con los demás y también pudieran ser retroalimentados frente a la información que no poseían o era errónea o incompleta.

Gráfico No. 21 Porcentaje respuestas correctas de la pregunta 10, prueba 2

Fuente: Elaboración propia. Datos obtenidos a partir de prueba 2.

CONCLUSIONES

- **Componente 1:**

Capacitar a los estudiantes acerca del pasado, presente y futuro del desarrollo del conflicto y el pos acuerdo

Para este proyecto formar a los estudiantes sobre la reconstrucción del pasado, para saber el porqué de los hechos del presente y así proyectar un país en paz en el futuro es uno de los pilares fundamentales en los que se basa la investigación. Gracias a estos tres temas (Pasado, presente y futuro del conflicto en Colombia) los estudiantes tendrán conciencia de las razones y los hechos históricos que llevaron al inicio del conflicto y tener un entendimiento más cercano a todos esos elementos sociales, económicos, culturales y políticos que desencadenaron todos los hechos que transformaron la historia de Colombia en lo que conocemos hoy.

Así, los estudiantes podrán identificar y ser reflexivos de cómo se configuro la historia y como se está configurando en el presente, no solamente en la actualidad política, social y económica del país, sino también en la forma como funciona su entorno social y familiar entretejido con las diferentes realidades del país. Esto hace que los jóvenes se sientan parte de los hechos que están transformando la realidad del país y se apropien de su identidad como ciudadanos que poseen derecho y deberes frente al futuro de sus entornos y del país en general.

En cuanto al futuro, los estudiantes podrán planear un proyecto de vida propio enfocado a la mejora de sus entornos sociales y familiares los cuales, a su vez, tendrán gran repercusión en la ida del país y en la forma como la sociedad ve las dinámicas de resolución de conflictos. Podrán ser capaces de ubicarse a sí mismos en un espacio-tiempo determinado de acuerdo a los hechos del pasado y del presente para poder así buscan un mejor camino, con mejores soluciones para el futuro de todas las personas a su alrededor.

Esto se ve reflejado en la construcción de la cultura de paz que tanto necesita Colombia, en donde los conflictos deben ser solucionados pacíficamente mediante el dialogo y en donde no queda lugar para las venganzas, los odios, las discriminaciones y la intolerancia. El imaginario social que estos jóvenes construirán a lo largo de sus vidas gracias a ser conscientes de su ubicación espacio-temporal frente a los hechos históricos les permitirá compararse con generaciones pasadas y proyectarse frente a las generaciones futuras siempre buscando la construcción de la paz estable y duradera.

Esta reflexión de los jóvenes también tiene que darse eliminando todos los prejuicios y hechos errados creados frente al proceso de paz con las FARC en donde no se les adoctrina ni se les dice que es lo que deben creer, sino que se les muestra los hechos reales abiertos al debate y a las dudas que los alumnos puedan tener. Sin embargo, es importante resaltar que esta enseñanza no se les da únicamente en cuanto al proceso de paz en Colombia, sino también se confronta este con otros procesos de paz del mundo y se les enseña que ha funcionado y que no en estos mismos.

De esta forma los jóvenes pueden empezar a construir por si mismos su mismo pensamiento crítico frente a los hechos y los datos mostrados en el que pueden tomar alguna posición o ninguna, siempre siendo críticos y neutrales sin caer en radicalismos o posiciones antagónicas. El fin de este proyecto es, siempre, en vez de dividir, unir a las diferentes partes y mostrar que aun pensando diferente podemos convivir en paz siempre en búsqueda de un mejor país.

Finalmente, como se vio en los resultados de las pruebas, los estudiantes fueron formados en cuanto al pasado, presente y futuro del desarrollo del conflicto y el pos acuerdo y lograron apropiarse de los conocimientos con una participación alta en las sesiones realizadas. Esto comprueba que la metodología utilizada para el proyecto piloto de educación para la paz es efectiva para la enseñanza de este en el escenario del posconflicto.

- **Componente 2:**
Aumentar el pensamiento crítico de los estudiantes sobre el proceso de paz

En la estructuración del proyecto siempre se tuvo en cuenta la importancia de desarrollar el pensamiento crítico en los estudiantes que hacen parte de las actividades propuestas. Como lo dicho anteriormente, no se trata solamente de enseñar diversos temas y que los estudiantes obtengan la información de forma superficial. Se trata de que los estudiantes se apropien de la información propuesta y así sean incentivados a construir su propio pensamiento crítico frente a los hechos de forma individual proyectada a la colectividad.

Esto permite que la cultura de paz sea construida desde las bases del debate y del respeto por los demás pues al apropiarse de la información, los estudiantes pueden generar opiniones respecto a los diferentes temas tratados y al mismo tiempo escuchar y tener en cuenta las opiniones de los demás. Estas son las bases de la cultura de paz implementada en la educación que a su vez se ve reflejada en las acciones y decisiones que los estudiantes toman fuera del aula en sus vidas cotidianas.

Teniendo en cuenta que el proceso de paz con las FARC ha tenido detractores y opiniones a favor, es importante que los estudiantes puedan hablar con propiedad del tema y así poder tomar decisiones que se reflejan en la participación ciudadana de los mismos, ya sea a la hora de debatir en un ámbito informal con sus compañeros o familia, o a la hora de votar en elecciones a nivel nacional y local. Esto permite que los estudiantes siempre estén en busca de comprobar la veracidad en la información que reciben desde todos los espacios de los que hacen parte y no permitan que esta sea tergiversada o errónea.

Al mismo tiempo la construcción del pensamiento crítico permite que los estudiantes se sientan motivados hacia la investigación y el descubrimiento de información por medios propios. Esta es una habilidad necesaria para la vida profesional y laboral de todas las per-

sonas pues permite que el individuo no se conforme
con un solo tipo de información, sino que busque muchos más haciendo que sea una persona más preparada y con más conocimiento sobre un tema que el resto.

En este proyecto se buscó durante toda la intervención que los alumnos fueran capaces de debatir, dar
sus opiniones y argumentarlas de acuerdo a lo aprendido o a las experiencias personales abriendo espacio
al debate. Si bien es imperante manejar ciertos temas
con mucha delicadeza, como por ejemplo las experiencias personales, se dio espacio a que los estudiantes escucharan las posiciones de sus compañeros y se
orientaran para que pudieran entender el porqué de
estas posiciones. Esto permitió que el proceso de interiorización del aprendizaje en sus vidas personales
sea más completo y más efectivo

- **Componente 3:**
**Instruir a los estudiantes sobre el acuerdo de paz
entre las FARC y el gobierno y las implicaciones
de este, así como de las iniciativas ciudadanas en
los diferentes territorios del país para la construcción de paz.**

Si bien es importante enseñar a los estudiantes los intentos estatales de construir la paz en Colombia, un
país azotado por la violencia durante décadas también

es importante que los estudiantes tengan en cuenta todas las iniciativas ciudadanos para la construcción de paz a lo largo del país. Es importante que los alumnos conozcan cómo y porque estas iniciativas han sido llevadas a cabo en las regiones donde el conflicto armado ha sido más fuerte y ha tenido consecuencias nefastas para las personas que las habitan.

Esto les permite identificar que existen jóvenes y grupos de personas como ellos que también buscan la paz y la reconciliación para la mejora de la calidad de vida de sus comunidades y finalmente de toda la nación. Estas iniciativas demuestran que no es solamente responsabilidad del Estado construir y generar la cultura de paz sino hace también parte del rol como ciudadanos eliminar los odios y las diferencias que nos han dividido socialmente y que dieron paso al conflicto armado que le ha hecho tanto daño a la sociedad colombiana.

También demuestran que es viable generar un cambio social a nivel local, que es posible buscar diferentes formas de acción para crear la transformación del imaginario social de la venganza y la violencia en general. Les permite a los estudiantes motivarse y sentir que pueden generar un cambio ellos mismos en sus comunidades y en su entorno social.

La Educación para la Paz debe tener entre sus fines principales la transformación de la cultura de violencia que ha vivido Colombia durante tantas décadas de conflicto en las que las divisiones sociales se han visto marcadas por ideologías en las que se estigmatiza y se sataniza a quien piensa diferente. Eliminar estos imaginarios debe ser uno de los objetivos vitales de la creación de una catedra para la paz.

Es por esto que este proyecto al plantear una forma de acción frente a las problemáticas mencionadas anteriormente, es también una invitación a todas las instituciones estatales y no estatales, a las organizaciones sociales naciones e internacionales y a todos los grupos que hacen parte de la nación a encaminar sus propuestas de Educación para la Paz en Colombia a transformar el pensamiento erróneo de venganza y violencia que se nos ha implantado desde siempre, en el que las diferencias nos dividen más y no existe ningún espacio para el debate.

En los resultados de la intervención podemos ver que los estudiantes lograron identificar los puntos del acuerdo de paz con un porcentaje de asertividad del 84%, así como lograron identificar las iniciativas de paz en las regiones y las poblaciones más afectadas por la guerra en Colombia en un 84%
La educación para la paz debe encargarse de crear conciencia en la sociedad a corto, mediano y largo pla-

zo en pro de la tolerancia, del respeto en las diferencias y del dialogo, tomando en cuenta todas las iniciativas locales de construcción de paz que se han dado en toda Colombia.

En conclusión, se puede asegurar que la construcción de un país en paz debe ser, en primera instancia, creada desde la educación en las instituciones educativas de todo el país. Los niños y jóvenes deben apropiarse y multiplicar la cultura de la paz desde ellos mismos hacia el resto de la sociedad. Los niños y jóvenes no son solamente el futuro del país, también son el presente, pues de cómo se formen en esta etapa de su crecimiento depende como se integrarán a la sociedad siendo adultos en el campo laboral y profesional y en su entorno familiar y social.

Es necesario siempre tener presente que no podemos permitir que se vuelva a repetir el conflicto armado y que, como a lo largo de este escrito lo hemos insistido, eliminemos los odios, los rencores y la intolerancia de nuestra sociedad colombiana para que podamos vivir en paz. Esto se logra fundamentalmente mostrándole a los jóvenes las consecuencias de mantener en su ser todos estos imaginarios negativos, mostrándoles la historia del conflicto, sus causas y sus consecuencias. Dándoles las herramientas necesarias para que se puedan proyectar ante la sociedad como agentes pacíficos que se respetan unos a otros y que, a pesar de las diferencias, aprenden a convivir pacíficamente.

Todos estos aspectos, son generalmente promovidos a partir de la construcción de ciudadanía y el papel que juegan las personas en la convivencia de todos. Sin embargo, este proyecto apunta inicialmente a la formación del individuo para que este, a su vez, pueda identificarse como ciudadano que aporta a la mejora y a la convivencia pacífica de la sociedad colombiana.

En primera instancia se busca con este proyecto acudir al cambio de imaginario de quienes reciben la formación planteada. Que quien reciba la información sea capaz de formar un pensamiento crítico, no solamente sobre este tema del conflicto y el proceso de paz en Colombia, sino que también esta capacidad sea interdisciplinaria en el ámbito académico, profesional, laboral y cotidiano para que pueda así, desarrollar todos valores y deberes que debe ejercer como ciudadano encaminado a promover la cultura de paz en el país y así dar paso a la coexistencia pacífica como elemento fundamental en la mejora de la calidad de vida de todos los ciudadanos.

Tecnologías de Información y Comunicación-TIC.
Un ejercicio para la construcción de Paz desde la Localidad de Suba (Bogotá-Colombia)

Juan Pablo Bejarano Pérez[15]

INTRODUCCIÓN

En los procesos de aprendizaje en América Latina se evidencia el uso de las Tecnologías de Información y Comunicación-TIC como una caja de herramientas que permite acceder a cualquier tipo de conocimiento e información de forma simultánea y prácticamente

[15]   Politólogo. Investigador proyecto: Vita Activa. Semillero Conflicto, Historia y Acción Humanitaria- CHYAH. Universidad de San Buenaventura. Facultad de Ciencias Jurídicas y Políticas. Bogotá. 2017-2018.

innumerable. Su acceso y uso son cada vez mayores, modificando los estilos de vida, adquiriendo un significado importante en la búsqueda de optimizar el tiempo y reduciendo la distancia como una limitante histórica.

En la actualidad, existen espacios físicos o virtuales destinados a la formación de personas a distancia los cuales han permitido facilitar el acceso a la educación y realizar otras actividades propias de la vida cotidiana. Esta dinámica educativa hace parte de las agendas de los gobiernos, las instituciones educativas y la sociedad civil, dando la oportunidad de realizar procesos de aprendizaje innovadores, con mayor cobertura y usando metodologías acordes a las necesidades y oportunidades de las personas que participan.

El uso de las TIC en procesos de aprendizaje a distancia ha permitido ampliar la oferta de las tres categorías de la educación: desde la educación formal -como la básica y la superior- con procesos de aprendizaje progresivos y la obtención de títulos. La educación no formal, que comprende cursos y seminarios que complementan la formación, pero no tienen acceso a niveles y grados de educación y, por último, la educación informal como tutoriales y blogs que en ocasiones son desarrollados por los mismos usuarios para un aprendizaje sobre diversos temas de acceso libre y sin una plataforma de educación estructurada.

Es evidente que las fuentes tradicionales de acceso a la información y las metodologías de docencia tradicionales no satisfacen la velocidad y el ritmo de aprendizaje de los estudiantes. El docente dejó de ser la fuente principal de conocimiento para convertirse en un guía hacía nuevos contenidos y referencias. Junto al estudiante, ahora hacen parte de un proceso de autoaprendizaje y capacitación permanente para el desarrollo personal, social y económico en beneficio de las personas y las comunidades a través de las TIC.

Asimismo, las TIC son un puente para consolidar una Cultura de Paz en poblaciones con desigualdades socioeconómicas y que históricamente han sido segregadas por sus niveles de ingreso y la cobertura de servicios públicos. Como estrategia, los gobiernos trabajan en el desarrollo de políticas públicas y programas para crear oportunidades de desarrollo en comunidades con baja participación en procesos educativos. Para ello se inició con la entrega de dispositivos tecnológicos, la adecuación de infraestructura con acceso a internet y la generación de estrategias pedagógicas en aras de consolidar un camino hacia la Paz y el desarrollo.

También existen iniciativas privadas como empresas y organizaciones sociales que, con financiamiento y autogestión, buscan desarrollar iniciativas que aumenten el acceso a las TIC en estas comunidades, con el objetivo de que los participantes se empoderen como protagonistas y productores de soluciones y que dejen de ser actores pasivos de acciones institucionales.

A la luz de la Ciencia Política, el politólogo en su proceso de aprendizaje desarrolla habilidades y conocimientos que le permiten construir y ejecutar propuestas para entender las necesidades de las poblaciones y sus territorios a través de la intervención social como una experiencia académica, profesional y personal.

Para el desarrollo del presente proyecto, se utilizó la metodología: *Investigación Acción Participativa —IAP*, desarrollada por el sociólogo colombiano Orlando Fals Borda. Esto con el fin de realizar una aproximación sobre el uso de las TIC en la educación, a partir de la construcción de una estrategia que logre reducir la desigualdad al acceso y el uso de herramientas tecnológicas. La población de estudio comprende infancia y adolescencia en los estratos 1 y 2 de la localidad de Suba.

A partir de lo anterior y del involucramiento con la población, se construyó un diagnóstico y una hoja de ruta que permitiera reducir de forma efectiva e innovadora la brecha digital en comunidades de escasos recursos socioeconómicos.// De aquí nace el proyecto *Bicinet por la Paz* una iniciativa financiada por la Secretaría de Cultura Recreación y Deporte -SCRD en el año 2015 y ejecutada por el Colectivo Tortuga, una organización sin ánimo de lucro que trabaja por el fomento del uso de la bicicleta como una herramienta de cambio social. Construyendo un centro de aprendizaje digital incluyente, transportado por medio de una bicicleta para el acceso equitativo a ofertas educativas con el uso de herramientas tecnológicas como: tablets, computadores e internet en poblaciones de infancia y adolescencia con escasos recursos socioeconómicos.

Partiendo de un diagnóstico para entender el acceso, uso y conocimiento de las TIC de la población a intervenir, se desarrollaron contenidos pedagógicos con el objetivo de fomentar la construcción de una Cultura de Paz con la adaptación de recursos digitales con cuentos sobre valores de: Paz, Perdón, Respeto y Solidaridad. Logrando salir a las calles y enseñando desde el territorio de las comunidades. Un ejercicio para proponer el espacio público como calles y parques para el aprendizaje y las TIC de acceso libre.
De esta manera, buscando construir una propuesta innovadora desde el uso de las TIC para atender la desigualdad de comunidades de escasos recursos socioeconómicos, se desarrolló una propuesta por un grupo interdisciplinar enseñando con herramientas tecnológicas a más de 260 niños y jóvenes entre 5 y 17 años de edad que se ubican en las Unidades de Planea-

ción Zonal -UPZ Tibabuyes (71) y el Rincón (28) territorios reconocidos como prioritarios y que están conformados en su mayoría por los estratos 1, 2 y 3.

El proyecto ha logrado circular su experiencia a nivel local y nacional, con la participación en espacios como el Foro Nacional de la Bicicleta (2016 y 2017), eventos organizados por instituciones públicas y privadas, concursos y medios de comunicación. Así como, internacionalmente en 2017 fue seleccionado como mejor iniciativa social de América Latina en el Foro Mundial de la Bicicleta 6 realizado en México.

LAS TIC EN COLOMBIA
Población, condiciones y empleabilidad
Colombia es un país con grandes diferencias frente al acceso a servicios públicos, la infraestructura, conectividad, nivel de ingresos entre territorios urbanos y rurales. La distribución de sus habitantes por área geográfica situó el 76.7% en cabecera y el 23.3% en resto, con un Producto Bruto per Cápita de $ 14.018.733 pesos (CIA, 2015). Con una tasa de alfabetización de 94,25% en que las edades de mayor alfabetización son entre los 15 a 24 años con un 98.53% y menor entre 65 y más con el 80,28% (Unesco Institute for Statistics, 2015) . La población total del país es de 49.291.609 habitantes, proyectado al 30 de junio de 2017.

Aunque el país posee una gran cantidad de recursos para el desarrollo y el bienestar de sus habitantes, Colombia es uno de los países más desiguales de la región. A través del coeficiente de Gini, un indicador de desigualdad utilizado para conocer las condiciones desigualdad de un país permitiendo compararlo con otros, toma los valores entre 0 y 1, cuando se aproxima al 0 señala que los individuos reciben el mismo ingreso, 1 que sólo un individuo tiene todo el ingreso, que se estima a partir de la Curva de Lorenz entre la proporción de ingreso y número de habitantes (Medina, 2001) A nivel nacional para 2015 se registró 0,522, Cabecera 0.514 y centros poblados y rural disperso 0.463 (DANE, 2016). Ubicando al país como el segundo más desigual de América Latina y séptimo a nivel global (Banco Mundial, 2015).

Tabla 1 Población en Colombia por rango de edad.

Rango de edad	Porcentaje	Hombres	Mujeres
0-14 años	26.1%	6.584.402	6.290.786
15-64 años	66.0%	16.029.207	16.510.804
65 o más	7.9%	1.724.138	2.152.272

Fuente: Elaboración propia con datos del DANE. Proyectado a 30 de junio de 2017.

Para la medición de pobreza en el país se ha realizado de forma directa a través del Índice de Pobreza Multidimensional (IPM) e indirectamente evaluando la capacidad de adquisición de los hogares de bienes y servicios considerables como mínimos vitales, midiendo la pobreza monetaria general (DANE, 2016). En este escenario, para 2015 el nivel de pobreza multidimensional y pobreza monetaria y desigual se expresa en la Tabla 2.

Tabla 2 . Pobreza multidimensional y pobreza monetaria y desigualdad a nivel nacional, cabecera y centros poblados y rural disperso en Colombia.

	Pobreza multidimensional	Pobreza monetaria y desigualdad	
		Personas en condición de pobreza	Personas en condición de pobreza extrema
Nacional	20.2%	27.8%	7.9%
Cabecera	14.4%	24.1%	4.9%
Centros poblados y rural disperso	40.0%	40.3%	18.0%

Fuente: Elaboración propia con datos del DANE 2016. Pobreza monetaria y multidimensional.

Para 2015, el porcentaje de población en edad de trabajar fue de 79.8% un total de 38.466.317 habitantes, Tabla 3. La medición de la fuerza laboral y educación en el país se registra en la *Gran Encuesta Integrada de Hogares* (GEIH) con el objetivo de "proporcionar información básica sobre el tamaño y estructura de la fuerza de trabajo (empleo, desempleo e inactividad) de la población, así como de las características sociodemográficas de la población, permitiendo caracterizarla según el sexo, edad, parentesco y nivel educativo" (DANE, 2017).

La tasa de desempleo de acuerdo a nivel educativo logrado y sexo, señala que para las personas que culminaron la educación media en mujeres fue 14.9% y para los hombres 8:7%, igual que la educación universitaria con 9.7% y 7.6%. (DANE, 2015)

Tabla 3 Tasa de ocupación, de desempleo y de subempleo total Nacional.

	Habitantes	Porcentaje
Tasa de Ocupación	28.681.026	59,5
Tasa de Subempleo	13.737.970	28,5
Tasa de Desempleo	4.145.493	8,6

Fuente: Elaboración propia con datos del DANE 2015. Gran Encuesta Integrada de hogares (GEIH) Mercado Laboral y Reloj poblacional.

Gráfica 1 Tasa de desempleo por sexo según nivel educativo logrado Total Nacional – 2015.

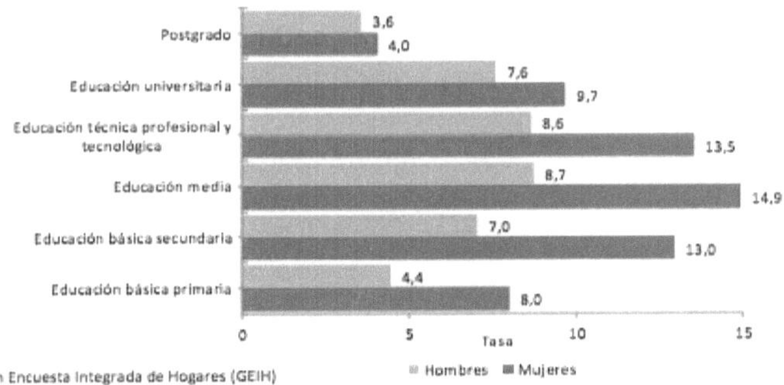

Fuente: DANE 2015. Gran Encuesta Integrada de Hogares (GEIH)

Comunicaciones

De acuerdo al Ministerio de Tecnologías de la Información y Comunicación el total de conexiones a internet para el primer trimestre de 2017 fueron de 28.388.36 (Tabla 4) con un índice de penetración, proporcional a la población del país, del 57.6%. De estas, 15.6 millones se realizan por medio de suscripción en redes fijas (63%) y móviles (37%) (MIN TIC, 2017). Véase Tabla 5).

Tabla 4 Conexiones por suscripciones (fijo y móvil) y móviles por demanda – primer trimestre 2017.

Tipo	Conexiones	Porcentaje
Suscripciones	16.149.933	56,9%
Móviles por demanda	12.238.903	43,1%
Total nacional	28.388.836	100%

Fuente: Elaboración propia con datos de MINTIC 2017. Boletín trimestral de las TIC, cifras primer trimestre.

Tabla 5 Conexiones por suscripciones fijas y móvil.

Tipo	Conexiones	Porcentaje
Fijo	6.053.127	37,5%
Móvil	10.096.806	62,5%
Total	16.149.933	100 %

Fuente: Elaboración propia con datos de MINTIC 2017. Boletín trimestral de las TIC, cifras primer trimestre.

En telefonía móvil, el número de abonados en el país, al término del primer trimestre de 2017, alcanzo un total de 59.074.868 y un índice de penetración de 119.8%. Distribuidos en la categoría de prepago 79.35% (46.876.130), frente a pos-pago 20.65% (12.198.738) (MIN TIC, 2017).

Gráfica 2 Abonados en el servicio de telefonía móvil por categoría 2016 – 2017.

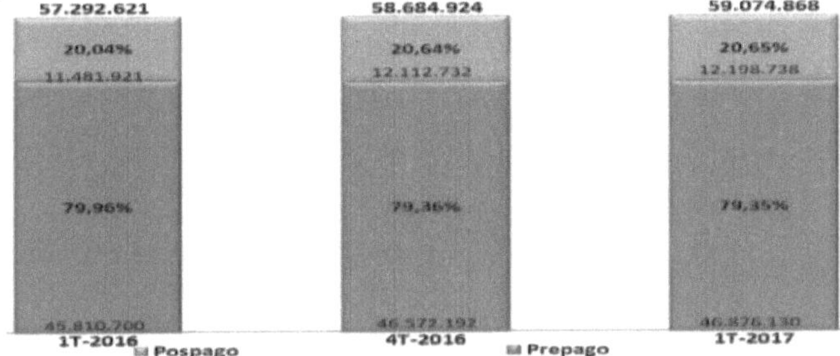

Fuente: MIN TIC 2017. Boletín trimestral de las TIC.

En telefonía fija o Telefonía Pública Básica Conmutada (TPBC) ha descendido en los últimos años, a cierre del primer trimestre de 2017, el número de líneas alcanzó un total de 6.899.524 con un índice de penetración de 14.0%. De acuerdo con los segmentos, se encuentra distribuida de la siguiente manera: estrato 1 (7.4% - 510.119); estrato 2 (29.3% - 2.022.286); estrato 3 (25.5% - 1.759.839); estrato 4 (9,9% -.684.183); estrato 5 (3.5% - 240.225); estrato 6 (2.6% - 176.574); comercial (19,1% - 1.318.350), demás segmentos (2.7% - 187.948).

Gráfica 3 Participación de líneas en el servicio de telefonía pública básica conmutada por segmento, primer trimestre de 2017.

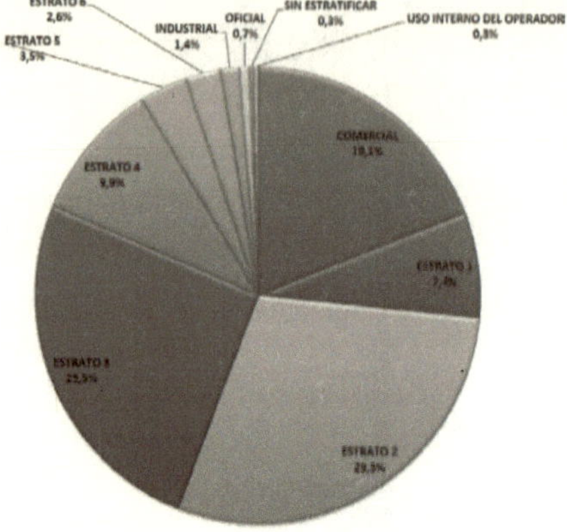

Fuente: MIN TIC. 2017.

Gráfica 4 Proporción de hogares con acceso a computadores de escritorio, portátil o tablet en Colombia 2016.

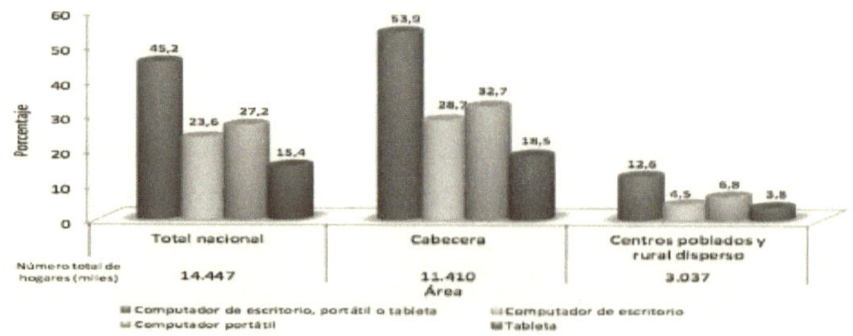

Fuente: DANE. Encuesta de Vida (ECV) 2016.

Nota: Se indagó por la razón principal por la cual los hogares no poseen computador, es decir, la respuesta es excluyente. * En este gráfico la definición de computador incluye computador de escritorio, portátil y tableta.

Gráfica 5 Distribución de hogares que no poseen computador de escritorio, portátil o tablet, según razones por las que los hogares no los posee 2016.

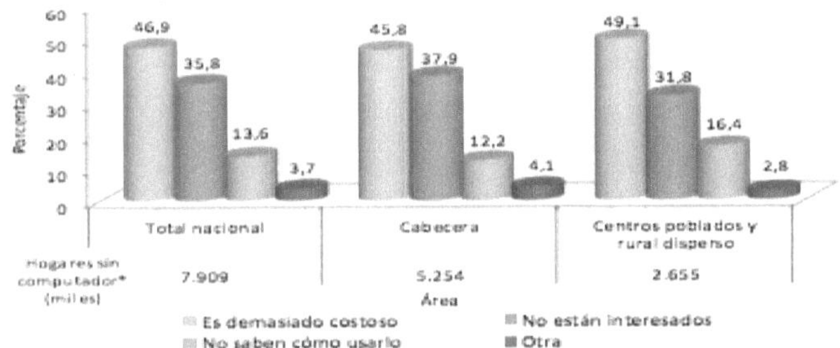

Fuente: DANE. Encuesta de Calidad de Vida (ECV) 2016.

A nivel de bienes TIC en hogares colombianos, como computador de escritorio, portátil o Tablet, para 2016 el 45.2% a nivel nacional cuenta con acceso, 53.9% en cabeceras y 12.6% en centros poblados y rural disperso, siendo el computador portátil registrado con mayor tenencia respecto a computador de escritorio y Tablet. La principal razón por que los hogares no poseen acceso a los dispositivos ha sido por su costo con un 46.9% a nivel nacional, seguido por el poco interés con 35.8% y 13.6% al no saber cómo utilizarlo (DANE, 2017).

Para el mismo año, en el 96.5% de hogares a nivel nacional, por lo menos una persona posee telefonía celular con 97.5% en cabecera y 92.6% en centros poblados y rural disperso. A su vez, el 30.6% posee telefonía fija con 38. % en cabeceras y 2.2% en centros poblados y rural disperso.

Gráfica 6 Proporción de hogares con telefonía según el tipo de servicio 2016.

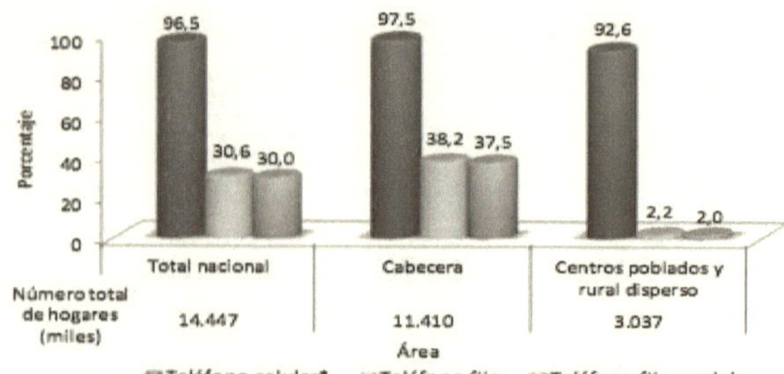

Fuente: DANE. Encuesta de Calidad de vida (ECV) 2016.

METODOLOGÍA

Esta iniciativa se ha desarrollado a partir de la metodología *Investigación Acción Participativa –IAP* desarrollada por el sociólogo colombiano Orlando Fals Borda, que plantea la intervención social como un proceso en el que agentes o actores movilizan recursos para modificar las condiciones de los sujetos intervenidos con el fin de mejorarlas, un proceso que permite la investigación en medio del actuar (Hernández). Esta iniciativa nace desde la ciudadanía como un proceso de experimentación e investigación para atender necesidades sociales de forma innovadora y con la aplicación de metodologías a través del dialogo e interacción con la

166

comunidad como un actor implicado. En este escenario, la iniciativa nace en búsqueda que los participantes dejen de ser receptores pasivos de las acciones de Instituciones y aporten acciones que los conviertan en protagonistas y productores de alternativas que den como resultado un proceso de empoderamiento con soluciones desde lo local. Este es un proceso integral desde el aprender de la educación informal fuera de las aulas tradicionales y de prueba-error con el conocimiento propio de la comunidad.

Tabla 6 IAP Bicinet por la Paz.

Propósito	Sujeto Interventor	Sujeto Intervenido	Recursos movilizados	Estrategias utilizadas
Construir una propuesta pedagógica para reducir la desigualdad de acceso y uso de las TIC en educación con población de infancia y adolescencia en la localidad de Suba.	Colectivo Tortuga	Infancia y adolescencia entre 5 y 17 años de edad de la localidad de Suba	IAP Bicinet por la Paz	Las TIC en la educación para la construcción de Cultura de Paz en comunidades. Espacio público (calles y parques) para el aprendizaje gratuito.

Fuente: Elaboración propia.

FINANCIAMIENTO DE LA INICIATIVA

Para lograr el financiamiento de la intervención, el **Colectivo Tortuga** presentó una propuesta al Programa

Distrital de Estímulos de 2015 de la Secretaria de Cultura Recreación y Deporte –SCRD a través del Concurso Ciudadanías Juveniles Locales, que tuvo como objeto entregar estímulos económicos a agrupaciones de jóvenes de la ciudad de Bogotá, interesados en el fortalecimiento de iniciativas creadas a través de procesos gestados desde los territorios y que se encuentran en la búsqueda de nuevas formas de articularse con las comunidades, para promover diversos tipos de ciudadanía de jóvenes desde el goce efectivo de los derechos culturales de los y las jóvenes con acciones para la paz, por medio de prácticas artísticas, culturales y patrimoniales (SCRD, 2015).

El concurso otorgó treinta y cinco becas a través de cuatro líneas de intervención para agrupaciones: la línea A para acciones que promovieran escenarios de paz para jóvenes y comunidades con iniciativas nuevas de incidencia juvenil en localidades; la línea B para acciones y metodologías que ampliaran la cobertura, innovación y protección territorial como una apuesta política y de proyección de ciudad en el ejercicio de la paz para iniciativas que tuvieran continuidad a procesos anteriores con el concurso; la línea C para desarrollar una propuesta de la memoria audiovisual y fotográfica sobre el Concurso, incluyendo las versiones 2013, 2014 y 2015 y la línea D para el desarrollo del "I Encuentro de jóvenes, cultura y paz, Bogotá 2015".

En esta ocasión, el Colectivo Tortuga fue seleccionado como ganador de una beca en la línea B del Concurso con la propuesta "Bicinet por la Paz", Iniciativa presentada en esta línea dado que en año 2014 había sido ganador de programa con la intervención "Escuela de formación colectiva en líderes para el empoderamiento juvenil de la bicicleta como medio de transporte citadino" que tuvo como objetivo generar una red de biciusuarios responsables con su entorno y demás actores que interactúan al movilizarse en la localidad de Suba, iniciativa que en la actualidad se sigue desarrollando como la "Escuela Líderes de la Bici".

COLECTIVO TORTUGA[16]
Es una organización sin ánimo de lucro colombiana fundada en 2012 con la misión de promover el uso de la bicicleta como una herramienta para la transformación social en Colombia teniendo en cuenta como actor central a la sociedad civil, para una ciudadanía empoderada socialmente y oportuna, con acciones locales que mejoran la calidad de vida de las comunidades y la generación de alternativas innovadoras que promuevan la paz. Trabajando a partir de los Objetivos de Desarrollo Sostenible-ODS, principalmente con los

---

[16]   La organización está registrada legalmente como Fundación Tortuga, pero para la ejecución de la iniciativa se presentó como Colectivo Tortuga representado por Juan Pablo Bejarano Pérez.

objetivos 4 y 10 referidos a *Educación de Calidad* y la *Reducción de Desigualdades*.

Tabla 7 Equipo de trabajo del proyecto.

Nombre	Perfil	Rol en la intervención
Juan Pablo Bejarano P.	Estudiante de C. Política.	Coordinación e investigador.
Carlos Eduardo Bejarano P.	Diseñador industrial.	Comunicaciones e imagen.
Diego Alejandro Cabuya P.	Bachiller.	Apoyo operativo.
Michel Stiven Briceño	Técnico en mecánica dental	Apoyo operativo.
Alejandra Marín P.	Publicista	Registro audiovisual.

Fuente: Elaboración propia.

Teniendo en cuenta lo anterior y el diagnostico desarrollado, la experiencia que se relata es de un proyecto de intervención social a través de las TIC en educación para crear procesos de formación que fomenten la Cultura de Paz en la Localidad de Suba. La iniciativa se realizó entre junio y noviembre de 2015 por medio de talleres pensado en el ocio, entretenimiento y tiempo libre como una alternativa de aprendizaje complementario con infancia y adolescencia entre los 5 y 17 años de edad. Aunque el proyecto no ha sido ejecutado como un proceso de educación formal o en un aula tradicional, dado que no es una formación titulada o progresiva. Las experiencias y reflexiones se han reflejado desde su diseño, gestión y evaluación.

DESARROLLO DE LA INTERVENCIÓN

El horizonte de este proyecto es el acercamiento a las Tecnologías de la Información y Comunicación con un grupo poblacional que por sus condiciones socio-económicas y ubicación se encuentra más lejos de las mismas, lo que se entiende por brecha digital, de acuerdo a sus condiciones generales como el nivel educativo, lugar de residencia, edad, etc. Factores que históricamente han sido decisorios de desigualdades sociales que no favorecen un uso o acceso sobre las TIC en el aprendizaje. Asimismo, construyendo una propuesta que nace desde la ciudadanía en el ejercicio de crear alternativas innovadoras para las necesidades de una población que tradicionalmente ha sido receptora pasiva de las ayudas institucionales.

Aunque las TIC tienen un papel fundamental para proponer alternativas para la inclusión social, se ha buscado escapar de la creencia predispuesta sobre las tecnologías como herramientas que permiten una sociedad más igual, más comunicada, más informada o más democrática. Una visión que abre una posición sobre su uso como un medio cultural. De esta forma se entiende la propuesta como una producción social con nuevas herramientas que se encuentran determinadas por el poder y el saber desde los procesos de aprendizaje tradicionales. Es por lo anterior que esta propuesta se define como una intervención social desde la metodología IAP, en el intento de construir un puente entre el proceso de aprendizaje de la educación en la universidad y las oportunidades a trabajar con poblaciones que presentan segregación social, en este caso referido a las TIC.

La finalidad general de la intervención ha sido fomentar un proceso de aprendizaje con las TIC sobre la cultura de Paz con infancia y adolescencia como una experiencia educativa que promueva su uso y el análisis de las mismas. En la que no se busca enseñar sobre cómo utilizar las TIC sino como una propuesta que sale de las aulas tradicionales y ubica el espacio público como un lugar de aprendizaje desde lo informal.

PARTICIPANTES

Existen distintas fuentes que permiten identificar que las personas en general no cuentan con el mismo acceso a los dispositivos tecnológicos e internet. Por ejemplo, en el diagnostico se evidenció el estrato social como un factor determinante para el acceso por su relación con el nivel de ingresos y el nivel educativo de la población. Presentando fuentes que permiten afirmar que existe una desigualdad entre las oportunidades y formas en que las personas hacen uso de las tecnologías frente a una población que cuenta con posibilidades limitas ya sea por el acceso a internet o dispositivos. Las TIC se encuentran presentes en la mayor parte de las actividades humanas, procesos educativos, económicos, culturales etc. Con una presencia de grupos que en su proceso de aprendizaje encuentran posibilidades limitadas que pueden definirse por características espaciales, sociales y económicas como los son las localidades y su distribución interna por Unidades de Planeación Zonal-UPZ que agrupan comunidades con exclusión digital y social.

Partiendo del diagnóstico y las fuentes encontradas, desde la intervención se definió trabajar con población entre 5 y 17 años de edad entendida como infancia y adolescencia de las UPZ El Rincón (28) y Tibabuyes (71) territorios que cuentan con las características descritas en el diagnóstico y priorizados por el financiador (SCRD).

METODOLOGÍA

Para la población que iba dirigida la intervención se realizó un diagnóstico previo a través de una encuesta para conocer el acceso, uso y conocimiento sobre las TIC divididas en dispositivos tecnológicos y acceso a internet. Logrando establecer una propuesta desde la adaptación de cuentos y el fortalecimiento de valores como perdón, paz, respeto y solidaridad cuyo diseño se dio con la participaron del equipo del proyecto y voluntarios desde diferentes áreas del conocimiento (Diseño, Ciencias Sociales y Mercadeo) sumado al empirismo, la experiencia previa de anteriores intervenciones, conocimiento del territorio de la misma comunidad y los participantes.

La planeación de los talleres fue pensada en construir puentes entre los contenidos, la metodología y las TIC con actividades prediseñadas y espacios de uso libre de los dispositivos e internet que tiene el aula "Bicinet por la Paz" para identificar actividades y necesidades de los participantes. De esta forma se encontró una desconexión y preocupación de las familias por no saber cómo atender situaciones que se pueden presentar por el uso que los hijos hacen de los dispositivos tecnológicos y de internet, un tema solicitado que ha servido para proyectar las futuras acciones sobre el fomento de las TIC para nuevas propuestas.

Asimismo, la propuesta busca mostrar un proceso de aprendizaje puesto en marcha sobre las TIC dirigidas por la implementación y visualización de cómo utilizarlas de forma concreta fuera de las aulas tradicionales y en el espacio público, logrando mostrar a las personas que participaron y los espectadores de la intervención una propuesta de las TIC como herramientas atractivas, dinámicas, prácticas y útiles en la vida cotidiana, así como en el aprendizaje. Para ofrecer distintas alternativas sobre las TIC, en cada taller se daba la información sobre los lugares y procesos de aprendizaje en la localidad sobre las TIC como el Punto Vive digital ubicado en La Plaza fundacional de Suba. Concluyendo la iniciativa con un taller adicional a mamas sobre Prevención y atención a contenidos inapropiados en internet.

Otra característica de esta propuesta que dio forma a la intervención fue la búsqueda de continuar con el trabajo desarrollado luego de finalizar la intervención, esto se ha logrado por medio de la propia construcción del aula y la adquisición de los dispositivos tecnológicos como tablets, computador, televisor, sonido y Mifi (router inalámbrico para el acceso a internet por wifi móvil).

En el proceso guía sobre los dispositivos de la intervención e internet se realizó con sólo dar nociones instrumentales de su uso para permitir a los participantes explorar, interactuar y descubrir a partir de sus intereses o dudas propias de las TIC. Así, la intervención propuso construir un proceso educativo sobre los valores para la cultura de Paz por medio de la elaboración del concepto de "Plástica Social" desarrollado por el artista alemán Joseph Beuys, como una noción ampliada del arte, en donde se considera que "todo *hombre es artista*" y por ello está en condición de aportar a la creación de vínculos sociales, integración y compromiso frente a su realidad (SCRD, 2015). Para trabajar en construir *escultura social,* una manifestación que ayuda al mundo a recuperar su alma, su espíritu y su solidaridad (el gran motor de cambio) para construirnos como sociedad activa (López, 1995). En ese sentido, los participantes de forma creativa e innovadora participaron en la construcción de la intervención desde prácticas que aportan a la atención de necesidades que afecta su territorio. Esta propuesta presenta un trabajo con las TIC que sale del esquema rígido que presenta la educación con tecnologías como las plataformas virtuales, los exámenes con respuestas cerradas, correos electrónicos, etc. Que suelen estar presente en muchos procesos de aprendizaje.

Diagrama 1 Metodología de la intervención.

Fuente: Elaboración propia.

A continuación, se presenta cómo se construyó la línea de trabajo con los aliados para acordar una ruta crítica la intervención, la cual se resume en el siguiente diagrama:

DIAGNÓSTICO
Con el objetivo de entender el acceso, uso y conocimiento de las TIC sumado a tener una base de diag-

nóstico para una futura evaluación y medición, se decide realizar una encuesta para conocer las percepciones y necesidades sobre dispositivos tecnológicos e internet de la población, también para establecer un primer dialogo con los beneficiados y así trabajar por producir propuestas de la mano. Por medio de un *documento metodológico* se determinó el diseño de la encuesta, la población de estudio, el trabajo de campo y el procesamiento de datos (Anexo X). La encuesta se aplicó la a 32 menores entre 5 y 15 años de edad que asisten a la Fundación Semillas ubicada en la UPZ Rincón (28) de la localidad.

Las características de la muestra fueron establecidas por variables socioeconómicas como: el estrato del que forman las familias ubicadas en el uno y dos de la localidad, que albergan a personas con bajos recursos económicos, que reciben subsidios públicos en los servicios domiciliarios, en su mayoría estos hogares son uni-parentales encabezados por mujeres, con limitado acceso a las TIC, educación de baja calidad, alta deserción escolar, servicios públicos carentes y una escaza oferta cultural.

A partir de los resultados de la encuesta, se cambió el objetivo del proyecto modificando el Árbol de objetivos y la Matriz de marco lógico al considerarse complejo su implementación con los recursos limitados disponibles, lo que determino plantear objetivos y acciones más específicas y de acuerdo a los resultados del diagnóstico.

GENERACIÓN DE ALIANZAS

A partir de recorrer el territorio a intervenir se identifican organizaciones como colegios, jardines, fundaciones y comedores comunitarios que trabajan con la población que busca la intervención. Por medio de visitar para presentar la intervención se logró establecer alianzas para ofertar los talleres y construirse desde las características identificadas previamente y el dialogo e interacción con los participantes. Al finalizar la intervención se logró establecer alianzas con organizaciones.

DISEÑO COMÚN DE AGENDA DE TRABAJO

Con las organizaciones interesadas se definieron fechas y lugares de trabajo para una jornada de 3 horas con el Bicinet, solicitando el acompañamiento de una persona de la organización para la seguridad de los y las participantes. También se programó un taller adicional con las mamás de los menores que asisten a la Fundación Semillas sobre la prevención y atención a contenidos inapropiados en internet.

CONSTRUCCIÓN DEL BICINET

A partir de un bici-taxi de segunda mano, en compañía de un ornamentador y el equipo del proyecto, se inició la construcción del aula estableciendo que tenía que tener unas mesas de trabajo con capacidad para 20 participantes, soporte para un monitor y una bodega. Inicialmente se construyó como un cubo, pero luego se optó por el diseño de casa para ser más atractivo y reducir su peso. El aula se doto con los siguientes implementos: 10 tablets, 1 cabina activa recargable (sonido), 2 microfonos, 1 computador, 1 monitor, 1 Mi-fi y 20 sillas.

DISEÑO DE METODOLOGÍAS

En conjunto con los miembros de las organizaciones aliadas se decidió dividir los talleres de tres (3) horas en dos partes: la primera para trabajar con un valor referente a la Paz desde la adaptación de un cuento para finalizar con una reflexión con los participantes y la segunda con el permitir explorar de forma libre y realizar tareas con los dispositivos disponibles e internet, acompañados y guiados en el momento en que los participantes lo solicitaran.

CONVOCATORIA PARA LA COMUNIDAD

A partir de la *agenda de trabajo* se distribuyó información a la comunidad en general para dar a conocer la propuesta a trabajar, invitando a más personas y organizaciones a participar. Cada organización aliada realizó la convocatoria de un promedio de 20 personas que frecuentemente asisten a sus actividades y que cumplían el rango de edad.

TALLERES DE FORMACIÓN

A partir de los talleres programados, el Bicinet se desplazada pedaleando por un equipo de tres personas a cada comunidad llegando con música y dinamismo para atraer la atención de los transeúntes y población a participar, luego instalándose en un parque, calle o acera segura para los participantes. Para un total de catorce (14) talleres de tres (3) horas y un taller adicional con las mamás de los asistentes de la Fundación Semillas.

EVENTO DE CIERRE

Con el objetivo de realizar un evento de cierre de la iniciativa, se decide entre las organizaciones aliadas y colectivos pro-bici de la ciudad realizar un ciclo-paseo temático denominado "Rodada Safari" para recoger materiales que pudieran servir a bibliotecas comunitarias de la localidad de Suba, incentivando a participar con la entrega de una Tablet a la persona que más aportará.

MEDICIÓN Y EVALUACIÓN DE IMPACTO

El impacto de la intervención se midió con la aplicación de encuestas a la población inicial del primer diagnóstico (30 participantes) y a diez (10) docentes de colegios que trabajan con la población participante de la intervención, buscando identificar algunas características y relaciones sobre las TIC en educación. Las encuestas fueron realizadas a partir del escalamiento tipo Likert que se presenta como un conjunto de ítems de forma de afirmaciones para medir la relación del sujeto en tres, cinco o siete categorías (Hernández, 2013). Aunque este tipo de metodología no permite la obtención de datos de forma cualitativa, se decidió trabajar con estos lineamientos ya que en Colombia la medición de los estándares de educación y acceso a las TIC que presentan las instituciones gubernamentales suelen ser desarrollados con la misma metodología, lo que permitiría continuar explorar la intervención mediante la comparación entre los datos obtenidos y los presentados oficialmente.

Como resultado de la metodología, el proceso permitió crear una línea de mecanismos de inclusión para el acceso a las TIC mejorando la calidad educativa, asegurando alternativas de aprendizaje que forman a la niñez y la adolescencia para una ciudadanía que se proyecte a conocer su territorio, el contexto de su país y que genere cambios locales para las necesidades y oportunidades referidas a las TIC. En el ejercicio, la interacción de la persona con el espacio público, su apropiación y su relación con otras culturas se entienden como un aporte a la democratización del acceso a la ciudad y la información en la medida en que se impulse la creación de garantías para el uso de estas y la construcción de una cultura y espacios en los cuales se puedan reproducir valores para una cultura de paz.

En resumen, éstas serían las características de la propuesta de aprendizaje desde las TIC que se organizó para las sesiones de formación:

• **Uso del espacio público:** Lugares como calles o parque no sólo sean para la movilidad o el comercio sino como lugares para el aprendizaje gratuito.

• **Acercamiento a las TIC**: Generar propuestas con dispositivos tecnológicos e internet para el aprendizaje con grupos que suelen estar aislados de las TIC por procesos de formación tradicionales o al pertenecer a poblaciones con bajos recursos socioeconómicos que presentan brechas digitales.

• **Exploración de las TIC:** Dar espacios para que los participantes puedan explorar, ensayar, equivocarse y auto-seleccionar los temas en el proceso de aprender.

• **Cultura de Paz**: Fomentar valores de perdón, respeto, paz y solidaridad desde el territorio para construir puentes entre los espacios físicos y las TIC.

DIAGNÓSTICO SOBRE LAS TIC EN INFANCIA Y ADOLESCENCIA EN LA LOCALIDAD DE SUBA

En el mes de julio se realizó la aplicación de la *Encuesta para conocer el acceso, uso y conocimiento de la TIC con infancia y adolescencia de la fundación semillas* con un total de 32 encuestados entre 5 y 15 años de edad.

Desarrollo de las encuestas

Para la realización de las encuestas se realizó un documento metodológico previo en el cual se desarrolló los diversos aspectos de la *Encuesta para conocer el acceso, uso y conocimiento de la TIC en infancia y adolescencia de la Fundación Semillas* con el propósito de poder construir una metodología para que cualquier interesado tenga la oportunidad de comprender el proyecto, conocer adecuadamente los resultados que genera y contribuir en el estudio y análisis de la TIC en la localidad de Suba.

La ejecución del trabajo de campo se realizó con 1 entrevistador, quien se capacitó para la ejecución de las encuestas. En el trabajo de campo se realizó el 11 de Julio de 2016 en donde se aplicaron 32 encuestas en las instalaciones de la organización.

El trabajo de campo contó con un equipo de trabajo compuesto por un (1) entrevistador, una (1) persona encargada del registro audiovisual de la actividad y una (1) trabajadora social de la Fundación Semillas.

Resultados de la encuesta

Luego de realizar el trabajo de campo, se realizó el procesamiento de los datos en tres etapas: Crítica, la entrada de datos y sistematización de resultados de la encuesta. Gracias a la recolección de datos y experiencias de los niños, niñas y jóvenes se pudieron identificar y precisar las características frente al conocimiento, acceso y uso de dispositivos tecnológicos e internet; actividades y tiempos con los padres y/o familiares y gustos e intereses de la Tecnología de la Información y Comunicación –TIC-.

Gráfica 7 Diagnóstico: edad encuestados.

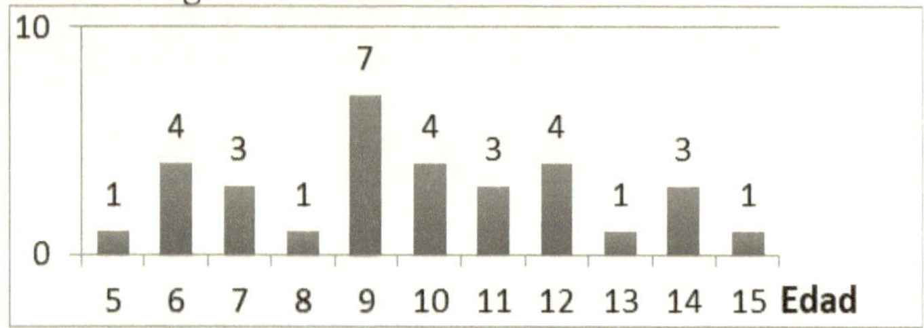

El rango de edad de la población encuestada se presenta desde los 5 años hasta los 15. La mayor concentración se presenta en la edad de 9 años con 7 encuestados lo que representa el 22% de la muestra.

De acuerdo al género, el 59% de los encuestados fueron niños y 41% niñas. Frente al el acceso a dispositivos tecnológicos el 100% de los encuestados cuentan con acceso a televisión, el 87% afirma tener celular, 75% Reproductor de audio y video, 62% radio, 66% computador, 56% Tablet y sólo el 22% con consola de video juegos.

De acuerdo a lo anterior la población cuenta con buen acceso a dispositivos tecnológicos lo que representa una población ideal para implementar el proyecto debido al que el uso de estos dispositivos es diario.

Gráfica 8 Diagnóstico: acceso a dispositivos tecnológicos.

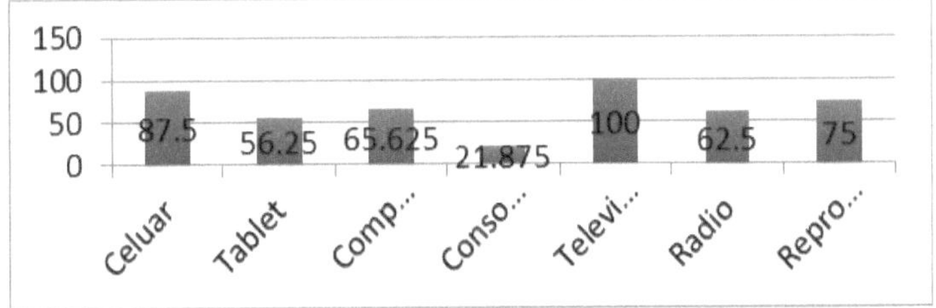

El 87% de la población tiene acceso a internet frente a un 13% que no tiene. Los niños, niñas y jóvenes que tienen acceso señalan que tienen acceso en diferentes lugares, 81% en casa, 59% en Colegios, 37% en café internet y casa de amigos, con un 6% en la casa de un familiar.

Gráfica 9 Diagnóstico: acceso a internet.

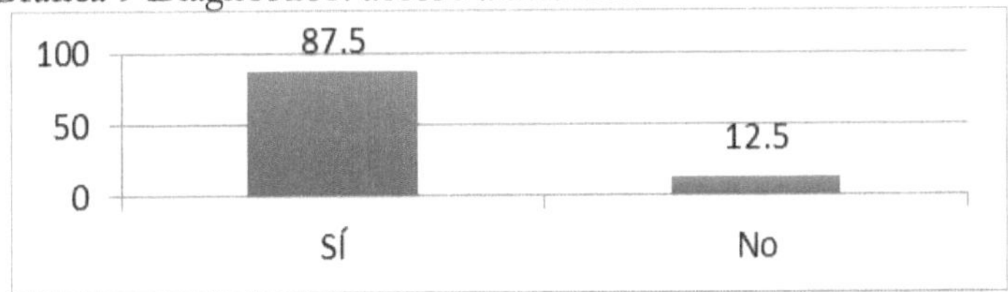

Del total de los encuestados que afirman tener acceso a la internet el 85% lo usa para hacer tareas y trabajos, 65% ver videos, 62% jugar, 59% escuchar música, 44% ver películas, 28% comunicarse con amigos y amigas, 19% redes sociales y 3% buscar información de interés.

Gráfica 10 Diagnóstico: acceso a internet por lugares.

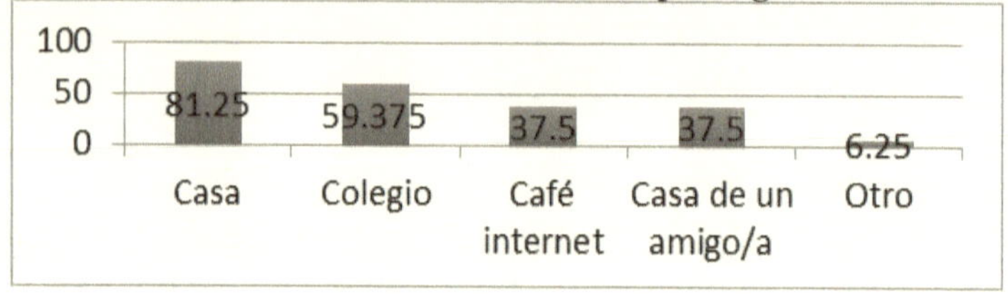

A los y las encuestadas se les pregunto sobre el tiempo que comparten a diario con sus padres y/o familiares en donde del total de los participantes el 37% comparte más de 6 horas, 28% 1-3 horas, 25% 3-6 horas y 10% menos de 1 hora.

De acuerdo a los datos preocupa que el 38% de la población afirme que comparte máximo 3 horas al día con sus padres y/o familiares lo cual de acuerdo al contexto de la población aquellos parientes deben trabajar gran parte del día.

Gráfica 11 Diagnóstico: principal uso del internet.

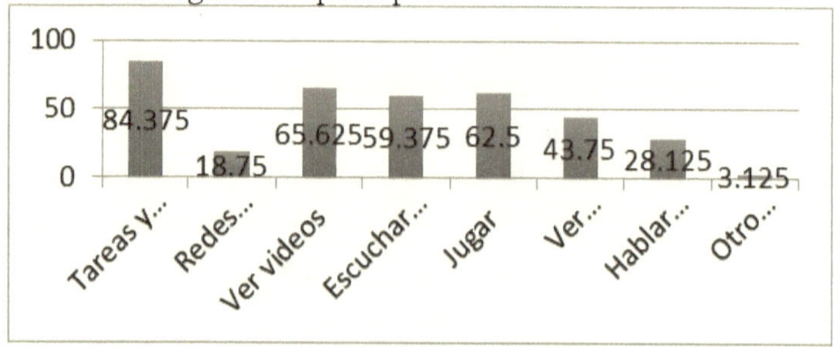

El 56% de la población encuestada asegura que el uso diario de los dispositivos y/o internet se encuentra entre 1-3 horas, 41% menos de una hora y 3% más de 6 horas.

Gráfica 12 Diagnóstico: uso diario de dispositivos tecnológicos y/o internet.

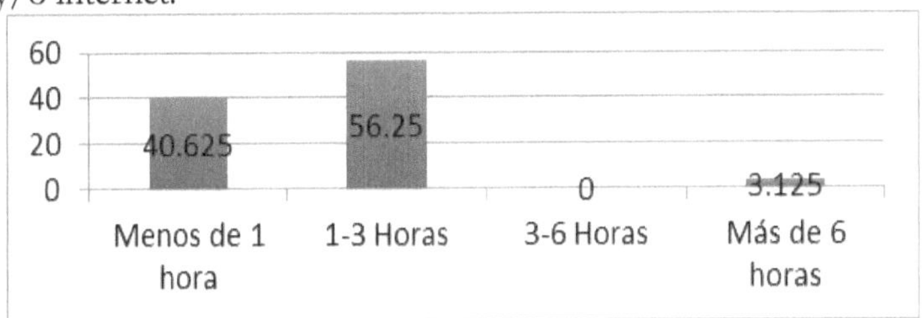

Gráfica 13 Diagnóstico: tiempo compartido a diario con padres y/o familiares.

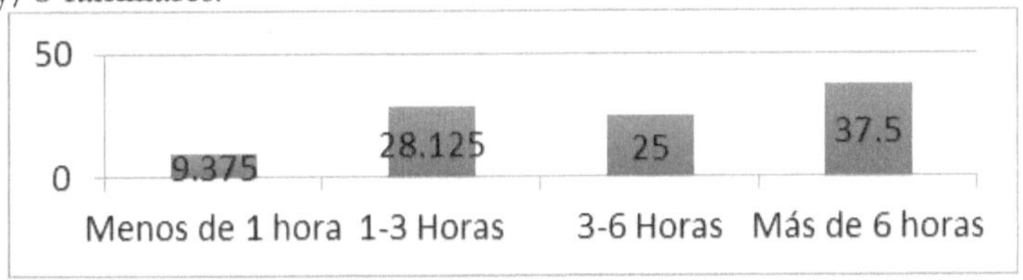

Frente a los gustos de uso con los dispositivos tecnológicos el 87% señala que le gusta ver películas en DVD, 84% jugar, 81% escuchar música, 81% bajar aplicaciones, 78% ver televisión, 75% hacer trabajos y tareas, 71% ver programas animados, 65% aprender cómo funcionan, 37% usar las redes sociales y 3% leer. El mayor uso que se le da a los dispositivos es para el ocio y los hobbies, realizar tareas y trabajos se encuentra por arriba de la mitad y el uso de redes en los encuestados es bajo comparado con los demás ítems. Actividades como la lectura son mínimas.

Gráfica 14 Diagnóstico: gustos con los dispositivos tecnológicos.

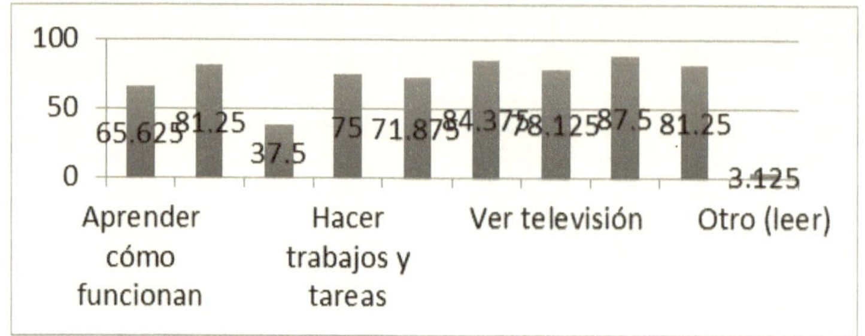

En una escala de valor sobre si les gustaría que en los colegios y centros de formación se hagan actividades con nuevas tecnologías el 81% de los encuestados contestaria Mucho, 19% poco y 0% nada.

Gráfica 15 Diagnóstico: interés de actividades con TIC.

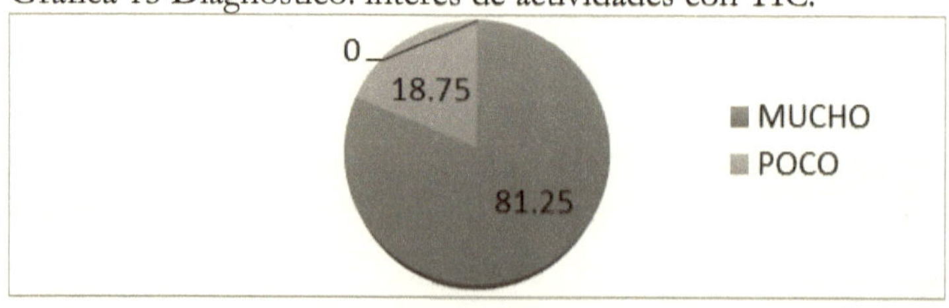

La última pregunta se realizó con el objetivo de conocer sobre cuáles son los temas que más le interesa a la población encuestada aprender. Del total de la población el 65% juegos, 59% prevención y riesgos en la internet, 59% hacer tareas, 47% sitios en la internet para aprender, 43% manejo de redes sociales y 9% ciencia e internet en general.

Gráfica 16 Diagnóstico: temas para aprender.

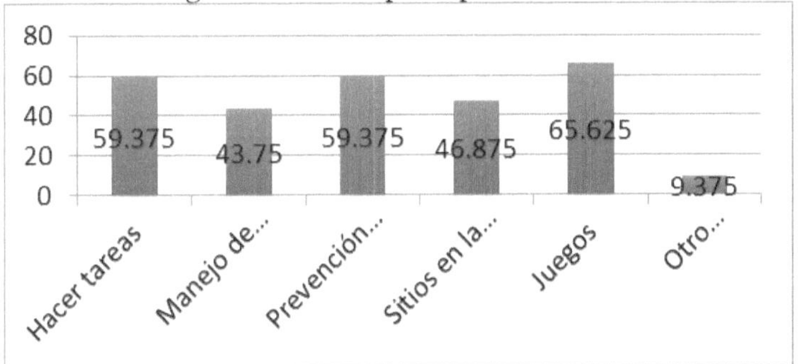

CONCLUSIONES Y RECOMENDACIONES DEL ANÁLISIS DE RESULTADOS

A partir de los datos recogidos en la encuesta el 56% de la población se encuentra en el rango de edad entre los 9 y 12 años. La población cuenta con un buen acceso a dispositivos tecnológicos, de los más destacan son el televisor, celular y reproductores de audio y video. Un dato que llama la atención es que el 100% de la población tiene acceso a la televisión y el 78% asegura que ver televisión es una de las actividades que más les gusta hacer con dispositivos tecnológicos. Esto puede indicar que uno de los contenidos para generar el blog puede ser la construcción de un episodio con un formato de un programa de televisión, el 65% de la población dice que el principal uso de la internet es para ver videos lo cual se puede trabajar en la construcción de unos por parte de la comunidad.

A su vez, el 87% de la población cuenta con acceso a celulares, aunque, en el momento de aplicar la encuesta, varios encuestados afirmaron que el acceso se da por medio de los padres y/o un familiar dueño de los dispositivos. Los encuestados también señalan que bajar aplicaciones y jugar son las actividades que más gusta con los dispositivos, lo cual muestra la importancia de trabajar el uso adecuado de estos dispositivos.

El 87% de la población tiene acceso a internet y entre los que afirman el 81% cuenta con acceso desde la casa esto puede permitir que se puedan formular actividades para realizar desde el hogar y que a su vez que permitan una integración en los niños, niñas y jóvenes con sus padres y/o familiares hacía un dialogo intergeneracional y nuevas cosas por hacer en familia.

Los temas relacionados con juegos despiertan intereses en los y las participantes, el 65% del total de la población encuestada dice que es sobre el tema qué más les gustaría aprender y a su vez 62% señala que jugar es una de las principales actividades que hacen en internet. Aunque el menor acceso a dispositivos tecnológicos lo tienen las consolas de video juegos (22%) se puede concluir que el acceso a juegos se da por medio de los celulares, tablets y computadores ya que el 84% dice que jugar es una de las mayores actividades que realizan con los dispositivos. Jugar es una de las actividades que más realizan cuando comparten con padres y/o familiares lo cual puede estar segmentado en juegos en físico o con dispositivos tecnológicos.

El 65% de la población considera que la internet es útil y sobre los temas qué más le gustaría aprender el 59% asegura son hacer tareas y a su vez el 59% trabajar temas de prevención y riesgos en la internet. El principal uso que de la internet en la población es para hacer tareas y trabajos con un 84%. Lo cual es recomendable enseñar a la población sobre el uso de la TIC para realizar tareas desde cómo buscar hasta lugares donde puedan informarse sobre temas de interés buscando aprovechar el tiempo que están con dispositivos tecnológicos y/o la internet ya que el 97% asegura pasar máximo 3 horas al día.

Frente al tiempo que comparten con los padres y/o familiares y las actividades que realizan cuando están con ellos se encuentra que las principales actividades son compartir los espacios para comer, ver televisión y ayudar en el orden y limpieza del hogar, de acuerdo a los datos encontrados el proyecto puede plantear nuevas actividades que integren la convivencia y a su vez permita que los padres y/o familiares conozcan qué es lo que hacen los niños, niñas y jóvenes al momento de interactuar con dispositivos y la internet.

En general, la intervención logró la participación de 268 personas, 92% de la localidad de Suba, en 14 talleres de 3 horas para un total de 42 horas de talleres, en cada actividad hubo un promedio de 19 participantes de la localidad que en su mayoría pertenecen a los estratos 2 (63%) y 1 (18%) y trabajando con infancia (41%) y adolescencia (52%). Aunque a partir del diagnóstico, la intervención modificó sus objetivos, se lograron superar las metas esperadas, se obtuvo circulación de la iniciativa en medios de comunicación, así como reconocimientos a nivel nacional e internacional. Se logró cumplir cada indicador propuesto en el diseño de los objetivos de la intervención, sumado a una metodología y taller adicional con mamas sobre la atención y prevención a contenidos inapropiados en internet. Y en la actualidad la intervención fortaleció el trabajo que se realiza en la Fundación Tortuga y continua como un programa que se presenta las convocatorias que participar la organización.

La primera parte de la encuesta a los participantes de la intervención, evaluación el desarrollo de los talleres desde los objetivos, material y herramientas utilizadas, facilitador, contenidos y apoyo logístico proporcionó una calificación de 4.2 sobre 5, los resultados se calificaron sumando las puntuaciones objetivas respecto a cada pregunta para una validación numérica (total puntuación/ número de preguntas). En la segunda parte, que analizó las relaciones entre preguntas desde pruebas matemáticas, de los rasgos más destacables se encontró que los usos de dispositivos tecnológicos deben contar con acceso a internet para describir un verdadero aporte a la reducción de la brecha digital, así como, la relación que existe entre la población seleccione qué actividades realizar en internet, la realización de tareas y el autoaprendizaje como pueden ser los tutoriales sobre temas auto-seleccionados.

En la encuesta a docentes, encontró que el acceso a dispositivos tecnológicos e internet en colegios no es una variable relacionada con el uso de las TIC en el aula, una de las razones puede ser que en varias ocasiones las herramientas disponibles no se encuentran a disposición de los estudiantes, así como el acceso internet puede de baja calidad o no disponible para los docentes y estudiantes. Esto puede soportarse con las preguntas que mayor tuvieron relaciones con otras, entendiendo que la base para el uso de las TIC en colegios parte de la investigación del docente sobre cómo utilizar las TIC para la transformación del saber y nuevos conocimientos, sumado a la planificación, organización y evaluación de los procesos de aprendizaje con el uso de herramientas tecnológicas. Y esto se debe, a que en ocasiones los administradores de las instituciones creen que el docente está calificado para la aplicación de dispositivos tecnológicos, así como plataformas virtuales, para la transformación del saber a estos escenarios.

Como se planteó en la primera contextualización sobre las TIC en la educación, desde los años 90, América Latina ha fortalecido el uso de herramientas tecnológicas a partir de los retos que plantea la actual sociedad de la información, aunque inicialmente se inició con la dotación de equipos, las políticas públicas han logrado un madurez que ha permitido en la actualidad acompañar estos procesos con la creación de estrategias educativas con acciones que generan inclusión social, democratización y la reducción de la brecha digital, a partir de entender la importancia de los gobiernos en garantizar un acceso a la información, la comunicación y la participación.

Los principales retos que tiene Colombia, a partir de las condiciones de su población y las brechas sociales que existen entre los territorios rurales y urbanos, como la condición de pobreza, el nivel de alfabetismo y acceso a dispositivos e internet, sumado a la desigualdad de género entre hombres y mujeres. Permite entender que las desigualdades de acceso y uso de las TIC como de desigualdades que se presentan por brechas sociales mucho más profundas como la segregación social, el nivel de ingreso y la cobertura de servicios públicos.

A pesar del esfuerzo que han realizado los distintos gobiernos desde la década de los años 50 como expandir la cobertura de educación, así como, la tarea de administrar y orientar los procesos educativos en el país, en la actualidad siguen existiendo diferencias entre la educación rural y urbana, asimismo entre las instituciones públicas y privadas. Es verdad, se ha aumentado el número de participantes en procesos de formación, pero existe un sabor agridulce en los resultados que presentan las cifras oficiales al cuestionar si sólo se está trabajando en titular a las personas de escasos recursos socioeconómicos sin reducir realmente las desigualdades y condiciones de pobreza que viven las personas a partir de la estratificación de la sociedad en Colombia.

El estudio sobre la estructura del sistema educativo en el país permitió entender las categorías como la educación formal, la educación no-formal y la educación informal, esta última como el espacio en que se ha ubicado la intervención desde el conocimiento libre adquirido en medios no estructurados. Asimismo, como una proyección a futuras intervenciones desde esta categoría dirigida a personas adultas que no se encuentran en un proceso de aprendizaje obligatorio y que, en ocasiones, han construido distancias con el uso de herramientas tecnológicas al considerarlas como elementos que no son fáciles de usar o que tendran ningún beneficio en su desarrollo profesional o personal.

A partir de la metodología aplicada en la intervención – Investigación Acción Participativa IAP- se construyó una propuesta de investigación e intervención social formulada fuera de las aulas tradicionales, la construcción a partir de la prueba-error y con la participación de la comunidad, trabajando por generar una iniciativa pedagógica que aportara a reducir la desigualdad de acceso y uso de las TIC con infancia y adolescencia por medio del uso de espacio público en la localidad de Suba.

El proyecto tuvo como horizonte crear un acercamiento a las TIC con infancia y adolescencia como un grupo poblacional que, por sus condiciones socioeconómicas y la ubicación geográfica, presenta una brecha digital de acuerdo a factores de segregación social históricamente para el acceso a las herramientas tecnológicas. Sin embargo, se trabajó por escapar de la creencia sobre las TIC como una estrategia que permite una sociedad más justa, más comunicada, más informativa o más democrática.

La finalidad de la intervención ha sido construir un

proceso de aprendizaje con el uso de la TIC para la Cultura de Paz en infancia y adolescencia desde una experiencia que promueve el uso de las mismas. No pretendió enseñar sobre su uso, si no como una propuesta que sale a las calles y parques para fomentar espacios de comunicación y socialización desde el aprendizaje informal.

En este sentido, el proyecto logró el financiamiento total de la intervención por medio de la Secretaria de Cultura Recreación y Deporte por medio de la entrega de recursos a iniciativas gestadas desde los territorios y que se encuentran en la búsqueda de nuevas formas de articulación con la comunidad desde la promoción del goce efectivo de los derechos culturales y con acciones para la Paz. Este apoyo no sólo logro la ejecución de la propuesta, sino también el fortalecimiento de la Fundación Tortuga en aras de consolidar nuevos procesos para el accionar con las comunidades.

BIBLIOGRAFÍA

McMillan, K., Honey, M., & Mandinach, E. (2005). *Middle East Technical University*. Recuperado el 12 de agosto de 2017, de Computer Education and Instrustional Technology: http://ocw.metu.edu.tr/file.php/118/Week12/Culp_JECR.pdf

Fundación Evolución. (2005). *Redes Escolares de América Latina*. Recuperado el 25 de Agosto de 2017, de REDAL: https://issuu.com/fundacionevolucion/docs/redal

CEPAL. (2013). *Estrategias de TIC entre el desafío del cambio estructural en América Latina y el Caribe.* Recuperado el 20 de Agosto de 2017, de Repositorio Digital:
http://repositorio.cepal.org/bitstream/handle/11362/4063/1/S2013159_es.pdf

SITEAL. (2014). *Informe sobre tendencias sociales y educativas en América Latina 2014* . Recuperado el 27 de Agosto de 2017, de UNESCO:
http://www.siteal.iipe.unesco.org/sites/default/files/siteal_informe_2014_politicas_tic.pdf

Jara, I. (2008). *Las políticas de tecnología para escuela en América Latina y el mundo: visiones y lecciones.* Recuperado el 25 de Agosto de 2017, de CEPAL:
https://www.cepal.org/es/publicaciones/4006-politicas-tecnologia-escuelas-america-latina-mundo-visiones-lecciones

Enlaces. (2012). *Enlaces, innovación y calidad en la era digital, 20 años impulsando el uso de las TIC en la educación.* Recuperado el 30 de Agosto de 2017, de Área de Comunicaciones de Enlaces, Centro de Educación y Tecnología:
http://historico.enlaces.cl/tp_enlaces/portales/tpe76eb4809f44/uploadImg/File/PDF/publicaciones/mem2013_baja.pdf

ILCE. (2002). *Disponibilidad y uso de la tecnología en la educación básica.* Recuperado el 20 de Agosto de 2017, de Tecnología y Proyectos Especiales:
http://investigacion.ilce.edu.mx/panel_control/doc/c36,disponibilidad.pdf

Conectar igualdad. (2011). *Educación y tecnologías, las voces de los expertos*. Recuperado el 1 de Septiembre de 2017, de www.oei.es/historico/conectarigualdad.pdf.

Rivoir, A., & Lamshtein, S. (2012). *Cinco años del Plan Ceibal, algo más que una computadora para cada niño*. Recuperado el 2 de Septiembre de 2017, de UNICEF: https://www.unicef.org/uruguay/spanish/ceibal-web.pdf

CIA. (2015). *References, Colombia*. Recuperado el 3 de Septiembre de 2017, de The World Factbook: https://www.cia.gov/library/publications/the-world-factbook/geos/co.html

Unesco Institute for Statistics. (2015). *Data to Transform Lives*. Recuperado el 4 de Septiembre de 2017, de Browse by country, Colombia: http://uis.unesco.org

Medina, F. (2001). *Consideraciones sobre el índice de Gini para medir la concentración del ingreso* . Recuperado el 5 de Septiembre de 2017, de División de Estadística y Proyecciones Económicas, CEPAL: http://repositorio.cepal.org/bitstream/handle/11362/4788/S0 1020119_es.pdf?sequence=1

DANE. (2015). *Gran Encuesta Integrada de hogares -GEIH*. Recuperado el 7 de Septiembre de 2017, de Mercado Laboral Históricos: http://www.dane.gov.co/index.php/estadisticas-por-tema/mercado-laboral/empleo-y-desempleo/geih-historicos

MIN TIC. (2017). *Cifras Primer Trimestre*. Recuperado el 8 de Septiembre de 2017, de Boletín Trimestral de las TIC:

https://colombiatic.mintic.gov.co/602/articles-55212_archivo_pdf.pdf

DANE. (2017). *Indicadores básicos de tenencia y uso de Tecnología de la Información y Comunicación - TIC en hogares y personas de 5 y más años de edad 2016* . Recuperado el 6 de Septiembre de 2017, de Boletín Técnico Comunicación Informativa :
http://www.dane.gov.co/files/investigaciones/boletines/tic/bol_tic_hogares_2016.pdf

DANE. (2017). *Encuesta Nacional de Calidad de Vida-ECV 2016.* Recuperado el 9 de Septiembre de 2017, de Microdatos:
https://formularios.dane.gov.co/Anda_4_1/index.php/catalog/456/related_materials

OEI. (1995). *Informe OIE- Ministerio 1993.* Recuperado el Septiembre 10 de 2017, de Evolución Histórica del Sistema Educativo:
http://www.oei.es/historico/quipu/colombia/index.html#sis

Arvone, R. (1978). *Políticas educativas durante el Frente Nacional 1958-1974.* Recuperado el 10 de Septiembre de 2017, de Universidad Pedagógica Nacional:
http://www.pedagogica.edu.co/storage/rce/articulos/1_5ens.pdf

Rámirez, M., & Téllez, J. (2006). *La educación primaria y secundaria en Colombia en el siglo XX.* Recuperado el 11 de Septiembre de 2017, de Banco de la República-Colombia:
http://www.banrep.gov.co/docum/ftp/borra379.pdf

Constitución Política de Colombia. (1991). *Artículo 67* . Recuperado el 12 de Septiembre de 2017, de Capítulo 2: De los derechos sociales, económicos y culturales: http://www.constitucioncolombia.com/titulo-2/capitulo-2/articulo-67

Ley 30. (28 de Diciembre de 1992). *Por el cual se organiza el servicio público de la Educación Superior.* Recuperado el 13 de Septiembre de 2017, de Congreso de la República de Colombia: https://www.cna.gov.co/1741/articles-186370_ley_3092.pdf

Ley 115. (8 de Febrero de 1994). *Por la cual se expide la ley general de educación.* Recuperado el 12 de Septiembre de 2017, de Congreso de la República de Colombia: http://www.mineducacion.gov.co/1621/articles-85906_archivo_pdf.pdf

Ley 749. (19 de Julio de 2002). *Por la cual se organiza el servicio público de la educación superior en las modalidades de formación técnica profesional y tecnologíca.* Recuperado el 14 de Septiembre de 2017, de Congreso de la República: http://www.mineducacion.gov.co/1621/articles-86432_Archivo_pdf.pdf

Castillo, Á. (2013). *Dínamica de la construcción por usos Localidad Suba.* Recuperado el 14 de Septiembre de 2017, de Observatorio Técnico Catastral: https://www.catastrobogota.gov.co/sites/default/files/16.pdf

SDP. (2014). *Proyecciones de población por localidades para Bogotá 2016-2020.* Recuperado el 15 de Septiembre de 2017, de Bogotá ciudad de estadísticas:

http://www.sdp.gov.co/portal/page/portal/PortalSDP/Inform
acionTomaDeci-
si-
ones/Estadisticas/Bogot%E1%20Ciudad%20de%20Estad%E
Dsticas/2014/Bolet%EDn69.pdf

SDP . (2015). *Encuesta Multipropósito* . Recuperado el 16 de Septiembre de 2017, de Portal estadístico :
http://www.sdp.gov.co/portal/page/portal/PortalSDP/Encues
ta_Multiproposito_2014/Cartilla-Multiproposito.pdf/

Banco Mundial. (2015). *Banco Mundial.* Recuperado el 7 de Agosto de 2017, de Datos de libre acceso del Banco Mundial:
https://datos.bancomundial.org/indicador/SI.POV.GINI

Hernández, J. (s.f.). La sociología de O. Fals y la intervención
social en Colombia: una hipótesis.

SCRD. (2015). *Beca Ciudadanías Juveniles Locales.* Recuperado el 26
de Septiembre de 2017, de Portafolio Distrital de Estímulos :
http://www.culturarecreacionydeporte.gov.co/es/convocatorias
-2015/programa-distrital-de-estimulos/secretaria-de-cultura-
recreacion-y-deporte/beca-ciudadanias-juveniles-locales

López, M. (1995). *Josep Beuys: el arte como creencia y como salvación.*
Recuperado el 19 de Octubre de 2017, de Espacio, Tiempo y
Forma del Arte: http://e-
spacio.uned.es/fez/eserv/bibliuned:ETFSerie7-E66FD1CB-
C4C8-A4D8-EAC3-DDE3EA673C13/Documento.pdf

Hernandez, R. (2013). *Metodología de la Investigación.* Recuperado el
24 de Octubre de 2017, de ESUP:

https://www.esup.edu.pe/descargas/dep_investigacion/Metodo
logia%20de%20la%20investigación%205ta%20Edición.pdf

Feenberg, A. (2004). *La enseñanza online y las opciones de la moderni-
dad.* Recuperado el 7 de Octubre de 2017, de Simon Fraser University : http://www.sfu.ca/~andrewf/pensamiento.pdf

Diesbach, N. (2002). *Los retos de la educación en el amanecer del nuevo
milenio. Educación: ¿Transmisión de un saber o descubrimiento de un potencial?* Barcelona, España: Ediciones La Llave.

Santos, A. (2000). *La tecnología educativa ante el paradigma construc-
tivista* . Recuperado el 7 de Octubre de 2017, de Revista Informática Educativa- UNIANDES :
http://www.colombiaaprende.edu.co/html/mediateca/1607/art
icles-105570_archivo.pdf

Salinas, J. (2004). *Innovación docente y uso de las TIC en la enseñanza
universitaria.* Recuperado el 7 de Septiembre de 2017, de Revista
Universidad y Sociedad del Conocimiento:
https://www.uoc.edu/rusc/dt/esp/salinas1104.pdf

Margalef, L., & Arenas, A. (2006). *¿Qué entendemos por innovación
educativa? A próposito del desarrollo curricular.* Recuperado el 10 de
Octubre de 2017, de Perspectiva Educacional :
http://www.redalyc.org/pdf/3333/333328828002.pdf

Alvarez, I., Corredor, O., Jimenez, A., de los Rios, J., & Salcedo,
L. (2016). *Pedagogía, educación y paz en escenarios de posconflicto e inclusión social.* Recuperado el 2017 de octubre de 2017, de Revista
Lasallista de investigación:
http://bibliotecadigital.usb.edu.co:2067/ehost/pdfviewer/pdfvi

ewer?vid=20&sid=195e2ad6-3832-4e02-9890-
4e6da3261ada%40pdc-v-sessmgr01

Correa, C. (2004). *Currículo dialógico, sistémico e interdisciplina*. Bogotá: Editorial Magisteio.

Calvo, A., & Rojas, S. (2007). *Exclusión social y tecnología* . Recuperado el 10 de Octubre de 2017, de Redalyc:
http://www.redalyc.org/pdf/158/15802924.pdf

Major, J. (1997). *Chips, cables y poder: la clase dominante en el siglo xxi*. Recuperado el 11 de Octubre de 2017, de Digital CSIC:
http://digital.csic.es/bitstream/10261/155887/1/Chips%20cab
les-Enredadera_1.pdf

Robles, J., & Molina, O. (2007). *La Brecha digital: ¿Una consecuencia más de las desigualdades sociales? Un análisis de caso para Adalucía*. Recuperado el 11 de Octubre de 2017, de IESA-CSIC:
http://bibliotecadigital.usb.edu.co:2096/ContentServer.asp?T=
P&P=AN&K=26314662&S=R&D=a9h&EbscoContent=dGJy
MNXb4kSep684zdnyOLCmr0%2Bep7ZSrqq4TbKWxWXS&C
ontentCustomer=dGJyMPGnr1GurLFLuePfgeyx44Dt6fIA

Robles, J. (2005). *La Sociedad de la Informacion en Andalucia*. Recuperado el 11 de octubre de 2017, de Junta de Adalucia:
http://www.juntadeandalucia.es/innovacioncienciayempresa/pla
nASI/el-plan

Poole, B. (1999). *Tecnología Educativa. Educar para la sociocultura de la comunicación y del conocimiento*. Madrid, España: Mc Graw Hill.

Bates, A., & Poole , G. (2003). *Effective teaching with technology in higher education. San Francisco: Jossey-Bass Inc.* Recuperado el 7 de Octubre de 2017, de University of Victoria :
https://www.uvic.ca/learningandteaching/assets/docs/instruct ors/for-
re-
view/tagged%20but%20not%20in%20another%20folder/Teac hingwithTechnology.pdf

Brown, J., Collins , A., & Duguid, P. (1989). *Situated cognition and the culture of learning.* Recuperado el 10 de Octubre de 2017, de UMSL: http://www.umsl.edu/~wilmarthp/modla-links-2011/Situated-Cognition.pdf

Lin, X., Brandsford, J., Hmelo, C., Kantor, R., Hickey, d., Petro-sino, J., . . . Cognition And Technology Group At Vanderbilt . (1996). *Instructional design and development of learning communities: An invitation to a Dialogue.* Recuperado el 10 de Octubre de 2017, de google books:
https://books.google.com.co/books?id=mpsHa5f712wC&pg= PA203&lpg=PA203&dq=Instructional+design+and+developm ent+of+learning+communities:+An+invitation+to+a+Dialogu e.&source=bl&ots=sZ9iAhc_Nr&sig=BPIgxkWXS9gxf6xpMdf _A8N5XQM&hl=es&sa=X&redir_esc=y#v=onepage&q=Inst ruction-
al%20design%20and%20development%20of%20learning%20co mmuni-
ties%3A%20An%20invitation%20to%20a%20Dialogue.&f=fals e

Havelock , R., & Zlotolow, S. (1995). *The Change Agent's guide*. Recuperado el 10 de Octubre de 2017, de google books : https://books.google.com.co/books/about/The_Change_Agen t_s_Guide.html?id=h-uIrSJeVyUC&redir_esc=y

Zaltman, G., Duncan, R., & Holbet, J. (1973). *innovations e organizations*. Recuperado el 10 de Octubre de 2017, de Ebook Library: https://harriettdunnetiff.files.wordpress.com/2017/05/innovati ons-e-organizations-by-gerald-zaltman-robert-duncan-jonny-holbek.pdf

Elmore, K. (1990). *Restructuring Schools. The next geratium of educational reform*. Recuperado el 10 de Octubre de 2017, de Oranger delivery: http://orangedelivery.co/downloads/restructuring_schools_the _next_generation_of_educational_reform_1st_edition.pdf

Castells, M. (1998). *La era de la información: economía, sociedad y cultura Vol I* . Recuperado el 10 de Octubre de 2017, de UNAM: http://herzog.economia.unam.mx/lecturas/inae3/castellsm.pdf

Area, M. (2004). *Nuevas tecnologías, educación a distancia y la mercalización de la formación* . Recuperado el 10 de Octubre de 2017, de Revista Iberoamericana de Educación : https://www.google.com/url?sa=t&rct=j&q=&esrc=s&source =web&cd=1&cad=rja&uact=8&ved=0ahUKEwjyt6upo-fWAhUJKCYKH-day-CXMQFggmMAA&url=http%3A%2F%2Frieoei.org%2Fdelosl ectores%2F578Area.PDF&usg=AOvVaw3vTMJfzWgRthHAxv83NJNC

Tortosa, J. (2001). *Reseña de "La sociedad dividida. Estructuras de clases y desigualdades en las sociedades tecnológicas".* Recuperado el 10 de Octubre de 2017, de Redalyc:
http://www.redalyc.org/pdf/997/99717902010.pdf

Prado, J. (2001). *Hacia un nuevo concepto de alfabetización. El lenguaje de los medios.* Recuperado el 10 de Octubre de 2017, de Comunicar.

Gutiérrez, A. (2003). *La dimensión digital de la alfabetización múltiple* . Recuperado el 10 de Octubre de 2017, de Alfabetización digital. Algo más que botones y teclas. :
http://cmap.javeriana.edu.co/servlet/SBReadResourceServlet?rid=1NLNL4BQL-1727YLH-2B2

Emery, W., & Rother, L. (2000). *La Educación en Medios de Comunicación como alfabetización.* Recuperado el 11 de Octubre de 2017, de Comunicar :
http://www.redalyc.org/articulo.oa?id=15801409

Van Dijk , J., & Hacker, K. (2003). *The Digital Divide as a Complex and Dynamic Phenomenon.* Recuperado el 11 de Octubre de 2017, de Information society:
https://ris.utwente.nl/ws/portalfiles/portal/6466527

ALADI. (2003). *La brecha digital y sus repercusiones en los países miembros de la aladi* . Recuperado el 11 de Octubre de 2017, de Secretaria general :

http://www.itu.int/net/wsis/newsroom/coverage/publications
/docs/aladi_brecha_digital-es.pdf

Robinson, K. (2011). *Busca tu Elemento*. Recuperado el 17 de Octubre de 2017, de Empresa activa :
https://urano.blob.core.windows.net/share/i_avance/03900025
3/avance.pdf

Feyerabend, P. (1975). *Tratado contra el método*. Recuperado el 17 de Octubre de 2017, de Tecnos :
https://rfdvcatedra.files.wordpress.com/2013/08/feyerabend-tratado-contra-el-metodo1.pdf

Ley 1732 de 2014 . (2014). *"Por la cual se establece la Cátedra de la Paz en todas las instituciones educativas del país"*. Recuperado el 26 de octubre de 2017, de Congreso de Colombia:
http://wsp.presidencia.gov.co/Normativa/Leyes/Documents/
LEY%201732%20DEL%2001%20DE%20SEPTIEMBRE%20
DE%202014.pdf

Pascual, A. (2013). *Educación en y para los derechos humanos y la paz: Principios y prácticas medulares*. Recuperado el 26 de octubre de 2017, de Unesco Paz:
http://unescopaz.uprrp.edu/documentos/docs/educderechum
pazcatedraUNESCO.pdf

Tuvilla, J. (2004). *Cultura de paz: Fundamentos y claves educativas*. Recuperado el 26 de octubre de 2017, de Ebookbit:
http://ebookbit.com/book?k=Cultura+De+Paz%3A+Fundam
en-
tos+Y+Claves+Educativas&isbn=9788433019134&lang=es&so
urce=firebaseapp.com#pdf

Sampieri, R. (2010). *Metodología de la investigación*. Recuperado el 5 de noviembre de 2017, de Escuela Superior de Guerra Naval: https://www.esup.edu.pe/descargas/dep_investigacion/Metodo logia%20de%20la%20investigación%205ta%20Edición.pdf

EXPERIENCIAS DE UN PROCESO EDUCATIVO QUE PROMUEVE EL EMPODERAMIENTO DE LA MUJER.
Un proyecto de intervención social.

Lorena Triana
Daniel López
Javier Vargas[17]

INTRODUCCIÓN

La violencia de género se ha posicionado como una de las mayores problemáticas tanto a nivel nacional como internacional, tanto así que ha llegado a establecerse como un problema de salud pública alrededor del mundo. En Colombia, la violencia de género no ha logrado constituirse como una prioridad estatal, ya que el Estado cuenta con falencias institucionales que per-

---

[17] Profesionales en Relaciones Internacionales. Investigadoras proyecto: Vita Activa. Semillero Conflicto, Historia y Acción Humanitaria- CHYAH. Universidad de San Buenaventura. Facultad de Ciencias Jurídicas y Políticas. Bogotá. 2017-2018.

judican la aplicación y promoción de los derechos de las mujeres en todo el territorio nacional, provocando, así, la continuidad de este fenómeno.

Imagen 1: Tomada por Lorena Triana a Ernestina Villalba, profesora de la Escuela Rural de San Antonio.

Las zonas rurales del país han sido lugares en los que históricamente se han presenciado diferentes tipos de violencia, entre estos tipos se identifica la violencia de género. La investigación local permitió evidenciar mediante un análisis poblacional la presencia de este tipo de violencia, su relación con el conocimiento limitado de los derechos, la dependencia económica y también falta de presencia del Estado; este análisis será explicado posteriormente con más claridad.

Este ejercicio de observación y posterior ejecución se desarrolló con mujeres de la vereda de San Antonio, ubicada en el municipio de San Juan de Rioseco, Cundinamarca. Este municipio cuenta con la característica de haber sido azotado por la violencia desde los años sesenta hasta inicios del 2003. El desarrollo rural resulta importante en la transformación del entorno luego del periodo de violencia que afectó este municipio, generando retrasos en el desarrollo del campo.

Teniendo en cuenta que la violencia de género está presente en las zonas rurales de Colombia, y que los mecanismos empleados por el Estado no resultan suficientes, es oportuno la creación de un proyecto que responda a las necesidades particulares de la población. Para crear este proyecto se empleó el modelo IAP, ya que se ajustaba a las expectativas y a las dinámicas manejadas con la población "Mujeres que transforman", es el nombre del proyecto general, el cual busca crear empoderamiento en las mujeres haciendo uso de la educación y el trabajo comunitario.

Este texto empezará exponiendo las nociones generales de la violencia de género, desde la academia, haciendo énfasis en la violencia entre parejas heterosexuales y el papel del empoderamiento como método de ruptura de la relación violenta o abusiva. A continuación, se desarrollará la Metodología, siendo el modelo del IAP la estructura principal del proyecto. A partir de este modelo, se expondrán una etapa de pre-investigación, en la cual, se observarán y evidenciaron las nociones generales de la problemática; continuando, con la primera etapa de desarrollo, la etapa de *Diagnóstico*, en la cual, realizamos nuestro primer acercamiento con el problema, a través de una encuesta realizada a la población; en la segunda etapa de *Programación*, se hablará de la convergencia entre la teoría y la praxis, esto se generó mediante la participación de población, a través, de un diálogo intersubjetivo; y en la tercera etapa de *propuestas y conclusiones*, se expondrá el proyecto que se construyó a partir de la experiencia de las etapas anteriores. Por último, se desarrollarán el apartado de Resultados y Conclusiones.

LA VIOLENCIA DE GÉNERO

La violencia de género es un tema que ha venido cobrando relevancia desde mediados de la segunda mitad del siglo XX. Su conceptualización, difusión y estrategias para combatirla han sido desarrolladas por diferentes instituciones políticas, académicas y de la sociedad civil con el fin de poder erradicar esta problemática histórica. El rol activo que ha jugado las Naciones Unidas, principalmente desde la Asamblea General, como la del foro internacional más importante para discusión sobre la violencia de género, ha permitido que los diferentes Estados del mundo hayan consolidado una posición fundamental sobre dicha problemática, a través, de la formulación de políticas y estrategias. Orientadas a la identificación de este problema (de forma particular en cada Estado), la asistencia hacia las mujeres y la (re)estructuración institucional que favorezca a la futura erradicación del problema.

En principio, hablamos de violencia de género en vez de violencia contra la mujer, dado que resaltar las diferencias entre los valores, actitudes, sentimientos, conductas y creencias que se establecen entre un hombre y una mujer por motivo de su género en el marco de la construcción social de un sistema, en el cual, la relación de poder es favorable a los hombres. En síntesis, el término género le imprime una causalidad a este tipo de violencia, en la cual la estructura social actualmente constituida (patriarcado), propicia la violencia hacia las mujeres por el desequilibrio de poder existente, atribuido a una división de roles (masculinos y femeninos), en el que, el papel del hombre es dominante sobre el de la mujer.[18]

Es así, como la CEPAL ha llegado a catalogar a la violencia de género como un problema de Derechos Humanos, dado que la estructura social existente tiende a violar la igualdad de derechos y libertades que se han reconocido a través de tiempo por medio de hitos "como la Declaración de Universal de los Derechos

---

[18]   De Alencar & Cantera. (2012). Violencia de Género en la Pareja: Una Revisión Teórica. PSICO, 43, (1), 116-126.

Humanos, el Pacto Internacional de Derechos Civiles y Políticos, el Pacto Internacional de Derechos Económicos, Sociales y Culturales", entre otros[19]. Sin embargo, la violencia de género sigue siendo un problema que afecta a nuestras sociedades, por lo que el estudio y análisis sobre sus causas, consecuencias, tipos y estrategias de lucha, son de importancia para lograr la igualdad, reconocimiento y reivindicación de los derechos de la mujer.

La instrumentalización de la violencia de género es manifestada diversas formas, en la Declaración 48/104 de la Asamblea General de las Naciones Unidas[20] (sobre la eliminación de la violencia contra la mujer), se reconocen como violencia hacia las mujeres las de carácter físico, sexual y psicológico que ocurran en ámbitos familiares o comunales y que el Estado perpetua o tolere dichos actos.

La violencia física, es considera, cuando el agresor hace uso de la fuerza intencionalmente para generar un daño físico contra la mujer, ocasionándole lesiones físicas (desde bofetadas hasta la muerte) con el fin

---

[19]   ICEPAL. (1996). violencia de género: un problema de derechos humanos. Serie Mujer y Desarrollo 16.

[20]   Asamblea General de la Naciones Unidas, (1979). Convención sobre la eliminación de todas las formas de discriminación contra la mujer. Declaración 48/104.

mantener cierto control sobre ella[21] . La violencia psicológica, es considerada, cuando el agresor genera una conducta verbal o no, que ocasione[22]:

En la mujer desvalorización o sufrimiento, a través de amenazas, humillaciones o vejaciones, exigencia de obediencia o sumisión, coerción, insultos, aislamiento, culpabilización o limitaciones en su ámbito de libertad, ejercida por quien esté o haya estado ligado a ella por alguna relación de afectividad, aún sin convivencia.

La violencia sexual o abuso sexual, es considerado, cuando el agresor obliga contra la voluntad de la mujer a mantener relaciones sexuales, a través, de la fuerza o intimidación, a su vez, el "Acoso, violación, penetración de objetos, tocamientos y contactos no deseados, mutilación genital, impide ejercer [la] sexualidad libremente" y se consideran abuso sexual[23] .

La violencia económica, según la Ley 1257 del 2008[24]

---

[21]   Lavilla, S. Gaspar, A. Jimeno, A. y Boira, S. (2011). perspectivas psicológicas de la violencia de género. Documento Técnico n°3. Instituto aragonés de la Mujer

[22]   Junta de Andalucía. (s.f.). Violencia de género documentación red ciudadana. Folleto.

[23]   Ibídem.

[24]   Ley 1257 de 2008. Por la cual se dictan normas de sensibilización, prevención y sanción de formas de violencia y discriminación contra las mujeres, se reforman los Códigos Penal,

establece como "cualquier acción u omisión orientada al abuso económico, el control abusivo de las finanzas, recompensas o castigos monetarios a las mujeres por razón de su condición social, económica o política", con esto el hombre busca continuar la dependencia economía que tiene la mujer hacia él, llegando a evitar que hasta esta llegue a trabajar, perpetuando las dominaciones de género[25].

Es importante resaltar que las anteriores tipologías son las formas de violencia de género más generales que se han conceptualizado, sin embargo, como afirman Lavilla, Gaspar, et al (2011) "se pueden encontrar distintas clasificaciones: maltrato físico, psicológico, sexual, económico, religioso, social... Indicar que estos tipos de violencia no son excluyentes entre sí, sino que tienden a interaccionar y darse varios de ellos de forma simultánea". Por lo que los otros tipos de violencia que se pueden identificar son: el aislamiento y abuso social, el control y domino, el chantaje emocional, el abuso ambiental, la violencia de pareja, la violencia intrafamiliar, entre otros[26] .

---

de Procedimiento Penal, la Ley 294 de 1996 y se dictan otras disposiciones. Congreso de la República de Colombia.

[25]   Junta de Andalucía. (s.f.). Violencia de género documentación red ciudadana. Folleto.

[26]   Fundación Mujeres. (s.f.). Fórmulas temáticas para la igualdad n°5, violencia de género. Maletincoeducacion.

Teniendo una visión general sobre las tipologías de la violencia de género, continuaremos con los estudios frente a la violencia de género, los cuales, han sido muy diversos en las últimas décadas, estos han llegado a plantear diversas teorías y enfoques que han logrado explicar, el por qué se genera este tipo de violencia y como esta se desarrolla tanto a nivel micro como a nivel macro en la sociedad. Sin embargo, para la correcta delimitación de nuestro proyecto, hemos ahondado en los preceptos teóricos que nos ayuden a comprender la violencia de género desde los ámbitos intrafamiliar y de pareja -ya que estos son los de mayor repercusión en la vereda, ver resultados parciales- utilizando el enfoque de perspectiva de género -principalmente- para este fin.

Esta relación de dominación se transcribe también en la relación de pareja e intrafamiliares, dado que estas se constituyen bajo roles culturales suscritos a un sistema patriarcal, en el que la violencia que ejercen los hombres contra la mujer, es producto de conductas socialmente aprendidas y culturalmente "normalizadas", en la que se busca controlar y dominar a la víctima (mujer) o causarle miedo. Por lo que, las perspectivas de género junto con el feminismo argumentan que dichas conductas pueden llegar a ser cambiadas, reducidas y prevenidas en cuanto "la mujer tengan la capacidad de recuperar el control sobre la propia vida a través de sus recursos personales y externos que les permitan romper con la relación abusiva."[27]. Dicho de otra forma, la violencia de género puede ser revertida si la mujer por cuenta propia y con ayuda se empodera de sí misma[28].En síntesis, la Perspectiva de Género nos ayuda a entender que la violencia de género se produce por la construcción de una estructura social -patriarcado-, la cual legitima la violencia como forma de dominación del género masculino sobre el femenino, teniendo como base la división de sus roles en la sociedad. A su vez, que dicha violencia se genera en espacios intrafamiliares y de pareja. Sin embargo, esto puede evitarse desde que la mujer logre ejercer el control pleno de su vida, logre empoderarse.

METODOLOGÍA

El enfoque metodológico de Investigación-Acción Participativa (IAP) nace a principios de la década de los sesentas en Colombia. de la mano del sociólogo Orlando Fals Borda. Este modelo surge como respuesta a la investigación social positivista, la cual, presenta una ruptura entre la teoría y la praxis, resultado impráctica a la hora de aplicarla en los contextos rurales del país. Es precisamente el desarrollo de la IAP como método de investigación social el cual subsana

---

[27]   De Alencar & Cantera. (2012). Violencia de Género en la Pareja: Una Revisión Teórica. PSICO, 43, (1), 116-126.
[28]   Ibídem.

esa brecha entre la teoría y la praxis a través del diálogo intersubjetivo que surge entre los diferentes actores que hacen parte del proyecto[29].

El objetivo de este enfoque metodológico es buscar la participación directa de la comunidad y de los individuos en los cuales se busca intervenir, con el fin de que se apropien de los procesos de participación que tiene como objetivo transformar el contexto y la realidad en la que viven. Es por esto, que el IAP borra las líneas positivistas entre sujeto (investigador) y objeto (población) y se establece una relación horizontal de sujeto-sujeto, en la que ambos poseen conocimientos que son relevantes para la investigación o el proyecto, recalcando que ambos son partícipes de los procesos sociales de cambio y transformación[30].

Gracias a las herramientas que nos brinda el enfoque de IAP, se pudo desarrollar un proyecto viable, el cual, generará un impacto en la realidad y en el contexto de las mujeres de la vereda de San Antonio, con la creación de una infraestructura de conocimientos compartidos, a través, de un diálogo intersubjetivo constante entre nosotros como investigadores y las mujeres,

---

[29]   Calderón, J. y López, D. (2013) Orlando Fals Borda y la investigación acción participativa: aportes en el proceso de formación para la transformación. Centro Cultural de la Cooperación Floreal Gorini. ISSN: 2347-016X. Buenos Aires
[30]   Ibídem.

otorgándoles una participación continua en el proyecto con el fin de transformar juntos, ya sea, su realidad social, política o económica.

Esta metodología cuenta con tres etapas de desarrollo y una de pre-investigación, la cuales seguimos para el desarrollo del proyecto. En la etapa pre-investigativa, se detectan los síntomas de la problemática y se construye el planteamiento de la investigación; la primera etapa de Diagnóstico, obedece a un primer acercamiento con la problemática, su contextualización, a través del análisis de documentos y la realización de entrevistas. La segunda etapa de Programación, en la cual se busca dar a conocer los diferentes puntos de vista de la problemática, por medio de la participación, se realiza trabajo de campo con la población para realizar un diálogo intersubjetivo sobre la problemática y buscar soluciones; y la tercera etapa de Conclusiones y Propuestas, busca que, a partir de la identificación de una problemática y la discusión con la población sobre esta y como solucionarla, definir un plan de acción, en base a la participación, para combatirla y transformar el contexto inicial[31].

Pre-investigación: delimitación del problema y población objetivo
En la recolección de datos, encontramos cifras que evidencia la existencia y la magnitud de la violencia de

---

[31]   Ibidem.

género, pero hay que aclarar que estas son limitadas, ya que el Estado no cuenta con un sistema que permita observar el número de casos, o los lugares en los que se presentan víctimas de violencia de género en tiempo real. A pesar de esta falencia, evaluamos el último informe de violencia de género elaborado por el Instituto Nacional de Medicina Legal y Ciencias Forenses [32]. En este informe se expone que en el año de 2016 se presentaron 49.712 casos de violencia intrafamiliar contra mujeres en Colombia y que para el año 2014 se presentaron 44.228 casos, lo cual nos indicó una reducción leve de los casos, aunque de igual manera sigue siendo alarmante. Adicionalmente en el informe se identifica que las mujeres víctimas van desde los 0 años hasta los 50 año y que además la mayoría de ella se encuentran viviendo en unión libre.

En cuanto a las cifras locales, se evidencia que, en el departamento de Cundinamarca, al cual pertenece San Juan de Rioseco, se registraron 4.029 casos, en comparación con el periodo de 2016 que se presentaron 2.306. Estas cifras nos indican que la violencia de género en el entorno familia a incrementado en los últimos años en el departamento de Cundinamarca (Medicina Legal, 2016).

---

[32]   . Instituto Nacional de Medicina Legal y Ciencias Forenses, (2017). Boletín Epidemiológico: Violencia de género en Colombia análisis comparativo de las cifras de los años 2014, 2015 y 2016 – Medicina Legal.

En Cundinamarca se presenta un alto número de casos de violencia de género, en el cual la mayor población afectada es la campesina. Según la Encuesta Nacional de Demografía y Salud realizada en el año 2010, en Cundinamarca el 27% de las mujeres han sido víctimas de violencia sexual, 34% psicológica y el 43% física[33]. En estos casos se ha identificado que las mujeres en el departamento que han sido víctimas de homicidios, se identifican que los perpetrados son sus esposos, cónyuges, e incluso sus exparejas[34].

En otro informe realizado por el Instituto Nacional de Medicina Legal y Ciencias Forenses[35], se estudiaron los casos de violencia sexual a nivel nacional, en cual se analizan los departamentos y los municipios que los conforman. En este informe se encontró que en Cundinamarca, para el año 2011, presentó 1441 casos de violencia sexual y el municipio de San Juan de Rioseco presentó 6 casos de estos 1441 casos. Cabe señalar que este municipio fue elegido para trabajar con la comunidad, ya que existía un acercamiento previo con la población por parte de uno de los miembros del pro-

---

[33]   . Gobernación de Cundinamarca. (2017). *Diagnóstico mujer y género: departamento de Cundinamarca.*

[34]   . Ibídem.Página 11.

[35]   . Instituto Nacional de Medicina Legal y Ciencias Forenses, (2013) Exámenes medicolegales por presunto delito sexual, Colombia.

yecto. Adicionalmente se tenía conocimiento de algunos casos particulares de violencia en el municipio y en la misma vereda, estas razones influyeron en la selección del municipio para el desarrollo del proyecto.

De esta manera nos acercamos más a la problemática estudiada. Las cifras aquí expuestas son las más recientes en el ámbito municipal, ya que existe un déficit en la consolidación de la información. El manejo de los datos municipales se está implementado hasta hace poco en el municipio y las plataformas cuenta con algunas inconsistencias.

Las zonas rurales del país, son unas de las más afectadas por la violencia de género, como fue ya mencionado. Teniendo en cuenta que las cifras brindadas por el municipio son limitados, se realizó un análisis poblacional en la vereda de San Antonio del municipio de San Juan de Rioseco. Este análisis se realizó mediante un trabajo de campo que será descrito posteriormente.

Etapa de Diagnóstico
En esta primera etapa de desarrollo y tras haber identificado la violencia de género como una problemática, que puede llegar a ser latente, en la vereda de San Antonio, municipio de San Juan de Rioseco, se realizó la primera visita al territorio en la última semana de marzo de 2018, con el fin establecer un primer acerca-

miento con la problemática detectada y poder dimensionar su percepción en la población.

Cuadro 1: percepción de general de violencia en Colombia, los hogares y las familias.

	¿Considera que en Colombia, la violencia en casa es?	¿Cree usted que la violencia en la casa y en la familia es un problema?
Muy freuente	56%	56%
frecuente	44%	36%
poco frencuente	0%	0%
inexistente	0%	6%
no sabe	0%	0%
no responde	0%	0%

Fuente: Elaboración propia de acuerdo a los datos recolectados mediante las encuestas

Para esto, se diseñó una encuesta con 16 preguntas, con el objetivo que pudiera medir la percepción que tienen las mujeres acerca de la violencia en general, de la violencia de género como una problemática a nivel nacional y local, de las causas de esta problemática, de las leyes que castiguen este tipo de violencia y de las hojas de ruta que creen que se deben seguirse si alguien es víctima de la violencia de género. Para la aplicación de la encuesta, trabajamos con 16 mujeres mayores de edad y residentes de la vereda de San Antonio, durante la primera visita realizada al territorio, yendo casa por casa para la aplicación de esta.

Tras sistematizar las encuestas, está arrojó los siguientes datos relevantes[36]:

- En la caracterización de la población se encontró que las mujeres tienen un promedio de edad de 48,9% años, el 88% son amas de casa, el 69% de ellas están casadas y el 75% consideran que su cónyuge es el jefe de la familia.

- En cuanto a la percepción de violencia general, por encima del 81% consideraron que la violencia hacia otra persona se podía ejercer ya sea con acciones físicas, verbales o morales; el 56% de ellas percibieron que en Colombia la violencia en casa y en la familia es un problema muy frecuente.

---

[36]   Para el análisis estadístico de las encuestas utilizamos los niveles de medición de variables cualitativas en la gran mayoría de preguntas, tanto nominales como ordinales, dado que nos permite sistematizar y evaluar la percepción que tenían las mujeres frente a los temas abordados.

- El 93% de ellas desconocen alguna ley o normatividad que castigue la violencia de género o que protegiera a las mujeres.

- El 62% considera que la violencia que se dan en parejas es causada por problemas privados que se deben solucionar en privado.

- El 75% de las mujeres si fuera testigo de violencia de género, recurrirán a la policía, en consecuencia, un 94% de ellas, le recomendaría a una posible víctima de violencia intrafamiliar que denuncie los hechos y el 81% haría lo mismo en caso de una posible víctima de violencia sexual.

● Dentro de las causales de la violencia en el hogar o en la familia, se consideran: el 56% al bajo nivel cultural o educativo, el 63% a las enfermedades mentales o celos, el 69% a problemas económicos, el 75% a falta de empleo y a consumo de drogas, y el 81% al consumo de alcohol y las costumbres o tradiciones.

● En contraste, dentro de las causales de la violencia de un hombre hacia una mujer, ellas consideraron: a la falta de empleo con un 44%, al bajo nivel de cultura o educativo con un 56%, a las costumbres o tradiciones con el 81%, al consumo de drogas con 87%, las enfermedades mentales o celos con un 88% y con un 100% al consumo del alcohol.

● En caso de ser víctimas ellas de alguna forma de violencia que acción tomaría: el 94 de ellas No callaría, el 62% le contaría a alguna persona de confianza, el 87% denunciará los hechos a las autoridades y el 63% buscaría ayuda con alguna otra institución o ONG.

Cuadro 2: ¿Conoce leyes que castiguen la violencia de género o protejan a las mujeres?

Conoce leyes que castiguen la violencia de género o protegan a las mujeres.	Valor	Total
Si	0	1
No	1	14

Fuente: Elaboración propia de acuerdo a los datos recolectados mediante las encuestas

Cuadro 3: Si usted fuera víctima de alguna forma de violencia en su casa o familia ¿Que acción tomaría?

	Si usted fuera víctima de alguna forma de violencia en su casa o familia		
	callaria	Le contaria a alguien	Denuncia los hechos (policia)	ayuda de otra institución o ONG
Si	0	10	14	10
No	15	6	0	5
Ns	0	0	2	1
Nr	1	0	0	0

Fuente: Elaboración propia de acuerdo a los datos recolectados mediante las encuestas

• Las causas de violencia más frecuentes en el hogar, según la percepción de las mujeres son: Con un 69% quitar la libertad, daños a bienes personales y amenazas; con un 75% la violencia sexual y las agresiones verbales; y con un 81% las agresiones físicas y el no aporte de la manutención de sus hijos.

•   En cuanto, a por qué creen que las mujeres que sufren algún tipo de violencia en su casa o familias no denuncian la situación o no piden ayuda, el 62% de ellas consideraron que era por miedo o represalias, el 13% por vergüenza y el 25% por la seguridad de sus hijos.

En conclusión y tras el análisis de los datos, podemos establecer que: 1. Debido al promedio de edad de las mujeres, de 48,9 años, la vereda de San Antonio está sufriendo un envejecimiento en su población, posiblemente por la migración de las personas más jóvenes a las zonas urbanas buscando mejores oportunidades para estudiar o trabajar, ocasionado un atraso en el desarrollo del territorio[37].

---

[37] Universidad Nacional de Colombia. (2015). *Envejecimiento de habitantes rurales, otro freno al desarrollo del campo*. Agencia de Noticias UN. Bogotá.

2. La gran mayoría de las mujeres conviven en un núcleo familiar del cual dependen de sus esposos o cónyuges, encargándose estos del mantenimiento económico del hogar, debido a un 75% de ellas los consideran como los jefes del hogar, ellos son los que toman las decisiones tanto económicas como las decisiones más relevantes dentro de la familia, y a su vez, el 88% de ellas tiene como oficio ser amas de casa, del cual no reciben una remuneración por su trabajo.

3. Las mujeres encuestadas reconocen que la violencia es un problema arraigado en la sociedad colombiana y que este trasciende al nivel familiar y del hogar.

4. Existen un gran desconocimiento acerca de la legislación sobre los temas de violencia de género y protección hacia la mujer, solo una de ella logró identificar la Ley 1761 del 2015 (en la cual se penaliza el feminicidio). Lo que podría evidenciar de que la gran mayoría de ellas no conocen los derechos de las cuales son titulares.

5. Muchas de las mujeres consideran que los factores causales de la violencia en el hogar y hacia las mujeres, son el consumo de alcohol y consumo de drogas. Sin embargo, tanto la falta de empleo como los problemas económicos, no fueron percibidos como motivos de violencia con la misma claridad que los primeros, percibiendo que las mujeres encuestadas tienen un desco-

nocimiento parcial sobre la violencia económica y patrimonial, este factor que también se ve evidenciado, en la ambigüedad de la cantidad de mujeres (31%) que No consideran como violencia los daños a los bienes personales. También hay que resaltar que la causal de las costumbre o tradiciones fue ampliamente señalada, vislumbraron que la violencia de género es un problema estructural de una sociedad machista.

Etapa de Programación

En esta segunda etapa de desarrollo, se comenzó sintetizando las conclusiones de la etapa anterior, donde se destacó que el desconocimiento en cuanto a derechos y la violencia económica, se constituyen como dos factores estructurales de la violencia de género, los cuales están presenten en ideario de las mujeres de la vereda de San Antonio.

Imagen 2:

Fuente: Tomada en la visita de socialización y construcción del proyecto con las mujeres de San Antonio. Archivo de Daniel López. 28 de marzo de 2018.

En consecuencia, se realizó un segundo viaje al territorio con el fin de comunicar nuestros resultados a la población y trazar conjuntamente y a partir del diálogo con la comunidad, una hoja de ruta para el diseño del proyecto de intervención.

Cuadro 4: Taller con las mujeres de San Antonio

Grupo	Desconocimiento de Derechos.	Violencia económica - proyecto productivo
#1	"Si creemos que unas clases nos ayudarían a saber qué hacer si alguien es víctima de esa violencia"	"Nosotras nos gustaría hacer una guerta casera porqué nos presta un beneficio propio"
#2	"la educación es lo más importante y sabemos a qué tenemos derecho no pasaran por encima de uno"	"Nos gustaría un proyecto de pollos blancos porque es algo muy viable, donde podemos estar en nuestros hogares donde estamos pendientes de la familia"
#3	"Pensamos que si sería bueno para nosotros ya que no conocemos bien cuales son nuestro derechos"	"Trabajo en el hogar, trabajo con pollos o gallinas, una ruta para comerciar el producto, creación de corrales"

Fuente: Elaboración propia basada en los anexos Lluvia de Ideas #1 y #2. realizados el 28 de marzo de 2018.

Este viaje se realizó del 26 al 28 de marzo de 2018. El primer día en el municipio, nos dedicamos a convocar a las mujeres para establecer el día de nuestra primera reunión. El 27 de marzo, en la Escuela Rural de San Antonio, presentamos y socializamos, a la comunidad, los resultados obtenidos en las encuestas y el proceso llevado hasta entonces, se destacó por parte de nosotros que el desconocimiento de los derechos y la violencia económica como dos grandes problemáticas detectadas en las encuestas; el 28 del mismo mes, se llevó a cabo la segunda reunión, que tenía como fin la construcción conjunta del proyecto, a través del diálogo entre las mujeres y nosotros como investigadores.

En consecuencia, en base a lo expuesto el día 27, se realizó un ejercicio con las mujeres, el cual nos ayudó a sintetizar y consolidar los aportes que tenían ellas frente al proyecto. Así, se dividieron a las mujeres en tres grupos de cuatro o cinco personas, cada uno de estos grupos fue acompañado por un de los investigadores, el objetivo era que las mujeres dialogaran entre sí los resultados y la problemática de violencia de género presentada, para que, desde su punto de vista y percepción se establecieran soluciones viables a partir de la construcción del proyecto conjuntamente. Como se observa en el *Cuadro 4,* estas fueron algunas las percepciones que se destacaron de cada grupo, respecto a las problemáticas resaltadas.

Con base a lo anterior, conjuntamente establecimos que se podría desarrollar el proyecto en dos etapas o ejes, las cuales, cada una respondería a dos problemáticas causales de violencia de género: el desconocimiento de derechos y la violencia económica. Estableciendo, así, que la primera etapa se podría está orientada hacia la subsanación del desconocimiento, a través, de la educación en derechos humanos, de la mujeres, de las instituciones que protegen estos derechos y de las hojas de ruta en caso de ser víctimas de este fenómenos; y como segunda etapa, la construcción de un proyecto productivo que pudiera reducir o acabar la dependencia económica que sufren las mujeres de la vereda frente a los hombres, de esta manera combatiendo la violencia de este tipo.

Imagen 3.

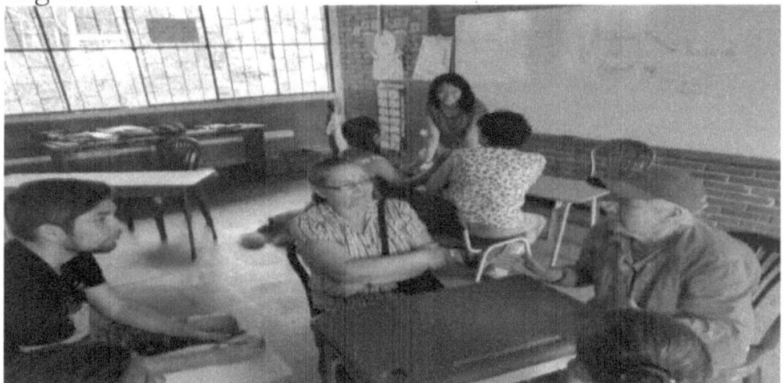

Fuente: Tomada en la visita de socialización y construcción del proyecto con las mujeres de San Antonio. Archivo de Daniel López. 28 de marzo de 2018.

En síntesis, durante esta etapa se buscó converger entre la teoría, de la cual, nosotros como investigadores habíamos construido a partir de los datos recolectados en las anteriores etapas, y la praxis, como la exposición de la teoría a la realidad fáctica, en este caso, la percepción que tenían las mujeres acerca del problema y cuales consideraban ellas que eran soluciones viables.

Etapa de Conclusiones y Propuestas: construcción del proyecto

Esta última etapa se encaminó en la construcción de un programa que integre una serie de propuestas concretas, basadas en las experiencias previas que se obtuvieron a lo largo de la investigación, en especial las obtenidas a través del diálogo con la población, lograda en la segunda etapa. Lo anterior se consolida en el Programa de Acción Integral (PAI), una herramienta que nos brinda el enfoque de IAP, en el cual se integran "todos los ámbitos y conjuntos de acción, articulando desde espacios comunes las diferentes políticas propuestas (y no al revés)"[38]. Por último, se desarrollarán dos ejes principales en los cuales se va a estructurar el proyecto, un eje educativo como herramienta para el empoderamiento de las mujeres en cuanto a sus derechos y del conocimiento de procedimientos e instituciones (en el cual se aplica el PAI, ver *Cuadro 5*); y un eje encaminado al desarrollo rural, el cual, se construirá un proyecto productivo que permita la independencia económica de las mujeres. Cabe destacar que este último eje del proyecto, no alcanzó a ser desa-

---

[38] .Martí, J. (2002). la investigación - acción participativa. estructura y fases. Universidad Complutense de Madrid. Recuperado de: http://www.redcimas.org/wordpress/wp-content/uploads/2012/08/m_JMarti_IAPFASES.pdf

rrollado por nosotros, sin embargo, como el proyecto se está realizado bajo el marco del semillero de Investigación Conflicto, Historia y Acción Humanitaria, serán otros estudiantes sucesores de este proyecto quienes lo apliquen.

Primer eje: La educación como camino para el empoderamiento

Entre la causa principal para que se sustente la violencia de género en los ámbitos intrafamiliares y de pareja, es la falta de visibilización de la violencia a la que es sometida la mujer. En la mayoría de casos esta visibilización se hace por medio de las denuncias del agresor ante alguna institución, sin embargo, esta no llega a realizarse ya sea por miedo a represalias, por dependencia económica, normalización de la violencia o falta de conocimiento y confianza ante las instituciones principalmente estatales[39] . Por lo que una forma de "devolverles el control de sus vidas" -según la perspectiva de género- a las mujeres víctimas de violencia de género, es lograr que estas tengan conocimiento de sus derechos y los procedimientos a seguir ante las instituciones en caso de ser víctimas de violencia. En concordancia, la formación de la comunidad en temas como: a.) derechos humanos, b.) derechos de la mujer, b.) procedimientos a seguir en caso de violencia y d.)

---

[39]   Labrador, C. (2016). Empoderamiento de Mujeres Supervivientes de Violencia de Género. Universidad de Cádiz. Facultad de Ciencias de la Educación.

¿cuáles son las funciones de las instituciones estatales en cuanto a violencia de género?, sería una herramienta ideal para que las mujeres de la vereda de San Antonio logren empoderarse.

Cuadro 5: El paso de los temas sensibles a los integrales en el PAI

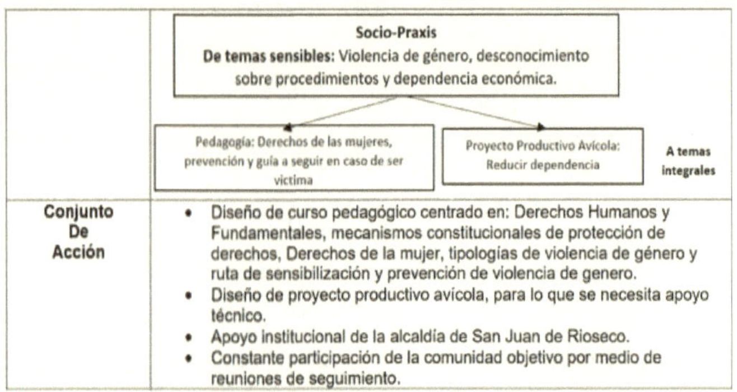

Fuente: Elaboración propia. Basado en, Martí, J. (2002). la investigación - acción participativa. estructura y fases. pág 21.

Para concretar dichas propuestas y basándonos en la visita de socialización y construcción del proyecto con las mujeres, se ha diseñado el "Proyecto Educativo para el empoderamiento de la mujer rural en el municipio de San Juan de Rioseco" en el que se articulen los temas sensibles (problemática) de la población con los temas integrales (propuestas acordadas) por medio de la pedagogía, aplicando el Programa de Acción Integral (PAI).

Cuadro 6: Programa de Acción Integral. Programación del proyecto Educativo que se le dictara a las mujeres

Trabajo Centrado en temas Sensibles (curso) Dirigido a las mujeres	Sesiones programadas
Promover el conocimiento de todos los Derechos humanos y fundamentales de la Constitución Política de Colombia, para contribuir al desarrollo de la comunidad, propiciando la plena participación ciudadana y empoderamiento de las mujeres.	**I Sesión** **Duración**: 2 a 3 horas aproximadamente. **Tema:** Derechos Humanos y Derechos Fundamentales
Dar a la comunidad la información acerca de los mecanismos constitucionales que posee el Estado, para la protección de los derechos fundamentales	**II Sesión** **Duración**: 2 a 3 horas aproximadamente. **Tema:** Los mecanismos constitucionales que protegen los Derechos fundamentales
Abordar las causas y las tipologías de violencia de género.	**III Sesión** **Duración**: 2 a 3 horas aproximadamente. **Tema:** Acercamiento a los derechos de las mujeres y la violencia de género.
Generar conocimientos relacionados con las acciones pertinentes a tomar en caso de ser víctima o frente a un caso conocido de violencia de género, la sensibilización y la prevención frente a esta problemática.	**IV Sesión** **Duración**: 2 a 3 horas aproximadamente. **Tema:** Ruta de sensibilización y prevención.

Fuente: Elaboración propia. Basado en, Martí, J. (2002). la investigación - acción participativa. estructura y fases. pág 21

Imagen 4.

Fuente: Tomada en la la visita de socialización y construcción del proyecto con las mujeres de San Antonio. Archivo de Daniel López. 28 de Marzo de 2018.

RESULTADOS

• La construcción de las clases socializadas con las mujeres, permitió abordar los temas a través de una metodología flexible, como es el IAP, en la cual las mujeres expresan sus temas de mayor interés. Esta forma permite que las mujeres empleen los saberes adquiridos en situaciones cotidianas. De esta manera se puede identificar un posible empleo de los conocimientos en situaciones futuras.

• Los temas tratados en las charlas si respondieron a las necesidades de la comunidad. Se presenció un desconocimiento en la mayoría de los temas a tratar, acompañado de un gran interés por los conocimientos adquiridos, en especial aquellos relacionados con los mecanismos de protección de los Derechos Humanos.

• Se pudo observar que existen falencias en el aprendizaje de algunas mujeres, ya que no cuentan con las herramientas básicas (como leer y escribir). Esta puede ser una posible obstrucción para el acceso a los mecanismos impartidos en las clases.

• Las respuestas de las mujeres frente a las charlas a pesar de tener algunas falencias mencionadas anteriormente demostraron el interés que estas tienen por saber los temas a tratar ya que estos son presentes en el diario vivir de la vereda San Antonio y en el municipio como tal.

• Las mujeres encontraron que las problemáticas que viven a diario tienen solución y se comprometieron a hacer valer sus derechos en pro del bienestar individual y colectivo de la comunidad.

CONCLUSIONES Y RECOMENDACIONES

Este proceso de empoderamiento de las mujeres de San Antonio, condensado un proyecto que giran en torno a dos ejes fundamentales que son la educación y un proyecto productivo, responde a las necesidades actuales que presenta no solo nuestro país, sino el mundo en general. La violencia de género, el empoderamiento de las mujeres y la equidad de género son temas que han venido emergiendo en la agenda internacional, adquiriendo una gran notoriedad, la cual se ha traducido en el desarrollo de múltiples trabajos, proyectos y estudios que buscan redimir el papel y el rol de la mujer en la sociedad.

Por esto, la construcción de proyectos relacionados con el tema, que surgen a partir de las iniciativas de la sociedad civil o de la academia, aportan en gran medida a esclarecimiento de las dificultades y obstáculos, que aún hoy, enfrentan los temas de género.

El diseño y estructuración de nuestro proyecto, se enmarco en la participación activa de la población "objeto", para que, de la mano de esta, se lograr transformar la realidad. Si bien, el objetivo principal de nuestro, de empoderar a las mujeres se cumple parcialmente, debido a que solo se alcanzó a realizar el primer eje del proyecto y la medición del impacto de esta, junto con el desarrollo del segundo eje, será desarrollada por nuestros predecesores, es importante recalcar que se logró construir una experiencia enriquecedora entre la población y nosotros como investigadores, la cual, servirá como semilla de transformación social tanto para ellos como para nosotros.

BIBLIOGRAFÍA

Asamblea General de la Naciones Unidas, (1979). Convención sobre la eliminación de todas las formas de discriminación contra la mujer. Declaración 48/104.

Caicedo, C. (2005). Lucha contra la violencia intrafamiliar: perspectivas desde la experiencia colombiana. Recuperado de: http://www.cifedhop.org/Fr/Publications/Thematique/themati que13/Caicedo.pdf

Calderón, J. y López, D. (2013) Orlando Fals Borda y la investigación acción participativa: aportes en el proceso de formación para la transformación. Centro Cultural de la Cooperación Floreal Gorini. ISSN: 2347-016X. Buenos Aires

CEPAL. (1996). violencia de género: un problema de derechos humanos. Serie Mujer y Desarrollo 16. Recuperado de: https://www.cepal.org/mujer/noticias/paginas/3/27403/violen ciadegenero.pdf

CEPAL. (2016). Agenda 2030 y los Objetivos de Desarrollo Sostenible Una oportunidad para América Latina y el Caribe. Naciones Unidas. Santiago de Chile.

DANE, (2005). Boletín, Censo general San Juan de Rioseco – Cundinamarca. Recuperado de: https://www.dane.gov.co/files/censo2005/perfiles/cundinamar ca/san_juan_de_rio_seco.pdf.

Delgado,J. (2014). Diario Occidente: Sangre negra el vengador despiadado.

Recuperado de: http://occidente.co/sangrenegra-el-vengador-despiadado/

De Alencar & Cantera. (2012). Violencia de Género en la Pareja: Una Revisión Teórica. PSICO, 43, (1), 116-126.

Fundación Mujeres. (s.f.). Fórmulas temáticas para la igualdad n°5, violencia de genero. Maletincoeducacion. Recuperado de: http://www.fundacionmujeres.es/maletincoeducacion/pdf/CU AD5horiz.pdf

Gelvez, M. (2015). San Juan de Rioseco: historias de guerra y reconciliación. Recuperado de: https://repository.javeriana.edu.co/handle/10554/20055

Gobernación de Cundinamarca. (2016). Diagnóstico mujer y género: departamento de Cundinamarca. Gobernación de Cun-

dinamarca. Recuperado de:
http://www.cundinamarca.gov.co/wcm/connect/f6ac75ad-
0e3a-4213-81a7-883bbc05219a/6.+Anexo+6.2+-
+DIAGNOSTICO+MUJER+Y+GENERO+%281%29.pdf?
MOD=AJPERES&CVID=llg4kkH
Instituto Nacional de Medicina Legal y Ciencias Forenses,
(2013) Exámenes medico legales por presunto delito sexual, Colombia. Recuperado de:
http://www.medicinalegal.gov.co/documents/20143/49511/Ex
amen+Medicolegal+Por+Presunto+Delito+Sexual.pdf
Instituto Nacional de Medicina Legal y Ciencias Forenses,
(2017). Boletín Epidemiológico: Violencia de género en Colombia análisis comparativo de las cifras de los años 2014, 2015 y
2016 – Medicina Legal. Recuperado de:
http://www.medicinalegal.gov.co/documents/20143/57985/Vi
olen-
cia+de+G%C3%A9nero+en+Colombia.+An%C3%A1lisis+co
mparati-
vo+de+las+cifras+de+los+a%C3%B1os+2014%2C+2015+y+
2016.pdf
Junta de Andalucía. (s.f.). Violencia de genero documentación
red ciudadana. Folleto. Recuperado de.
http://www.juntadeandalucia.es/export/drupaljda/Violencia_G
enero_Documentacion_Red_Ciudadana_folleto.pdf
Labrador, C. (2016). Empoderamiento de Mujeres Supervivientes de Violencia de Género. Universidad de Cádiz. Facultad de
Ciencias de la Educación.
Lavilla, S. Gaspar, A. Jimeno, A. y Boira, S. (2011). perspectivas
psicológicas de la violencia de género. Documento Técnico n°3.
Instituto aragonés de la Mujer. Recuperado de:
http://aragon.es/estaticos/GobiernoAragon/Organismos/Insti
tutoAragonesMu-
jer/Documentos/perspectivas%20psicologicas.pdf
Ley 1257 de 2008. Por la cual se dictan normas de sensibilización, prevención y sanción de formas de violencia y discrimina-

ción contra las mujeres, se reforman los Códigos Penal, de Procedimiento Penal, la Ley 294 de 1996 y se dictan otras disposiciones. Congreso de la República de Colombia. Diciembre 04.

Martí, J. (2002). la investigación - acción participativa. estructura y fases. Universidad Complutense de Madrid. Recuperado de: http://www.redcimas.org/wordpress/wp-content/uploads/2012/08/m_JMarti_IAPFASES.pdf

Rico, N. (1996). Violencia de género. Un problema de derechos humanos. CEPAL. Recuperado de: https://www.cepal.org/mujer/noticias/paginas/3/27403/violenciadegenero.pdf

OIT. (2015). Fortalecimiento del desarrollo local en las zonas rurales mediante cooperativas y otras empresas y organizaciones de la economía social y solidaria. Recuperado de: http://ilo.org/wcmsp5/groups/public/---ed_emp/---emp_policy/documents/publication/wcms_437229.pdf

OMS, (29 de noviembre 2017). Violencia contra la mujer. Organización Mundial de la Salud. Recuperado de: http://www.who.int/mediacentre/factsheets/fs239/es/

ONU mujeres (2 de mayo, 2018). Hechos y cifras: Acabar con la violencia contra mujeres y niñas. ONU Mujeres. Recuperado de: http://www.unwomen.org/es/what-we-do/ending-violence-against-women/facts-and-figures

Sánchez, M. (s.f.) Violencia económica y patrimonial: Una aproximación a través de la atención en los municipios de Riohacha, Buenaventura y el Distrito de Cartagena. Equidad Mujer Presidencia de la República.

Sivigila, (2018). Base de datos de violencia intrafamiliar. Alcaldía de San Juan de Rioseco.

Universidad Nacional de Colombia. (2015). *Envejecimiento de habitantes rurales, otro freno al desarrollo del campo.* Agencia de Noticias UN. Bogota

LA EDUCACIÓN COMO INSTRUMENTO DE DESARROLLO. Experiencias en la implementación de programas del MINTIC.

Daniela Romero Martínez
Laura Díaz Orozco[40].

INTRODUCCIÓN

En los procesos de aprendizaje alrededor del mundo se evidencia el uso de las Tecnologías de Información y Comunicación (TIC) como una caja de herramientas que permite acceder al conocimiento e información de forma simultánea y prácticamente infinita. Su acceso y uso son cada vez mayor, modificando los estilos de

---

[40] Profesionales en Relaciones Internacionales. Investigadoras proyecto: Vita Activa. Semillero Conflicto, Historia y Acción Humanitaria- CHYAH. Universidad de San Buenaventura. Facultad de Ciencias Jurídicas y Políticas. Bogotá. 2017-2018.

vida, adquiriendo un significado importante en la búsqueda de optimizar el tiempo, un recurso costoso y escaso, al que se le suma la distancia como una limitante histórica en los procesos de desarrollo.

En la actualidad, las metodologías docentes tradicionales no satisfacen la velocidad de aprendizaje que presentan los estudiantes, debido a la facilidad que ellos tienen para acceder a información por otros medios. El docente ya no es el encargado de ser la fuente principal de conocimiento y es por este motivo, que su rol evoluciona y se convierte en el de guía para acceder a nuevos contenidos o referencias. El docente, por lo tanto, entra a hacer parte de un proceso de autoaprendizaje y capacitación, haciendo de su metodología de enseñanza un complemento al aprendizaje autónomo con el que cuenta cada estudiante.

A partir de esto como estudiantes de Relaciones Internacionales con énfasis en cooperación internacional, enfocamos nuestro proyecto en proporcionar cooperación técnica en torno a la investigación y gestión del uso de las TIC´S, focalizándose en una población marginada de Colombia por factores como el abandono del gobierno y las múltiples secuelas que dejaron el conflicto armado en un municipio de San Juan de Rioseco, departamento de Cundinamarca.

Fue una prueba piloto desarrollada en la catedra de acción humanitaria en el primer semestre del año 2017 la que creo el interés y la creación del semillero mostrando la situación de un municipio cercano a la capital de la republica que, a pesar de dicha cercanía, padecía una marcado retraso y desconocimiento de herramientas tecnológicas que para nosotros son comunes e importantes para el desarrollo cognitivo y el acceso a la información.

Por ello, iniciamos delimitando a la población infantil tanto en el área rural como en veredas. Con la finalidad de ofrecerles a través de herramientas, capacitaciones y talleres un mejor uso de las mismas para generar a futuro un mayor desarrollo en la región, este proyecto busca también la colaboración de la alcaldía municipal y a su vez un trabajo conjunto con una ONG especializada en la materia.

Las condiciones del mundo actual, así como las necesidades, espacios y recursos que se requieren para la formación de las personas, deben hacer parte de las agendas públicas de los gobiernos, las instituciones educativas y la sociedad civil para realizar procesos que permitan innovar en la forma en que la información llega a las personas, se aumenta su cobertura, se generan contenidos de acuerdo a los contextos para que, con procesos de aprendizaje y nuevos canales de comunicación e interacción, se logre reducir la brecha digital para impulsar el acceso a la información y el aprendizaje de las personas.

METODOLOGÍA

a)   Diseño

Se utilizan métodos de la investigación de tipo descriptivo y de IAP, que se realizan a través de una metodología participativa de la comunidad. Para abordar este trabajo se utilizan métodos cualitativos combinados tanto para la obtención de la información como para su procesamiento.

Como resultado se produce una metodología que se puede aplicar en el futuro y que convierte el trabajo en un tipo de investigación aplicada y de desarrollo, ya que contribuye a lograr que la intervención comunitaria parta de diseños concebidos científicamente.

b) Población y muestra

Para la elaboración de este proyecto se tomó como muestra poblacional San Juan de Rioseco un municipio de Cundinamarca, ubicado al occidente del departamento, a tan sólo 90 kilómetros de Bogotá.

Se asienta sobre la vertiente occidental de la cordillera de Los Andes, y sus suelos son en su mayoría cálidos y templados, con temperaturas que oscilan entre los 20°C y 32°C. Las principales actividades comerciales y económicas del municipio son la ganadería y la agricultura, siendo sus principales productos el café, piña, plátano, caucho natural, caña de azúcar, guayaba, mango, naranja y otras frutas y verduras de clima cálido.

Para el diseño de este proyecto, fue necesario trabajar por una temporalidad de 4 semestres y fueron necesarias al menos 4 visitas para la recolección de la información. Como unidad de análisis utilizamos una muestra de la población, específicamente mujeres entre las edades de entre los 30-48 años, con un nivel de análisis investigativo de tipo causalidad, con método cualitativo a través de encuestas a la población para la recolección de datos

CONTENIDO
Aproximaciones sobre el concepto y la labor del Internacionalista
Es clave entender que las Relaciones Internacionales al pertenecer al campo social dentro de sus ámbitos de acción, deben tomar como esenciales los problemas que emergen de ámbito social que afectan a las comunidades y Estados alrededor del mundo.

En esto, la cooperación y la generación de proyectos cumplen con la función de crear estructuras en pro de satisfacer los intereses y objetivos de las comunidades, buscando así desarrollar mecanismos y herramientas eficaces para la generación de proyectos de intervención, los cuales contribuyan al incentivo de planificaciones estratégicas en torno al desarrollo y avance de capacidades tanto en el territorio local como en el nacional, con el objetivo de crear un marco para que se dé un bienestar social.

En los procesos de aprendizaje alrededor del mundo se evidencia el uso de las Tecnologías de Información y Comunicación (TIC´S) como una caja de herramientas que permite acceder al conocimiento e información de forma simultánea y prácticamente infinita. Su acceso y uso son cada vez mayor, modificando los estilos de vida, adquiriendo un significado importante en la búsqueda de optimizar el tiempo, un recurso costoso y escaso, al que se le suma la distancia como una limitante histórica en los procesos de desarrollo.

El proyecto busca establecer un diagnóstico para generar alternativas de desarrollo sostenible en el municipio de San Juan de Rioseco, por medio de herramientas de capacitación, crecimiento, gestión a través de la Alcaldía Municipal para facilitar y mejorar el uso de las TICS en los colegios de la zona rural y las veredas. Además, el presente proyecto consiste en proporcionar cooperación técnica en torno a la investigación y gestión del uso de las TIC en el municipio de San Juan de Rioseco, delimitando a la población infantil tanto en el área rural como en vereda. Esto les permitirá un mejor uso de las mismas para generar a futuro un mayor desarrollo en la región.

A partir de un método de extrospección en donde se plantea un análisis de los esquemas individuales de la población sin categorizar los niveles de vida en la que se encuentran, para otorgar resultados positivos en la comunidad.

Por lo cual se pretende ejecutar un programa que se enfoque en el mejoramiento y acercamiento al uso de las TICS en los colegios del Municipio, a través de capacitaciones del buen uso de estas.

Fases del proyecto
El proyecto se desarrolló en las siguientes fases:

• Análisis del acceso a tecnologías de información y comunicación (TIC) en los colegios del Municipio a través de trabajo de campo y recolección de datos.

• Proceso de diálogo y socialización acerca de los resultados obtenidos con el objetivo de idear las posibles soluciones a las brechas existentes que limitan el acceso de los colegios a las TIC.

• Gestionar y llevar a cabo el programa creado como resultado del análisis anterior.

Los diferentes espacios estuvieron propuestos por la Universidad de San Buenaventura sede Bogotá, como la Alcaldía del Municipio de San Juan de Rioseco, los cuales otorgan recursos financieros y técnicos que permitan el mejoramiento y la capacitación de el buen uso de las TIC; esto a largo plazo generará un avance en las condiciones de vida que afronta la población infantil en esta zona del país

Los actores involucrados podrán ser partícipes de capacitaciones en pro de adquirir conocimientos que fundamenten el desarrollo de técnicas más efectivas en el buen uso de estas herramientas, además de verificar si el uso de las TIC llevarán a otorgar mejoras en la calidad de vida de los niños, además se incentivaran capacitaciones permitan una alfabetización digital con la cual la población no solo se contará como parte del aumento cuantitativo de la ruptura de la brecha digital, sino que esta se empoderará de la tecnología para lograr un uso de esta como herramienta de aprendizaje y trabajo cotidiano.

El propósito central fue involucrar a los colegios y a las familias del Municipio con el desarrollo de nuevas tecnologías y el buen uso de estas que incentiven y obtengan un valor agregado para un mejoramiento en el desarrollo social y productivo de la comunidad.

Desarrollo

En el desarrollo de nuestro proyecto, se buscó la colaboración para un trabajo en conjunto con el Ministerio De las TIC en Colombia a través del programa Vive Digital.

La implementación y la efectividad con la cual se han venido desarrollando las políticas del programa VIVE DIGITAL en el Departamento de Cundinamarca, haciendo énfasis en el Municipio de San Juan de Rioseco".

La Dirección de Infraestructura del Ministerio de Tecnologías de la Información y las Comunicaciones tiene por objeto permitir que las zonas apartadas y los estratos bajos del país se beneficien con las tecnologías de la información y las telecomunicaciones como son la telefonía rural y el servicio de internet.

La ejecución de la política de telecomunicaciones sociales se realiza a través de recursos de fomento, con los que se incentiva a los operadores a prestar servicios en las regiones apartadas y en los estratos bajos del país.

La Dirección de Infraestructura estructura los proyectos a través de procesos licitatorios reglados por el Estatuto General de Contratación (Ley 80 de 1993, Ley 1150 de 2007, Ley 1474 de 2011 y demás normas concordantes), para la adjudicación de Contratos de Aporte, para la prestación brindar acceso a las TIC a la población de las zonas rurales y apartadas del país.

En el marco del Plan Vive Digital, la Dirección de Infraestructura desarrolló varios proyectos para facilitar el acceso a las tecnologías de la información y las comunicaciones en comunidades de escasos recursos. Entre estos se encuentran proyectos de infraestructura como el Proyecto Nacional de Fibra Óptica, estrategias de acceso comunitario a Internet como lo son el Proyecto Puntos Vive Digital y el Proyecto de acceso a las TIC en zonas rurales y/o apartadas y planes de masificación de Internet banda Ancha como Conexiones Digitales Redes de Acceso de Última Milla.

Colombia es un país con grandes diferencias frente al acceso a servicios públicos, la infraestructura, conectividad, nivel de ingresos entre territorios urbanos y rurales. La distribución de sus habitantes por área geográfica sitúa el 76.7% en cabecera y el 23.3% en resto, con un Producto Bruto per Cápita de $ 14.018.733 pesos (World Factbook. 2015). Con una tasa de alfabetización de 94,25% en que la edad de mayor alfabetización es entre los 15 a 24 años con un 98.53% y menor entre 65 y más con el 80,28% (Instituto estadístico de la UNESCO. 2015). La población total del país es de 49.291.609 habitantes, proyectado al 30 de junio de 2017.

Aunque el país posee una gran cantidad de recursos para el desarrollo y el bienestar de sus habitantes, Colombia es uno de los países más desiguales de la región. A través del coeficiente de Gini, un indicador de desigualdad utilizado para conocer las condiciones desigualdad de un país permitiendo compararlo con otros, toma los valores entre 0 y 1, cuando se aproxima al 0 señala que los individuos reciben el mismo ingreso, 1 que sólo un individuo tiene todo el ingreso, que se estima a partir de la Curva de Lorenz entre la proporción de ingreso y número de habitantes. (Medina. 2001). El DANE (2016) A nivel nacional para 2015 registro 0,522, Cabecera 0.514 y centros poblados y rural disperso 0.463. Ubicando al país como el segundo más desigual de América Latina y séptimo a nivel global (Mundial, 2017) (Banco Mundial. 2017)

Tabla N°1.

MUNICIPIO	TIPO BENEFICIARIO	EJECUTOR	DIRECCIÓN	FASE
SAN JUAN DE RIOSECO	INSTITUCIÓN EDUCATIVA	GOBERNACIÓN DE CUNDINAMARCA	I.E. Departamental San Juan De Rioceco ; Centro	PLUS FASE 2
SAN JUAN DE RIOSECO	INDEPENDIENTE - ALCALDÍA	ALCALDÍA DE SAN JUAN DE RIOSECO	Plaza de mercado Paratebueno Cundinamarca Kra 5 #5A-24	FASE 1 ETAPA 2

Fuente: MIN TIC. (2017). Boletín trimestral de las TIC primer trimestre de 2017. Recuperado de https://colombiatic.mintic.gov.co/602/articles-55212_archivo_pdf.pdf

En la actualidad la totalidad de instituciones a beneficiar a través de este proyecto ya ha sido definida, es así como se ha establecido que las instituciones a beneficiar en el municipio de San Juan de Rioseco son:

Para lograr la meta establecida en el Plan Nacional de Desarrollo respecto a este proyecto, a saber, la instalación de 800 PVD, se desarrollaron varias fases de implementación, siguiendo un modelo de demanda, con el objetivo de empoderar a los municipios en la ejecución del proyecto.

En el marco de este proyecto se instalaron Puntos Vive Digital tradicionales, a través de los cuales las comunidades pueden acceder al servicio de Internet, opciones de entretenimiento alternativas y capacitaciones básicas en TIC, y Puntos Vive Digital Plus, los cuales incorporan al modelo tradicional de Puntos Vive Digital algunas características y componentes adicionales que además de garantizar el acceso a las TIC, crean espacios innovadores para que la población estudiantil y la comunidad generen competencias en el desarrollo de software, aplicaciones, animación y producción de contenidos, con el fin de alcanzar un mayor impacto en el desarrollo de la región gracias a la mediación de las TIC.

En la actualidad el país cuenta con 908 Puntos Vive digital instalado, siendo el municipio de San Juan de

Rioseco, beneficiario de 2 puntos Vive Digital (1 tradicional y 1 plus).

El Proyecto de Acceso a las TIC en Zonas Rurales y/o Apartadas tiene como propósito llevar a cabo la instalación de Kioscos Vive Digital en las zonas rurales y apartadas del país que no cuentan con centros de acceso comunitario a Internet.

Como resultado de la implementación de la fase 1 del proyecto, en la actualidad existen 1024 Kioscos Vive Digital operativos en el país, los cuales brindan los servicios de Internet, telefonía y capacitaciones básicas en TIC a los habitantes de las zonas beneficiadas.

Tabla N°2

Municipio	Nombre Institución	Sede	DANE Institución	Tipo de IP
SAN JUAN DE RIO SECO	BIBLIOTECA PUBLICA MUNICIPAL	BIBLIOTECA PUBLICA MUNICIPAL DE SAN JUAN DE RIOSECO	25683111000	BIBLIOTECA
SAN JUAN DE RIO SECO	E.S.E HOSPITAL SAN VICENTE DE PAUL	N/A	2568200061	SALUD

Fuente: MIN TIC. (2017). Boletín trimestral de las TIC primer trimestre de 2017. Recuperado de https://colombiatic.mintic.gov.co/602/articles-55212_archivo_pdf.pdf

De igual manera, con el fin de beneficiar tanto a la comunidad en general como a la comunidad educativa, se ha desarrollado la fase 2 del proyecto Kioscos Vive Digital, en el marco de la cual se instalaron Kioscos Vive Digital principalmente en parques naturales, batallones militares, comunidades indígenas y afro y en las aulas de informática de establecimientos y sedes educativas rurales en cuyas localidades no existan establecimientos de acceso público a Internet de cualquier otro tipo (público, privado, ONGs, etc.) y que garanticen el acceso de la comunidad a dichos espacios en contra jornada.

De esta forma, docentes y estudiantes se beneficiarán hasta por tres (3) años del servicio gratuito de conectividad a Internet, en horario extracurricular, los habitantes de estas localidades podrán acceder a los servicios ofertados y a talleres innovadores para lograr la inclusión digital de niños, jóvenes y adultos de todas las edades.

Resultados
El primer instrumento que se ejecutó fue una encuesta de elección múltiple. Se escogió porque la intención era hacer un sondeo en la población que arroja datos concretos sobre el uso de las TIC´S. Por medio de este instrumento se pudo recoger información precisa sobre el conocimiento y uso de las tecnologías de la información por parte de la población de San Juan de Rioseco. Este método de evaluación sociológico nos permitió demarcar el área del conocimiento sobre el que necesitábamos noticia, además de darnos datos exactos.

En la primera parte del proceso de recolección de datos nos reunimos con el alcalde para plantearle el proyecto de intervención de la población. Seguidamente nos reunimos en la escuela rural con un grupo de doce mujeres entre los treinta y cuarenta y ocho años, a quienes se les realizó una encuesta de treinta y cuatro preguntas donde se busca información general como edad, estrato social, nivel educativo, etc., y también preguntas concretas alrededor de las TIC´S, el internet, su uso, los medios de comunicación a los que tienen acceso y sus hábitos alrededor de la tecnología.

De acuerdo a los datos arrojados en esta intervención, se ha planteado la posterior realización de un taller en el que la intención es instruir en el uso del internet y distintas tecnologías, enfocándose en que su utilización sea útil para las necesidades demográficas, para así contribuir al desarrollo de los objetivos de aumento de la calidad de vida, promoción del acceso digital y desarrollo de competencias digitales.

Analizando los datos arrojados por la encuesta, se puede intuir que la mayoría de las respuestas apuntaban hacia el desconocimiento de los usos tecnológicos, la imposibilidad de acceder a internet y a otros instrumentos, e inclusive, en los pocos casos en que se tenía acercamiento a estos medios, se contrasta con la desinformación acerca de las utilidades que pueden traer para el mejoramiento de la calidad de vida.

Se puede evidenciar claramente como ningún hogar tiene acceso a internet ni a televisión privada y solamente dos tienen telefonía. Ante la ausencia de internet se manifiesta cinco personas no saben usarlo y otras cuatro personas expresan que no lo consideran necesario. También se evidenció que ninguno tiene acceso a aparatos tecnológicos como computador de escritorio o portátil, tabletas, televisión inteligente o consolas de videojuegos. El único aparato al que tienen acceso es a teléfonos inteligentes y solamente la mitad de la población. También se manifiesta la escasez de puntos de acceso a internet en la zona, además de la voluntad de utilizar estos medios, si se facilitan lugares a través de los cuales se puedan conectar.

Ante los resultados negativos de las primeras preguntas, se dificulta la profundización de la encuesta en términos específicos sobre tecnología. Sin embargo, esto es una muestra también de la necesidad de ahondar en la promoción de los puntos de acceso digital y la educación y orientación en competencias digitales.

Los datos que se extrajeron del uso de este instrumento presentan varios puntos que se encuentran relacionados: en primer lugar, una gran dificultad de acceso a los medios, y sobre todo, un desconocimiento total del buen uso y el provecho que pueden sacar de la tecnología. En segundo lugar, una falta de alfabetización en el ámbito tecnológico por parte de la población femenina. Todo el análisis apunta hacia la necesidad de la implementación de tecnologías y puntos de acceso para la población, pero, sobre todo, de la necesidad de educación y orientación respecto del tema.

Discusión

Los datos que se extraen de la encuesta son lamentables y sorprenden en todo aspecto. Desde la ausencia casi que total de aparatos tecnológicos en la población y de puntos de acceso a internet, hasta el desconocimiento y menosprecio por estos medios de comunicación. En general invitan a cuestionarse acerca de qué tan arraigada está la tecnología en las zonas rurales de nuestro país, las cuales son en realidad la mayoría del territorio nacional.

Los resultados que arrojaron los instrumentos y la experiencia propia de lo que se pudo percibir al visitar San Juan de Rioseco, nos demuestran la extrema necesidad de conectar esta población. Parece increíble que, en este momento de la historia, existan todavía poblaciones con tan escaso acceso a internet y otros medios de comunicación, a través de los cuales gira el mundo prácticamente. La tecnología y el avance técnico han sido fundamentales durante los últimos años en la mejora de la calidad de vida de los pueblos. Aunque en la ciudad el acceso a estos instrumentos es algo cotidiano en estas zonas implica un lujo y podría marcar incluso la diferencia entre una vida sumida en la pobreza y el progreso de un territorio. La educación en la actualidad se ha transformado, las posibilidades de acceso a la información son casi que infinitas, por lo que cada vez la enseñanza es más un proceso de acompañamiento, a través del cual el maestro guía al estudiante en su búsqueda de conocimiento. Para que esto se presente, no basta solo con acceso a bibliotecas y otros materiales, es necesario la entrada a internet y por supuesto, la disponibilidad de dispositivos que permitan la navegación.

La información que puede adquirir un campesino en zona rural, sobre cómo mejorar sus métodos de trabajo, sea en el campo de la agricultura, la ganadería, la piscicultura, etc., puede significar un progreso considerable en su labor, sus ganancias y su calidad de vida. En lugares tan remotos como San Juan de Rioseco, donde el número de habitantes es tan reducido y los recursos tan escasos, el internet puede ser la única diferencia entre la ignorancia y la educación. El buen uso de la red otorga conocimiento, y el conocimiento es la base para cualquier intención de avanzar.

A través del internet los campesinos pueden adquirir conocimientos sobre el precio real de sus productos, información meteorológica que aumentaría su producción y les ayudaría a evitar riesgos y emergencias.

En un artículo de la revista Dinero se hace expresa la necesidad de la tecnología para la inclusión social. Resulta interesante ver como la incapacidad para acceder a la tecnología es un punto determinante de la exclusión social. En el artículo se hace énfasis en que la tecnología es una fuerza que impulsa la transformación de las sociedades: "No es exagerado decir que la tecnología, donde quiera que nace y se aplica, es el motor de los cambios sociales más importantes en nuestras sociedades, desde la invención de la máquina de vapor hasta la globalización de internet, vemos la transformación de las relaciones de las personas como individuos, trabajadores, inversionistas, patrones e infinidad de papeles que la misma tecnología va haciendo posibles" (Dinero, 2006). En este sentido, si alguna población carece del acceso a la tecnología, también carece de una cantidad importante de oportunidades, es, ante todo, una población relegada, una población *excluida*.

En este sentido, cerrar la brecha tecnológica es también cerrar la brecha social: "Cerrar la brecha real también implica cambiar el panorama que muchas comunidades han visto por años. Es abrirles el panorama de sus capacidades y ponerlos a soñar con alternativas de vida. Un niño frente a un computador y con la posibilidad de conectarse a internet mira el mundo diferente, se abre su perspectiva y se hace consciente de que tiene mucho por conocer y hacer" (Dinero,

2006). Es claro que un joven que se enfrenta al mundo sin ninguna de estas herramientas, está en desventaja respecto de los que, si las tienen, es por ello que esto contribuye a la desigualdad y al aumento de la brecha social. Es innegable que la tecnología en la actualidad es parte fundamental de la fuerza que transforma las sociedades y mejora los niveles de vida.

Si reflexionamos acerca de esto se hace muy evidente que la necesidad va orientada no solamente a la adquisición de elementos tecnológicos, sino que también es fundamental que se fortalezcan las competencias digitales, para que el uso de estas herramientas supere el simple entretenimiento y sirva como base del progreso.

Además, la educación a distancia en sitios oficiales como el SENA, la UNAD y demás programas de este tipo, deberían buscar su fortalecimiento a través de lugares como este, en el que el acceso a programas escolares, técnicos y universitarios no es sencillo, debido a la ausencia de instituciones y a la lejanía de centros urbanos donde adquirir educación.

Sabemos también que hay programas del gobierno enfocados a la apertura de distintas poblaciones hacia las TIC´S, sin embargo, creemos que puntos marginados y con secuelas del conflicto armado, deberían tener prioridad sobre sus necesidades. En primer lugar, deben crearse redes de acceso, evidentemente gratuitas debido a la escasez de recursos en la región, y además la realización de talleres que respondan a las necesidades de la población, en el que se brinden herramientas y capacitaciones para el uso adecuado de las TIC´S, pensando en el desarrollo y progreso de la zona.

En la siguiente gráfica se puede apreciar el constante desarrollo del plan de cobertura que se ha planteado el gobierno, sin embargo, haciendo el análisis de los resultados que recientemente hemos hecho, se puede apreciar que aún existen poblaciones que no se han tomado consideración.

Imagen. N°. 1. Boletín trimestral de las TIC primer trimestre de 2017.

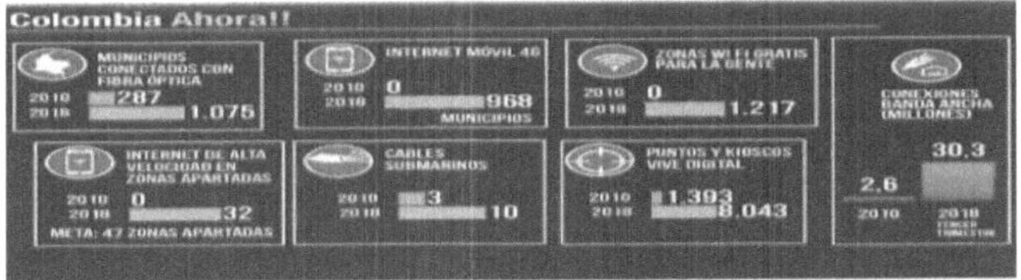

Fuente: MIN TIC. (2017). Boletín trimestral de las TIC primer trimestre de 2017. Recuperado de https://colombiatic.mintic.gov.co/602/articles-55212_archivo_pdf.pdf

Adicionalmente se presentó una situación que no se vio reflejada en las encuestas, debido a que fue más una manifestación personal por parte de las mujeres encuestadas, quienes aseguraban que las personas que salían del pueblo para la ciudad en busca de educación y trabajo, y que finalmente lograban progresar por fuera, no volvían nunca con la intención de apoyar a la mejora y la prosperidad de la población.

Conclusiones.
Las conclusiones que se extrapolan de los resultados y la discusión van orientadas a resolver o replantear los tres objetivos que se propusieron inicialmente. Se puede afirmar que estas conclusiones tienen la potestad de reivindicar, validar o direccionar los objetivos iniciales, de acuerdo a los datos concretos que ya se han resuelto.

Se logró, con la aplicación del enfoque estratégico de la planificación, proponer una metodología para proyectos de intervención en salud familiar, que garantiza una amplia participación social en un diseño, la cual podría reproducirse en otros contextos siempre que se adecue a las características de cada localidad.

La aplicabilidad de la metodología fue demostrada a lo largo de la investigación al lograr que el diseño de intervención familiar, para una comunidad específica resulte viable y factible para ese contexto.

La primera conclusión es que las TIC´S son un factor fundamental en el mejoramiento de la calidad de vida. Ante los procesos y retos de la actualidad quien no cuente con las herramientas adecuadas se va a encontrar en desventaja. Esto evidencia también que la tecnología ha llegado a ser fundamental en la sociedad, hasta el punto en que la imposibilidad de acceso a esta implica una exclusión social, un apartamiento respecto de las oportunidades. En este aspecto no se debe confundir únicamente al progreso económico como el factor primordial para medir el progreso, muchos ámbitos de la vida humana se amplían con las facilidades que da la tecnología, los dos ejemplos más claros en este aspecto son la salud y la educación, que como sabemos, en zonas de difícil acceso se encuentran con problemáticas serias a este respecto. La ausencia de profesionales de estas áreas en las poblaciones marginadas, si bien no puede ser resuelta en su totalidad por la tecnología, podrían ser solventadas a futuro, por medio de la educación y la formación.

El acceso al conocimiento se presenta de esta manera como el primer paso para mejorar la calidad de vida, y en estos tiempos, el acceso al conocimiento se da principalmente a través de los medios de comunicación: "Pese a que no hay duda de que hay ciertos aspectos estructurales de la sociedad que desde el origen hacen más vulnerables a unas personas que a otras, después de profundizar sobre dicho concepto, sobre el estado de la juventud hoy en día y hacer un recorrido sobre el tema, podemos ver como la educación tiene mucho que hacer en la disminución de este fenó-

meno" (Un) de esta manera podemos afirmar con total seguridad que la implementación de las TIC y la
formación alrededor de estas mismas, es fundamental
en el desarrollo y mejoramiento de la calidad de vida.
(Universidad Barcelona, 2002)

La segunda conclusión que se puede determinar es la
inminente necesidad de promover los puntos de acceso digital. Las zonas vulnerables lo son precisamente
por su dificultad de acceso a estos medios, por la ausencia de recursos. Llevar tecnología a estos lugares es
el equivalente a llevar oportunidades. Hay que ser muy
conscientes de que la empresa privada no será quien
lleve por cuenta propia internet o aparatos a estas poblaciones. Se deben plantear proyectos que permitan
un despliegue por parte del gobierno y estas entidades,
con la finalidad de llevar a cada rincón del país la apertura a la información. Se sabe que dentro de los planes
de gobierno de toda América Latina este es uno de los
puntos primordiales, sin embargo, es probable que lo
que se esté haciendo no sea suficiente. El déficit en
este caso concreto es tanto de acceso a internet como
de aparatos a través de los cuales se debe hacer uso del
mismo, por tanto, la inversión y el proyecto alrededor
de esta promoción debe ser enorme, tanto en inversión como en trabajo, pero vale la pena pensar en los
beneficios que se pueden obtener para el país en general, con el desarrollo interno de varias de sus poblaciones, y el aporte significativo que estas pueden dar.

Finalmente, la tercera conclusión es que resulta necesario hacer un profundo plan de mejoramiento de las competencias digitales en poblaciones vulnerables. De nada sirve hacer un despliegue de repartición de aparatos tecnológicos si la gente no sabe cómo acercarse a ellos, o si en el peor de los casos, no saben cómo hacerlo de manera productiva. La finalidad de que haya acceso a estos medios de comunicación no es el simple entretenimiento, sino la orientación hacia el desarrollo y buen uso, por lo tanto es necesario la realización de talleres de formación y capacitaciones, tanto para aprender a utilizar las herramientas del modo más básico, como para enseñar las infinitas posibilidades que ofrecen las TIC´S.

De esta manera se puede observar la pertinencia de este tipo de estudios, ante un mundo que supone que todos tenemos las mismas facilidades. Acabar con las brechas sociales es una responsabilidad de todos, además, hoy en día contamos con las herramientas necesarias para hacerlo, es imprescindible orientar nuestros esfuerzos hacia la realización de actos que nos permitan la equidad y la igualdad de oportunidades, ya sea que viva en cualquier urbe o en San Juan de Rioseco.

BIBLIOGRAFÍA

Andrade Cardozo, Sandra. (2008) -Barrancabermeja: Un puerto de lucha, conflicto y poder. Recuperado de http://www.dane.gov.co/files/investigaciones/boletines/tic/bol_tic_hogares_2016.pdf

Dinero. (2006). Tecnología para la inclusión social. 2006, de Revista Dinero Sitio web: https://www.dinero.com/edicion-impresa/especial-comercial/articulo/tecnologia-para-inclusión-social/36533

Feenberg, A. (2000). Teoría crítica de la tecnología. Canadá: Revista CTS. Junio. Recuperado de file:///C:/Users/102/Downloads/Dialnet-Teoría Crítica La Tecnología-2358086%20(1).pdf

Bruno, Simone. (2011) El rol de los medios de comunicación en la regionalización y globalización del conflicto colombiano.
Recuperado de https://repository.javeriana.edu.co/handle/10554/1416?mode=full

MIN TIC. (2017). Boletín trimestral de las TIC primer trimestre de 2017. Recuperado de https://colombiatic.mintic.gov.co/602/articles-55212_archivo_pdf.pdf

GMH. ¡Basta ya! Colombia: Memorias de guerra y dignidad. Bogotá: Imprenta Nacional, 2013

SISTEMA EDUCATIVO Nacional de la República de Colombia, (1995) Informe coordinado por Josué Hernán Serrano Arenas. Madrid: Organización de Estados Iberoamericanos para la Educación, la Ciencia y la Cultura (OEI). Disponible en: https://www.oei.es/historico/quipu/colombia/index.html

Ramírez, T y Téllez J. (2006). La educación primaria y secundaria en Colombia en el siglo XX. Bogotá: Banco de la República. Disponible en: http://www.banrep.gov.co/docum/ftp/borra379.pdf

LOMBARTE-BEL S. ¿El uso de las TIC reduce realmente la vulnerabilidad social en los jóvenes?. Education in the Knowledge Society (EKS) [Internet]. 2 May 2016 [citado 5 Ene 2018]; 6(1): Disponible en: http://revistas.usal.es/index.php/revistatesi/article/view/14456

Retornando a casa. La reintegración de los niños Soldados en Uganda y sus Lecciones para Colombia

Mónica Alejandra Mora Godoy[41]

INTRODUCCIÓN

En todos los conflictos bélicos alrededor del mundo los niños y niñas suelen ser los más afectados. Hace más de veinte años el mundo reconoció por primera vez esta problemática de manos de la fallecida activista social Graça Machel, cuando el primer infor- me sobre las repercusiones de los conflictos armados en los niños salió a la luz. Dicho informe, además de describir los desastrosos impactos que tienen los conflictos armados sobre la niñez, dio relevancia a un fenómeno que hasta ese momento era un secreto a vo-

---

[41] Profesional en Relaciones Internacionales Universidad de San Buenaventura, Bogotá. Correo electrónico: moragodoyalejandra@gmail.com.

ces: la participación de niños como soldados en los conflictos armados.

Esta participación se debe, de acuerdo con Briggs (2005), a que la juventud en tiempos de conflicto resulta mucho más atractiva para los mandos militares. Lo anterior debido a que los niños pueden manejar la mayor parte de las armas ligeras, esto sumado a la instrucción y reclutamiento resultan mucho más sencillos cuando la población adulta empieza a escasear. Desde 1996 el mundo ha comenzado a despertar y levantar su voz contra el reclutamiento y uso de niños en conflictos armados; sin embargo, la situación no parece mejorar.

El Fondo de las Naciones Unidas para la Infancia (UNICEF) estima que existen aproximadamente de 300.000 niños y niñas que participan de manera directa o indirecta en conflictos armados alrededor del mundo. En el año 2015 la organización Save the Children informaba que en un total de 18 países se presentaba la problemática del reclutamiento de menores, siendo África el continente donde más se presentaba dicha situación con un total de nueve países.

Los conflictos armados se han convertido en una constante en el continente africano.

"Desde 1960 las guerras civiles en el continente se han cobrado la vida de más 10 millones de personas, con un balance de 7 millones de refugiados y 20 millones de desplazados internos". (Kabunda, 2011, p. 72). Aunque no se puede atribuir a todos los conflictos las mismas causas, existen factores comunes que pueden encontrarse en muchos de ellos, como lo son los altos índices de pobreza, las luchas por el control de los recursos naturales y la marginación y negación del componente multiétnico de cada país. En este escenario de constante conflicto, los menores han sido los grandes protagonistas: de los 300.000 niños combatientes que se estima existen en el mundo aproximadamente el 40% se encuentran en el continente africano.

Dentro de los conflictos que se han desarrollado en África, existió uno que lamentablemente se caracterizó por la brutalidad de los crímenes cometidos, por un relativo silencio de la comunidad internacional y por el uso masivo de niños en el desarrollo de este. Desde 1996 en Uganda, en especial en la zona norte del país, se desarrolló un conflicto armado entre un grupo de oposición denominado Ejército de Resistencia del Señor (LRA por sus siglas en inglés), dirigido por el autodenominado líder religioso Joseph Kony. El principal objetivo del LRA era derrocar el gobierno del actual presidente Yoweri Museveni. Su intención entonces fue la de instaurar un gobierno basado en los diez mandamientos bíblicos y superar la marginación en la que se encontraban los Acholi, comunidad originaria de Kony y de la mayoría de sus militantes.

A lo largo del conflicto el accionar del LRA se caracterizó por una continuidad de brutales ataques contra la población civil a la cual pretendía reivindicar. Human Rights Watch estima que entre 1987 y 2006 más de 1.9 millones de personas fueron desplazadas de sus hogares hacia campos de refugiados y decenas de miles de ugandeses perdieron la vida en masacres y enfrentamientos entre el ejército ugandés y el LRA. Sin embargo, la marca más dolorosa que ha dejado el LRA en Uganda es la del secuestro de entre 20.000 y 30.000 niños y niñas que engrosaron sus filas durante los más de 20 años de conflicto.

A pesar de que el secuestro de niños fue una constante en el conflicto, el escape de estos también lo fue. "Se estima que para 1996 entre 2.000 y 3.000 niños habían logrado escapar del cautiverio, sin embargo, no se tiene una cifra exacta del total de secuestrados o de quienes murieron en cautiverio". (Ehrenreich, 1998, p. 81). Este retorno de niños combatientes visualizó la necesidad de programas de atención y reintegración para estos niños; de esta forma el gobierno, con ayuda de organizaciones como World Vision y Save the Children, emprendieron programas de

Desarme, Desmovilización y Reintegración (DDR) para los niños combatientes en el Norte de Uganda. Dichos programas se desarrollaron durante el conflicto creando una dinámica distinta a la de otros conflictos, donde los procesos de reintegración tienden a darse de manera posterior a los procesos de desarme y desmovilización.

A la par de Uganda, existe en el mundo un país en el que el uso de niños como combatientes fue una constante tristemente arraigada. A lo largo de los más de 50 años de conflicto armado interno en Colombia, los diferentes grupos armados alzados en armas utilizaron niños para engrosar sus filas y realizar distintas tareas. De acuerdo con la Fiscalía General de la Nación, las Fuerzas Armadas Revolucionarias de Colombia - Ejército del Pueblo (FARC- EP) reclutaron 11.556 menores desde 1975. Así mismo, el Centro Nacional de Memoria Histórica (CNMH) en su informe "Una Guerra sin edad" menciona la existencia documentada de 16.879 casos de reclutamiento de niños, niñas y adolescentes, de los cuales un 69% de los casos se les atribuyen a las FARC-EP.

De igual forma, es importante resaltar que, pese a las notorias diferencias en materia de raíces, desarrollo y consecuencias de los conflictos de Uganda y Colombia, así como en las estrategias y métodos de

DDR, hay puntos convergentes entre estos. No sólo la duración de ambos conflictos, particularmente extensa, sino también los procesos de reintegración dados mientras los conflictos continuaban activos. Se establece entonces un paralelismo entre ambos conflictos armados que, guardando las proporciones de sus claras divergencias, puede ser de utilidad para evitar repetir errores pasados y generar mejores estrategias en materia de resolución de conflictos.

Siguiendo lo anterior, y dada la importancia de generar mecanismos eficaces de reintegración y reinserción para los niños y niñas colombianos que participaron de forma directa o indirecta en el conflicto armado, así como la necesidad de dichos mecanismos en una coyuntura nacional de posacuerdo con la extinta guerrilla de las FARC, surge la siguiente pregunta de investigación: ¿Cuáles son las lecciones que pueden extraerse para el caso colombiano de los procesos de reintegración de los niños combatientes en Uganda durante el periodo 2002 - 2013?; esto se resolverá a partir de determinar las lecciones que pueden extraerse de los procesos de reintegración de los niños combatientes en Uganda durante el periodo 2002-2013 para el caso colombiano. Para lograrlo, se identificarán los factores que llevaron al reclutamiento forzado de menores en Uganda; Se analizarán minuciosamente los procesos llevados a cabo por los programas de reintegración de niños soldados en Uganda durante el 2002 hasta el 2013 y se reconocerá la importancia de los procesos de justicia restaurativa como el Mato Oput para la reintegración de niños soldados en Uganda. De igual forma, la investigación irá acompañada de una contextualización histórica del conflicto en Uganda, la cual determinará las raíces de este y las dinámicas que llevaron al reclutamiento de menores.

La importancia de la presente investigación radica en que se ha abierto un nuevo escenario para la niñez afectada por el conflicto armado en el marco de un acuerdo de paz firmado entre el gobierno colombiano y las FARC en el 2016. Dentro de lo pactado, las FARC se comprometió a entregar los niños y niñas que hacían parte de sus filas; la Alta Consejería Presidencial para los Derechos Humanos en un comunicado de agosto del año 2017 anunció que un total de 132 menores de edad fueron entregados por las FARC a diferentes organizaciones no gubernamentales y al ICBF. Sin embargo, se estima que los grupos armados que aún se encuentran activos como El Ejército de Liberación Nacional (ELN), las disidencias de las FARC y los Grupos Armados Organizados (GAO) continúan reclutando niños para participar de forma directa o indirecta en sus acciones.

Lo anterior significa que, aunque el grupo armado con mayores tasas de reclutamiento infantil durante el conflicto armado ha desaparecido del escenario, los grupos armados que aún perduran continúan siendo una amenaza para los niños. Por esto se hace necesario estudiar y poner en marcha mecanismos de DDR en menores que logren salir o ser rescatados de las filas de estos grupos, garantizando así programas eficaces que permitan el retorno de estos menores a sus comunidades y a la vida civil.

En materia disciplinar, la relevancia de la investigación en las Relaciones Internacionales es contribuir con la solución del conflicto y acoger en el sistema internacional explicaciones que contribuyan a crear experiencias colectivas más allá de la guerra y el conflicto como lo plantea Ekkehart Krippendorff (1985). Por eso la presente investigación está enfocada desde el contexto histórico y el sistema internacional actual, cuyo objetivo está en contribuir a los estudios de paz y resolución de conflictos propios de la disciplina, enfocada en los derechos de la niñez y los procesos de reinserción educativa, laboral y social. Así mismo, se pretende analizar cómo con una correcta coordinación y articulación entre entidades regionales, nacionales e internacionales (como ocurrió en el caso de Uganda) se contribuye a la creación de una cultura de paz sustentable.

Dicho análisis será realizado a partir de la teoría del conflicto de Johan Galtung (1998), tomando siempre en consideración que los procesos de reinserción y reintegración son manifestaciones de la transformación de un conflicto sin significar el fin de este. Además, a través de esta se analizarán las causas del conflicto en Uganda y los diferentes tipos de violencia que se evidenciaron en cada uno. Por otra parte, la metodología que será utilizada para la presente investigación será un análisis de estudio de caso y revisión de fuentes secundarias de forma cualitativa, debido a la imposibilidad de tener contacto directo con la población reinsertada y las instituciones que llevaron a cabo los programas.

Por otro lado, la investigación será de enfoque cualitativo, con instrumentos de recolección de datos a través de fuentes primarias otorgadas por las instituciones que hicieron parte del proceso de reintegración de los niños soldad y fuentes secundarias provenientes de los investigadores que han analizado dichos procesos. Se usará el estudio de caso como herramienta para determinar las herramientas que se pueden extraer para Colombia.

Finalmente, la estructura que se tiene planteada para la investigación se organiza de la siguiente manera: en un segundo capítulo contextualizará los orígenes y desenvolvimiento del conflicto armado en Uganda; y se determinarán los factores que llevaron al reclutamiento de menores en Uganda. En el tercer capítulo se analizarán y describirán los procesos a través de los cuales se llevaron a cabo los programas de reintegración de los niños soldados en Uganda, así como los actores involucrados en los mismos, acompañado de un análisis de los impactos de los proyectos de reintegración de niños soldado en Uganda; El cuarto capítulo abarcará las experiencias de reintegración de menores en Uganda a través de la justicia restaurativa, como lo es el caso del ritual Mato Oput. Las conclusiones estarán compuestas por una síntesis de los capítulos anteriores y un análisis de lo expuesto en los mismos harán parte del quinto capítulo; por último, en el sexto capítulo se darán las lecciones a extraer del caso de Uganda para Colombia.

MARCO METODOLÓGICO.

Para la investigación se utilizará un enfoque cualitativo, la recolección de datos sobre los sectores seleccionados para el análisis de la investigación como lo son: las causas del conflicto y del reclutamiento forzado de niños en Uganda, el estudio y análisis de los diferentes programas de reintegración y la importancia de la justicia restaurativa dentro de los programas de reintegración en Uganda.

Posteriormente a través del estudio de caso se pretende comprender dar una imagen más compleja y profunda del caso de Uganda y a la vez aproximarse a la generación de nuevas perspectivas para estudios o casos posteriores como lo es Colombia y las lecciones que puede extraer a partir del estudio del caso ugandés.

Instrumentos

Instrumentos de recolección de datos: el análisis de la investigación se realizará a partir de la lectura de investigaciones previas con relación al estudio de caso que nos compete en esta investigación, así como del análisis de las investigaciones y documentos referentes al impacto de los programas de reintegración de los niños soldados para la construcción de paz en Uganda.

Fuente/muestra: se utilizarán fuentes secundarias proporcionadas por las organizaciones internacionales que trabajaron en los programas de reinserción de los niños soldados en Uganda, como lo son Save the Children, UNICEF y World Vision. Además, se utilizarán fuentes secundarias proporcionadas por investigaciones de diferentes académicos sobre el análisis de las causas del conflicto

en Uganda y los impactos de los programas de reintegración dentro de las comunidades y en la consolidación de paz en Uganda.

Forma de análisis: se describirán los diferentes programas y mecanismos utilizados para la reintegración de los niños soldados, se elaborará una matriz que permita observar cuáles fueron los impactos positivos y negativos de estos programas. Igualmente se analizarán las investigaciones realizadas por los académicos frente a los impactos a futuros de los programas de reintegración y la transformación del conflicto en Uganda.

ESTADO DEL ARTE.

Vicent (2011) señala que durante los procesos tradicionales de DDR existen cinco grupos que requieren especial atención: 1) hombres y mujeres adultos combatientes; 2) los niños y niñas soldados; 3) las personas no combatientes asociadas a los grupos armados; 4) los discapacitados y heridos y 5) los familiares dependientes de los combatientes. En lo que respecta al segundo grupo, cuando se da inicio a la reintegración de niños soldados, es importante que en la primera etapa de esta se brinde escolaridad lo más rápido posible y se establezcan mecanismos especiales de reintegración para las niñas soldado, con el fin de evitar que sufran de estigmatización o discriminación por su condición.

Refiriéndose igualmente a los programas de DDR tradicionales o de primera generación Correa (2016) y Vicent (2011) señalan que dichos programas necesitan de condiciones previas para su implementación, como lo es la firma de un acuerdo de paz o un cese de hostilidades. Sin embargo, en los últimos años las organizaciones que apoyan dichas iniciativas han debido realizar su labor en medio de actuaciones de grupos armados. Es por esto que, desde 1990 la Organización de las Naciones Unidas (ONU) ha ampliado los programas de DDR para que estos puedan desarrollarse en condiciones en donde no se ha materializado un proceso de paz.

En relación con lo anterior la ONU apunta que los programas de DDR tradicionales requieren de un acuerdo negociado que proporcione un marco de legalidad y de disposición de las partes para acogerse a los programas. Por su parte los programas de DDR de segunda generación se despliegan en entornos inseguros donde existen grupos milicias o grupos armados activos. Así entonces estos programas tienen los mismos objetivos de un DDR tradicional, pero pueden implementarse cuando las condiciones previas para DDR no están en su lugar, o con el fin de construir confianza, contribuir a un ambiente seguro y ayudar a construir una base sólida para la consolidación de la paz a largo plazo.

Lorey (2001) reconoce que existen otras formas, aparte de la desmovilización, a través de las cuales los niños logran desvincularse de un grupo armado. Muchos niños soldados no pasan por un proceso formal de desarme y desmovilización, en algunos casos los niños pueden escapar o sencillamente abandonar el grupo cuando el conflicto a finalizado. Es en este sentido que los programas de DDR de segunda generación cobran importancia, pues es necesario contar con instituciones y organizaciones que constantemente estén preparadas para atender casos de desmovilización corta y rápida de los menores que escapan o son rescatados de los grupos armados y velen por su pronta reintegración a la sociedad civil.

Ahora bien, frente a los programas de DDR enfocados en niños soldados Bainomugisha, (2010) señala que las etapas de reinserción y reintegración son las más complicadas dentro del proceso. Esto se debe a que la rehabilitación de los niños soldados es un proceso complejo debido a las cicatrices físicas y psicológicas que el conflicto ha dejado en ellos. Así mismo, a pesar de que dentro de los objetivos de la reintegración se encuentra facilitar el regreso de los menores a sus comunidades, Malan (2000) reconoce que no todos los niños encuentran los programas de desarme, desmovilización y reintegración atractivos. Este es considerado uno de los retos más grandes para la reintegración efectiva, pues implica un riesgo de re-reclutamiento por parte de otros grupos armados, convirtiéndose así en un problema de seguridad a largo plazo.

Dentro la reintegración de niños soldados, uno de los principales objetivos es la pronta reunificación familiar. Para llevar a cabo dicho objetivo, es importante involucrar a las comunidades dentro de los procesos de reintegración. Esto se debe a que, si las familias y comunidades no están preparadas, los niños exsoldados pueden sufrir fuertes represalias por parte de sus comunidades. (Lorey, 2001, p. 23). Frente a esto Bainomugisha (2010) también señala que sin una reintegración efectiva dentro de sus comunidades los niños exsoldados corren el riesgo de ser reclutados nuevamente. Un proceso de DDR mal gestionado puede resultar en el aumento de la violencia, el bandolerismo y la criminalidad como lo demuestran los de Angola y Mozambique

Por su parte, Banhozoler (2012) refiere que, frente a un proceso de reintegración, se debe tener en cuenta que, los niños que se unen a un grupo armado, ya sea de forma voluntaria o por qué son obligados, se encuentran fuertemente desintegrados de la sociedad civil. En ciertos casos más allá de la separación física de sus familiares y amigos, los niños sufren de alienación psicológica. Lo anterior es el resultado de la fuerte cohesión interna a través de la cual se pretende separar al niño de los lazos con su comunidad. En Países como Mozambique, Sierra Leona y Uganda, los niños han sido obligados a asesinar a sus familiares o miembros de su comunidad con el fin de cortar las relaciones sociales y crear afinidad con el grupo armado.

Debido a los actos de violencia que los niños se han visto obligados a cometer, en muchos casos no desean acogerse a los programas de reintegración debido a que siente culpa extrema o pena de regresar a sus comunidades. (Corre, 2016, p. 25). Muchos niños y especialmente las niñas no desean regresar a sus comunidades y tampoco quieren ir a hogares adoptivos, en este caso los niños son llevados a hogares infantiles donde se les brinda atención y educación vocacional para la vida laboral.

Como lo mencionaba anteriormente Vicent (2011), dentro de los programas de reintegración para niños soldados, es importante establecer mecanismos diferentes para la atención de niñas soldado. Una niña que ha participado dentro del conflicto armado sufre las mismas consecuencias psicológicas mencionadas anteriormente, son en mayor proporción víctimas de violencia sexual. Además, de acuerdo con Landry (2008) los programas de reintegración fallan en garantizar a las niñas soldados las mismas oportunidades que se le ofrecen a los niños soldados.

Para Landry (2008) las niñas son invisibilizadas durante los procesos de DDR debido a los siguiente factores: 1) se considera que las niñas no tienen peligro de rearmarse, 2) culturalmente no se les considera verdaderos soldados, 3) en algunos de los casos las niñas sienten que pueden ser rechazadas por sus comunidades, por lo tanto no participan dentro de los programas para evitar ser descubiertas, 4) algunas niñas han nacido dentro del conflicto armado y el grupo armado es su familia, 5) en algunas sociedades no son consideradas una prioridad dentro del proceso de paz, 6) en unos casos son obligadas a entregar las armas a los hombres y así se quedan por fuera del proceso.

Para evitar la invisibilización de las niñas soldado en los programas de DDR y especialmente en la etapa de reintegración, Castillo (2008) que es necesario que se incluya la perspectiva de género dentro del programa de reintegración. Igualmente, se requiere que desde el planteamiento de la posibilidad de un acuerdo de paz hasta la planificación de los programas con los países donantes se incluyan presupuestos para las niñas soldado. Así mismo es necesario trabajar con las comunidades para que éstas entiendan la dimensión del ocurrido con las niñas, que lo sucedido no ha sido culpa y que por el contrario requieren atención y comprensión.

De acuerdo con Bainomugisha, A. (2010) a parte de un enfoque de género, los programas de reintegración de niños soldados deben cumplir con ciertas condiciones necesarias para que la reintegración sea exitosa. Condiciones como, educación a nivel escolar y profesional, empoderamiento económico y oportunidades laborales, programación y ayuda específica dirigida a las comunidades y el apoyo a largo plazo a los niños soldados, se convierte en los ingredientes necesarios para que los niños puedan regresar a sus comunidades y reintegrarse a la vida civil.

En concordancia con lo anterior, Atri y Cusimano (2012) mencionan que la reintegración de un niño anteriormente vinculado con grupos armados se logra exitosamente cuando se presentan la condiciones políticas, legales, económicas y sociales necesarias para que los niños puedan mantener su vida, sustento, dignidad y seguridad. Para Maina (2009) un programa de reintegración puede ser considerado exitoso en la medida en que los niños sean liberados del miedo, asegurando así que los niños puedan sobrevivir en un entorno donde se sientan seguros.

En el caso de los niños soldados en Uganda, los programas de reintegración contaron en la mayoría de los casos con educación y empoderamiento económico y oportunidades laborales. Sin embargo, en el enfoque hacia las comunidades se adoptó por poner en práctica tradiciones culturales que ayudaron a los niños a regresar a sus comunidades, como por el ejemplo el Mato Oput. De acuerdo con Rodríguez (2009) el Mato oput es una ceremonia de reconciliación que se utiliza para sanar las heridas y reparar las relaciones rotas, puesto en práctica especialmente por las comunidades Acholi y que ha sido usado por diferentes ONG's con el fin de facilitar la reintegración de los niños soldados a sus comunidades apelando al perdón como medio de reconciliación.

Los enfoques tradicionales usados en la reintegración de niños soldados en Uganda fomentaron una responsabilidad cultural de las comunidades de aceptar y reintegrar a los niños como miembros de su comunidad. Los enfoques tradicionales en el manejo de conflictos y la reconciliación utilizados por las distintas comunidades en el Norte de Uganda han jugado un impacto en la reintegración de los niños soldados. (Bainomugisha,

2010, p. 282). Aunque en general son las ONG's quienes han aplicado este tipo de enfoques, el Gobierno de Uganda también dió paso a la implementación de programas que empoderaban las comunidades afectadas por el conflicto armado.

Finalmente, Bainomugisha (2010) sustenta que un programa de reintegración y reinserción efectivo para los niños soldados contribuye de forma efectiva en la construcción de paz en las sociedades en guerra como el Norte de Uganda. Igualmente, en los programas de reintegración, el apoyo psicológico basado en las tradiciones culturales, a pesar de sus limitaciones, fue crucial en la etapa de reintegración de los niños a sus comunidades, demostrando así el potencial de este tipo de enfoques para futuras ocasiones.

Con lo anterior, más allá de una discusión frente a los componentes y características de los programas de reintegración, se pretende esbozar cuáles son los elementos que permiten entender por qué Uganda, puede considerarse un caso de estudio del cual se puede aprender, pues una correcta combinación entre los elementos culturales y los mecanismos de reintegración tradicionales aplicados tanto por el Gobierno como por las diferentes ONG's permitieron con éxito el retorno de miles de niños a sus hogares.

MARCO CONCEPTUAL:

Desarme, Desmovilización y Reintegración (DDR): para la Organización de las Naciones Unidas (2017) un proceso de DDR es parte de una serie de acciones que se encuentran delimitadas por un periodo de tiempo, las cuales pretenden desarmar, desmovilizar y reintegrar a la sociedad civil a un grupo armado. El propósito general de un proceso de DDR es regresar el monopolio de las armas al Estado, de esto depende que el programa de DDR sea exitoso y contribuya a la transición eficaz de la guerra a la paz sostenible.

De acuerdo con la Escola de Cultura de Pau (2009) el DDR puede definirse como un proceso a través del cual un número indeterminado de combatientes que pertenecen a las fuerzas armadas o fuerzas de oposición se desarman, se desmilitarizan y se reintegran a la vida civil, ya sea de forma individual o colectiva. Las etapas del DDR pueden definirse de la siguiente manera:

Desarme: en esta etapa se produce la recogida documentada de las armas pequeñas y se procede a la eliminación de las mismas.

Desmovilización: durante esta etapa se da la liberación controlada de los combatientes activos de los diferentes grupos armados; estos son llevados a zonas de concentración en donde se da el desarme, registro y orientación previa a la salida de los excombatientes.

Reintegración: Los programas de DDR tienden a subdividir la "R" en dos: reinserción y reintegración. Esto se debe a que el proceso de reinserción se le conoce como la forma de asistencia transicional, en la que se cubren las necesidades básicas de los excombatientes y sus familias. Dentro de las necesidades básicas se encuentran: alimentación, ropa, servicios médicos, seguridad y educación a corto plazo.

Por su parte la reintegración es un "proceso por el que los excombatientes adquieren la condición de civiles y obtienen un empleo sostenible e ingresos regulares. Se trata esencialmente de un proceso social y económico con un marco cronológico abierto, que se produce en primer lugar en las comunidades" (Escola de cultura de Pau, 2009, p. 4).

Niño soldado: De acuerdo con los principios de Ciudad del Cabo, firmados en 1997 e impulsados con ayuda de UNICEF, la definición de "niño soldado" se aplica a toda persona menor de 18 años, que forma parte de cualquier fuerza armada ya sea regular o irregular en la capacidad que sea. Es decir que se incluye entre otros, cocineros, porteadores, mensajeros o cualquiera que acompañe a dichos grupos, salvo los familiares. Esta definición también incluye a las niñas reclutadas con fines sexuales y matrimonios forzados. Por consiguiente, no se refiere sólo a quienes porten o hayan portado armas, sino también a todo aquel que participe de forma directa o indirecta en las hostilidades.

Por su parte, la Coalición Española para Acabar con la Utilización de Niños

Soldados (2004), define "niños soldado" como toda persona menor de 18 años que se encuentra vinculado a las fuerzas armadas gubernamentales o cualquier otro grupo armado ya sea que este se encuentre o no dentro de un conflicto armado. Los niños soldados realizan tareas que van desde la participación directa en las confrontaciones, la colocación de minas personales y otros explosivos hasta la esclavitud sexual y el espionaje.

Este concepto será aplicado a lo largo de la investigación para hacer referencia a los niños que participaron y aún participan en los conflictos tanto en Colombia como en Uganda. Igualmente, el concepto se utilizará de forma general, independientemente de si los niños fueron reclutados a la fuerza o entraron al grupo armado por voluntad propia.

Reclutamiento forzado o ilícito: en Colombia, el Código Penal define como reclutamiento ilícito a quien, en ocasión y desarrollo del conflicto armado, reclute menores de 18 años o los obligue a participar directa o indirectamente en las hostilidades o en las acciones armadas. Sin embargo, en una definición más amplia, la Oficina del Representante Especial del Secretario General de Naciones Unidas para Niños y Conflicto Armado, define el reclutamiento forzado como, una modalidad, según la cual muchos niños son secuestrados y golpeados hasta lograr la sumisión, la cual durante mucho tiempo ha sido utilizada por los grupos armados como forma de reclutamiento de niños soldado. (Oficina del Representante Especial del Secretario General de Naciones Unidas para Niños y Conflicto Armado, 2013).

De acuerdo con UNICEF (2004) por reclutamiento se entiende cualquier mecanismo a través del cual una persona se convierte en miembro de cualquier grupo armado ya sea estatal o al margen de la ley. Frente al reclutamiento forzado, es el método por el cual los niños son reclutados de manera involuntaria para que participen directamente en las hostilidades, igualmente, el reclutamiento forzado incluye tácticas a través de las cuales los niños son manipulados sutilmente a través de la asignación de tareas pequeñas hasta que se integran como combatientes.

MARCO TEÓRICO

Para desarrollar la presente investigación se utilizará la teoría de conflictos de Johan Galtung (1998), uno de los pioneros de los estudios de paz, así como uno de los teóricos en ciencias sociales más importantes en los últimos tiempos (Calderón, 2009). La teoría de conflictos de Galtung se ha convertido en un punto de referencia importante y necesario para quienes desarrollan investigaciones en el campo de los estudios de paz. Es importante señalar que dicha teoría fue seleccionada porque su estudio permite una revisión a profundidad de las causales, desarrollo y transformación de los conflictos.

Así entonces, para empezar con el análisis de la teoría de conflictos de Galtung y su importancia en la investigación a desarrollar, se partirá de dos de las afirmaciones antropológicas que han acompañado el desarrollo de la misma. La primera es que la humanidad es compleja y por lo tanto para solucionar sus conflictos son necesarias respuestas igualmente complejas. La segunda, es que el hombre es un ser con capacidad de paz. A partir de estas dos afirmaciones antropológicas, Galtung propone un giro epistemológico a través del cual es posible comprender la paz desde su carácter activo, científico y práctico. (Calderón, 2009).

Partiendo de lo anterior, para dar respuesta a la complejidad humana y resaltar la capacidad de paz del ser humano, la tesis de la teoría de conflictos de Galtung puede resumirse en la siguiente frase: paz por medios pacíficos. "El proyecto de paz por medios pacíficos, pone al hombre como punto de partida, no a las ideologías, credos, partidos políticos o países" (Calderon, 2009. p. 65). Además, la paz por medios pacíficos requiere afrontar los conflictos de forma racional y con respeto por el hombre y sus necesidades básicas.

Ahora bien, para lograr obtener paz por medios pacíficos, es necesario comprender qué son los conflictos. Para el autor un conflicto es la fuerza motriz que impulsa el proceso de desarrollo y construcción de paz, en este sentido para Galtung los conflictos tienen su propia identidad y por lo tanto poseen ciertas características: 1) un conflicto es crisis y oportunidad, 2) es un hecho natural, estructural y permanente en el ser humano, 3) es una situación donde los involucrados tienen objetivos incompatibles, 4)   no solucionables pero sí transformables, 5) son una experiencia vital y holística, 6) son una dimensión estructural de la relación y 7) Son una forma de relación de poderes. (Calderón, 2009, p. 67).

Gráfica 1: Triángulo del conflicto.

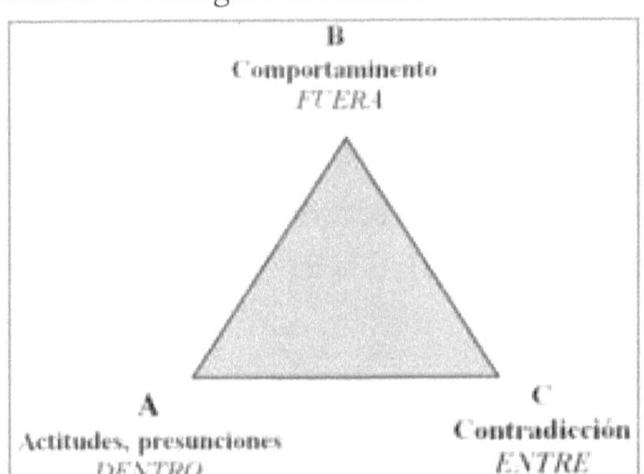

Fuente: Galtung, J. (2003) Paz por medios pacíficos. Paz y conflicto, desarrollo y civilización, Bilbao, Gernika Gogoratuz. p.19.

Una vez abordada la identidad de los conflictos, es importante reconocer la dimensión de estos en la existencia humana. Por lo tanto, un punto clave de la teoría de Galtung, es la dimensión multinivel de la misma, la cual permite abordar los conflictos en diferentes niveles: 1) nivel micro: referente a los conflictos intra e interpersonales, 2) nivel meso, referente a los conflictos dentro de una sociedad nacional y 3) nivel macro, referentes a los conflictos interestatales. Estos tres enfoques son importantes dentro de la investigación porque permiten abordar los dos conflictos en estudio a través de sus dimensiones sociológicas, políticas e internacionales.

De acuerdo con Galtung (2003), los conflictos tienen un nivel observable y un nivel latente. Esto se debe a que un conflicto puede definirse como una relación constante entre: actitudes + comportamiento + contradicción. En donde actitudes hace referencia a los sentimientos y pensamientos de las partes en el conflicto, así como sus metas y percepción frente al mismo. Comportamiento, alude a cómo se comportan las partes en el conflicto, si están buscando intereses comunes o si tratan de perjudicar o hacer daño al otro. Por último, la contradicción hace referencia al tema o temas del conflicto, es decir su raíz, la cual en la mayoría de los casos suele ser complicada y estar oculta.

El triángulo del conflicto, presentado por primera vez de manera oficial en 1971 por Johan Galtung, permite observar todos los componentes del conflicto, y a la vez determinar los niveles observable y latente. De acuerdo con el autor normalmente es el comportamiento (B) el nivel observable o manifiesto, mientras que las actitudes y la contradicción (A Y C) se encuentran en el nivel latente. De esta forma, teniendo en cuenta los diferentes niveles del conflicto, así como sus aspectos profundos y raíces históricas, se convierte en una condición esencial para iniciar la transformación del mismo.

Una vez esbozados los aspectos principales de la teoría de conflictos, y antes de llegar al punto central de la investigación (la transformación de los mismos) es necesario estudiar una variable innegable en el escenario de un conflicto: La violencia. De acuerdo con Galtung (2003) la violencia se da cuando un conflicto, que puede ser crisis y oportunidad, desarrolla una agudización negativa de la crisis; es decir, se desarrolla lo que el autor llama un metaconflicto. Esta agudización de la crisis puede darse de forma planificada o espontánea y puede ser visible o invisible.

La violencia, de acuerdo con Galtung (2003) tiene tres dimensiones: 1) la violencia directa, la cual es el aspecto más evidente dentro de los conflictos, manifestada de forma física, psicológica o verbal. 2) La violencia estructural, que por su parte refiere a la violencia intrínseca de los sistemas políticos, económicos y sociales; es decir refiere a la marginación de ciertos sectores de la población por parte de dichos sistemas. 3) Por último la violencia cultural, que hace referencia a los elementos simbólicos que hacen parte de la religión, la ideología, la lengua, el arte etc., que se utilizan para legitimar la violencia directa y estructural.

En el caso de Colombia y Uganda, la violencia directa y estructural se encuentra estrechamente relacionadas. Condiciones de violencia y marginación provocaron el desarrollo de un metaconflicto en ambos países, el cual se extendió más allá de los objetivos del conflicto y enfrentó a las partes en un círculo vicioso de enfrentamiento, defensa y venganza. En ambos casos las condiciones estructurales que desencadenaron el conflicto continúan estando presentes, lo que hace referencia a que, aunque ambos conflictos se han transformado estos aún no han terminado.

De este tipo de violencia, evidenciada en los casos a estudiar, emergen peligros y oportunidades que son complejos y requieren de respuestas igualmente complejas y multidimensionales. Dichas respuestas deben darse por medios pacíficos y por lo tanto deben buscar la transformación del conflicto. La transformación de conflictos para Galtung, gira en torno a tres conceptos: reconstrucción, reconciliación y resolución. "La reconstrucción tiene como objetivo posibilitar la cura de los traumas producidos durante el enfrentamiento. La reconciliación intenta descomponer el metaconflicto y la resolución busca crear y establecer las condiciones necesarias para resolver o transformar el conflicto" (Alaniz, L. 2016. P. 18).

CONTEXTUALIZACIÓN DEL CONFLICTO ARMADO EN UGANDA.

Contextualización histórica del conflicto armado

La mayoría de los investigadores sitúa el inicio del conflicto armado en Uganda en 1986 con el golpe de Estado de Yoweri Museveni. Sin embargo, al igual que muchos otros países africanos las causas de esta confrontación tiene sus raíces estructurales en la época colonial. De acuerdo con Rodríguez (2009) el sistema colonial británico, favoreció durante los años de ocupación a la etnia mayoritaria, los Baganda, quienes estaban situados en el sur de país, estos tuvieron mejores oportunidades de educación y de ascenso en la escala social. Durante este periodo las comunidades ubicadas en el norte fueron utilizadas como reserva de mano obra para trabajos pesados y como fuente de reclutamiento para el ejército y la policía.

Esta dinámica provocó un desajuste que se hizo más evidente en 1962 tras la independencia, pues la etnia mayoritaria continua en el poder el Rey Mutesa II ocupó la presidencia durante cuatro años hasta que su primer ministro proveniente de la región del norte, Milton Obote se hizo con el poder con ayuda del ejército. En 1967 se aprobó una nueva constitución en Uganda en la cual a pesar de que se retenía el modelo multipartidista los principales cargos parlamentarios y de gobierno fueron mezclados convirtiendo a Obote en presidente, Jefe de Estado y comandante de las fuerzas armadas. (Bainomugisha, 2010, p. 152).

A partir del golpe de Estado de Obote se implantó el modelo por el cual el poder y el control se mantuvieron a través del uso generalizado de la violencia que pareció terminar en 1997 cuando durante una visita de Obote a Singapur se produjo un nuevo golpe de estado. Esta vez el jefe de las fuerzas armadas Idi Amin le derrocó e impuso un gobierno sangriento en el que murieron al menos 300.00 personas. (Rodríguez, 2009, p.148). Posteriormente en 1979 Amín fue derrocado y se convocaron nuevas elecciones presidenciales de las cuales salieron como vencedores Milton Obote y su partido el Congreso del Pueblo Ugandés. (UPC, por sus siglas en inglés).

Un año después en 1981 Yoweri Museveni, uno de los candidatos, denunció las elecciones e inició una guerra de guerrillas que dejó al menos 300.000 muertos (Correa, 2016, p. 4). Nuevamente en 1985 Obote fue derrocado por un grupo de oficiales Acholi, una etnia proveniente del norte del país históricamente rezagado, que demostraron el descontento por la guerra y por los constantes privilegios concedidos a la etnia de Obote, la etnia Lange. El general Tito Okello tomó el poder. Ese mismo año Okello firmó con Museveni un acuerdo de paz mediado por el presidente de Kenia Daniel Arap Moi.

El frágil acuerdo de paz no duró ni un mes, con el pretexto de que el ejército de Obote continuaba cometiendo atrocidades contra la población, Museveni y su ejército denominado el Ejército de Resistencia Nacional (NRA, por sus siglas en inglés) que ya habían logrado dominar militarmente el sur y el oeste invadió la capital Kampala en 1986 retomando nuevamente el poder (Rodríguez, 2009, p.149). Tras unos meses de relativa calma miembros del nuevo ejército, comenzaron a cometer atrocidades contra los pueblos del norte, esto desembocó en una nueva rebelión en contra del Gobierno de Museveni apoyada por una gran parte de la población.

Aprovechándose de la coyuntura los antiguos oficiales de Okello regresaron de su exilio en Sudán y organizaron el Ejército Democrático del Pueblo Ugandés (UPDA, por sus siglas en inglés), este movimiento de resistencia fue ganando terreno a medida que la sensación de desmoralización y fracaso se tomaba el país (Briggs.2005, p.124). Durante este periodo de tiempo una hechicera llamada Alice Lakwena tomó el mando de algunas unidades del UPDA y fundó un movimiento inspirado en el espíritu santo llamado Movimiento Armado del Espíritu Santo.

El movimiento de tinte religioso fundado por Lakwena fue ganando adeptos rápidamente, especialmente en las zonas del norte del país históricamente marginadas y sumidas en el conflicto armado. En 1987 el ejército de Museveni derrotó el avance de las fuerzas de Lakwena, obligándolos a refugiarse en Kenya contribuyendo así a la desintegración de sus fuerzas. Mientras las poblaciones del norte del país continuaban siendo golpeadas por la violencia, en 1988 se firmó un acuerdo de paz entre Museveni y el UPDA.

posterior a la firma del acuerdo de paz un grupo de combatientes del movimiento armado del Espíritu Santo que se quedó por fuera de las negociaciones de paz, decido tomar las armas nuevamente, esta vez bajo el mando de un pariente de Alice Lakwena llamado Joseph Kony. A partir de ese momento la violencia se instaló en el Norte de Uganda, especialmente en la región Acholi. La población en algunos casos se vio forzada a huir de sus territorios y en otros se vio forzada a vivir en el constante temor de la guerra.

Durante los primeros tres años del conflicto la violencia fue tal que el Gobierno obligó a los campesinos a llevar siempre encima armas tradicionales como lanzas y arcos, para unirse a la caza del guerrillero, acción que solo logró encrudecer más a los hombres de Kony, quienes se dedicaron a mutilar la nariz o las orejas de aquellos que llevaban estas armas en sus manos (Rodríguez, 2009, p. 151). En 1993 el gobierno anunció que había derrotado a Kony y sus hombres, por lo que hasta 1993 no hubo incidentes graves de violencia por lo que parecía que la paz por fin llegaría para el Norte de Uganda. Sin embargo, a mediados de 1993 los hombres de Kony regresaron rearmados y bajo el nombre de Ejército de Resistencia del Señor (LRA).

A partir de 1993 la violencia se instaló nuevamente en el norte de Uganda, esta vez el ataque del LRA se caracterizaría por los violentos ataques perpetuados en contra de la población civil y los secuestros masivos de niños y niñas a quienes obligaron a participar en las acciones bélicas. Tras años de cruenta guerra en el 2000 el Gobierno de Museveni promulgo una ley de amnistía que permitió que algunos combatientes se desmovilizaran y en el año 2006 se firmará un cese al fuego.

A pesar de que las fuerzas del LRA son significativamente menores a lo que eran en 1993 y que la confrontación armada ha sufrido escaladas y desescaladas en la actualidad no se puede decir que el conflicto ha sido terminado o que las causas que le propiciaron hayan desaparecido. En el año 2017 el ejército ugandés detuvo la búsqueda de Josep Kony, pues se considera que en la actualidad tiene aproximadamente 100 hombres, esta viejo y no cuenta con capacidad para planear ataques a gran escala, el señor de la guerra en Uganda continúa suelto en algún lugar de los bastos bosques del país, donde probablemente muera y nunca se le castigue por los crímenes cometidos.

Factores para el reclutamiento y uso de los niños soldados en Uganda.

Kony reclutó de forma forzosa a aproximadamente 30.000 niños y niñas, entre los 7 y los 14 años, la razones para su reclutamiento son variadas, la principal el engrosamiento de las filas que le permitían mantener en control en las zonas donde operaba. Los niños eran utilizados como soldados se les enseñaba a asesinar, manejar armas y plantar artefactos explosivos. Las niñas por su parte eran reclutadas como esposas para los comandantes o para el propio Kony, eran violadas, obligadas a cocinar, cuidar los hijos de otras niñas reclutadas y a la vez eran forzadas a realizar trabajos pesados.

En su libro cuando los niños van a la guerra Jimmie Briggs explica que los niños secuestrados por el LRA tenían cuatro futuros posibles.

- Servir como soldados en su proyecto de insurrección
- Trabajando como porteadores de provisiones o equipos de labranza.
- Ser vendidos a los grupos rebeldes en Sudan a cambio de armas o víveres
- Ser asesinados como para servir como ejemplo y aleccionar a otros rehenes.

El LRA secuestraba a los niños durante la noche en medio de saqueos a sus aldeas, por esto para escapar de este destino diariamente miles de niños migraban desde sus provincias a campamentos, iglesias y refugios en donde pasaban la noche en busca de protección y seguridad, estos niños eran llamados "los migrantes de la noche". Esta dinámica se presentó por años y sin que se le prestara la protección necesaria, muchos de los niños en peligro de ser secuestrados provenían de las aldeas más pobres y lejanas de la provincia de Gulu ubicada al norte de Uganda en la frontera con Sudán.

De acuerdo con Beard (2011) el LRA secuestraba a los niños porque estos eran más fáciles de controlar y adoctrinar. Tomando ventaja de la estructura autoritaria con la que se suele educar a los niños tanto en las escuelas como en los hogares, los soldados del LRA lograron influir y moldear instantáneamente las identidades de los niños secuestrados a través del castigo extremo en donde los niños aprendieron la disciplina rápidamente. En este contexto los niños fueron entrenados para matar a otros civiles sin vacilaciones.

Tras el secuestro, el LRA comenzaba a desensibilizar a los niños exponiéndolos a los actos brutales de violencia, durante los primeros días los niños eran golpeados regularmente con palos o las culatas de las armas, eran forzados a presenciar el asesinato de otros niños e incluso de sus propios familiares (Beard, 2011, p. 10). En algunos casos, después de haber sido adoctrinados los niños eran llevados de vuelta a sus aldeas en donde eran obligados a asesinar a sus vecinos y en algunas ocasiones a asesinar a sus familiares.

Como ya se mencionó anteriormente mientras los niños se convertían en soldados, las niñas eran forzadas a servir como esclavas a los comandantes del LRA. Kony utilizaba una estructura jerárquica familiar en sus filas, en esta organización las niñas casadas con los comandantes asumían el rol de jefes de familia en la cual debían cuidar de los demás niños secuestrados. Las niñas más jóvenes asumían la posición de servidoras de los comandantes, en esta posición eran forzadas a cocinar, limpiar, transportar grandes cargas, ir a buscar leña y servir sexualmente a los comandantes.

Se estima que de la explotación sexual de las niñas 7.500 niñas secuestradas por el LRA han nacido unos 1.000 niños mientras estas aún se encontraban en cautiverio. Además de los niños nacieron en medio de su secuestro y que solo conocen el cautiverio, enfermedades como el VIH / SIDA se propagaron rápidamente, tanto en las niñas como en los niños quienes también eran abusados sexualmente. (Beard, 2011, p. 12).

Aunque el gobierno ugandés conocía el uso generalizado de niños y niñas por el LRA en algunas ocasiones actuaba con extrema fuerza durante las operaciones en contrainsurgencia. Por ejemplo, en 1995 Kony envió a varios de sus hombres desde el Norte de Uganda hasta Kitgum a secuestrar 150 niños. Cuando los hombres de Kony regresaban se encontraron con las UPDA, durante el combate el LRA perdió a trescientos hombres. A la mañana siguiente cuando uno de los comandantes regresaba a Sudán, país en el que se escondía Kony y principal fuente de recursos y armas del LRA, los sobrevientes fueron localizados por un helicóptero del gobierno que emprendió la ofensiva utilizando ametralladoras, al finalizar la operación de los cincuenta y seis cuerpos que fueron recuperados treinta y ocho eran niños que se encontraban con las manos atadas a sus espaldas. (Briggs, 2005, p. 134).

El uso de niños fue extendido y generalizado aquellos que se negaban a cooperar o a irse con el LRA eran asesinados, los niños y niñas crecían y moría en medio de la violenta guerra, muchos de ellos no regresaron a sus hogares. Algunos de los niños y niñas lograron escapar de su cautiverio y se vieron en la dificultad de regresar a sus comunidades donde habían causado daños irremediables. Diferentes ONG's e instituciones del gobierno se encargaron de ayudar a estos niños en el retorno a sus hogares en el capítulo a continuación se analizarán y enumeraran algunas de las organizaciones que trabajaron en la reintegración de los niños y los métodos utilizados por ellas.

Procesos de reintegración de los niños soldados.

Diferentes organizaciones internacionales trabajaron en Uganda hasta el año 2012, organizaciones como UNICEF, Save the Children y World Vision trabajaron a través de diferentes iniciativas de reintegración, sus proyectos contemplaron medidas de apoyo psicológico, rehabilitación a los niños mutilados o víctimas de minas y artefactos explosivos, educación, apoyo laboral y reintegración en sus hogares. Estas organizaciones tuvieron que trabajar en medio de condiciones de violencia en las que se continuaban secuestrando niños lo que dificulto su accionar. Para abordar mejor las diferentes iniciativas de reintegración de niños soldados estas se analizarán y se enumerarán en dos partes, primera las iniciativas de reintegración locales y segundo las iniciativas de reintegración internacionales.

Iniciativas locales

La principal iniciativa local que buscaba mejorar las condiciones de los niños desvinculados del LRA fue el Fondo de Acción Social del Norte de Uganda (NUSAF, por sus siglas en ingles). Este fue otro programa del gobierno de Uganda que se inició en el año 2003 y finalizó en 2009. NUSAF fue financiado con fondos del Banco Mundial y del Gobierno ugandés, en cabeza de la oficina del primer ministro, el programa contó con cinco componentes que pretendía mejorar las condiciones de paz dentro del país.

El primer componente era el desarrollo comunitario, este contó con varias iniciativas para suministrar educación, salud, saneamiento básico, agua, infraestructura y medio ambiente seguro. El segundo componente buscaba la reconciliación comunitaria y la gestión del conflicto. El tercero buscaba brindas apoyo a los grupos vulnerables, mientras el cuarto y el quinto componente buscaban el desarrollo económico de las zonas afectadas por el conflicto y el quinto apoyo a los jóvenes en materia vocacional.

El segundo y quinto componente se enfocaron específicamente el apoyo a los jóvenes y su población prioritaria eran aquellos que habían sido desvinculados del LRA. A continuación, nos centraremos en estos dos componentes y en su efectividad.

Proyecto de oportunidades para Jóvenes del fondo de Acción Social del Norte de Uganda: en cuanto a la reintegración de los niños soldados y la promoción de las condiciones de paz, este componente se basó en tres objetivos. El primero de ellos fue proporcionar a las jóvenes habilidades vocacionales específicas que les permitieran ganar ingresos y mejorar sus medios de vida. El segundo, contribuir a la reconciliación comunitaria y a la gestión de los conflictos, y tercero construir con ayuda de las ONG y demás asociaciones de la sociedad civil institutos de formación profesional para responder a las necesidades de los jóvenes.

La implementación de este componente tuvo falencias al intentar apoyar a los jóvenes de las zonas locales y disgregadas, una categoría en la caen la mayoría de los niños soldados, aunque en algunos casos logró apoyar a los jóvenes, los recursos destinados para esta ayuda no fueron los suficientes para cubrir la demanda requerida. En su evaluación el programa contribuyó a la formación de jóvenes en las ciudades, mientras que en las zonas rurales no tuvieron un gran impacto.

(Bainomugisha, 2010, p. 219).

Reconciliación comunitaria y manejo de conflictos: el objetivo principal de este componente era mejorar las condiciones de paz y seguridad en las regiones afectadas por el conflicto con el LRA. El componente contaba con mecanismos de justicia transicional, apoyo en la ceremonia cultural y educación para la paz. De acuerdo con Bainomugisha 2010, los mecanismos fueron empleados con relativo éxito, sin embargo, los beneficios tangibles de este componente fueron pocos debido al nivel de corrupción operante en muchas de las regiones que se vieron beneficiadas con esta iniciativa. Las comunidades sintieron que los fondos destinados para la implementación de este proyecto eran un regalo a cambio de favores políticos para el presidente Museveni, lo que ocasionó un desvío en los recursos que debían apoyar los mecanismos de reconciliación.

Ley de amnistía: el primero de enero del año 2000, cuando el conflicto continuaba en su punto más álgido, el parlamento ugandés aprobó una ley de amnistía con el fin de dar una salida negociada al conflicto armado. Esta ley concretaba que cualquier ciudadano que deseara abandonar la oposición armada se le garantizaría la amnistía, sin persecución criminar o penal alguna. (Escola de cultura de pau, 2009, p. 2). A partir de la aprobación de la ley de amnistía los procesos de desarme, desmovilización y reintegración (DDR) giraron en torno a la misma.

La ley estableció la creación de una Comisión para la Amnistía que se encargaba de su supervisar la implementación del programa de DDR por medio de diferentes agencias estatales, ONG's y donantes externos. La ley de amnistía y los programas de DDR se dieron en paralelo a las conversaciones de paz entre el LRA y el Gobierno en el 2006 de las cuales se esperaba la firma de un acuerdo de paz que pusiera en marcha mecanismos efectivos de reintegración. Las negociaciones fracasaron y los programas de DDR continuaron siendo coordinados por la Comisión para la Amnistía.

La comisión para la amnistía tenía como objetivo principal convencer a los combatientes para que se acogieran a la amnistía e impulsar la reconciliación de las comunidades con quienes hubieran cometido delitos; y consolidar el progreso logrado en la amnistía asegurándose que cada vez más insurgentes se acogieran a la amnistía y las que sus comunidades estuvieran dispuestas a recibirlos. (Escola de cultura de pau, 2009, p. 3). Entre 2000 y 2008 se desmovilizaron aproximadamente 23.000 combatientes.

Frente a los programas de DDR, el desarme estuvo en manos de las Fuerzas Populares de Defensa de Uganda (UPDF, por sus siglas en ingles). Por su lado los procesos de desmovilización y reintegración fueron supervisados por un equipo de reparación y resarcimiento. El proceso de desmovilización se dividió en tres partes: 1) interrogatorio en un cuartel militar, 2) un segundo interrogatorio en la Unidad de protección a menores, esto debido especialmente a que la mayoría de las personas que se acogieron a la amnistía manifestaron haber sido reclutadas forzosamente cuando eran menores de edad, además la edad mínima para acogerse a la amnistía era de 12 años por lo que muchos menores se acogieron a la misma. Y 3) rehabilitación en centros de acogida gestionados en su mayoría por ONG's. (Escola de cultura de pau. 2009, p. 4).

Iniciativas internacionales

Apoyo a los programas de reintegración creados entorno a la ley de amnistía: desde el 2000 hasta el 2004 el Gobierno junto con varios países donantes fueron los principales financiadores de la Comisión para la Amnistía. A partir de 2005 el Banco Mundial se convirtió en el principal financiador. El Gobierno destinó cerca de un millón de dólares para la financiación de la Comisión y diversos países como Bélgica, Canadá, Dinamarca, Estados Unidos, Irlanda, Italia, Noruega y los Países Bajos financiaron a través de contribuciones directas entre 2002 y 2004. De acuerdo con un análisis de la Escola de cultura de pau, 2009 durante 2002 y 2004 organizaciones como la OIM, USAID, UNICEF y la Unión Europea contribuyeron con 649.004 dólares mientras que la asistencia del Programa de Naciones Unidas para el Desarrollo (PNUD) alcanzó los 300.00 dólares para el año 2003. El Departamento para el Desarrollo Internacional del Reino Unido brindo asesoramiento técnico y financió a organizaciones como Unicef y Save the Children en los programas de reintegración de niños soldados.

UNICEF: el Fondo de las Naciones Unidas para la niñez ha estado trabajando en Uganda por más de 20 años. Ha trabajado en coordinación con ministerios gubernamentales, el banco mundial y con otras organizaciones. En el Norte de Uganda, la región más golpeada por el conflicto armado y de donde provienen la mayoría de los niños soldados, UNICEF trabajó a través de los procesos de reintegración y desarme establecidos por la Comisión para la Amnistía garantizando que los niños ex soldados obtuvieran la amnistía y prestándoles atención médica, educación, alimentación y otros servicios básicos. La participación de UNICEF dentro de la reintegración de los niños soldados ha estado profundamente comprometida en la provisión de soporte técnico a aquellas organizaciones que se encuentran directamente involucradas en dichos procesos. (Bainomugisha, 2010, p.

236).

World Vision: la oficina de World Vision en Uganda comenzó sus labores casi al mismo tiempo en que inicio la confrontación armada entre el LRA y el Gobierno ugandés, en 1988 traslado sus funciones al Norte del país justo antes de que la revolución del LRA iniciará. En cuanto los niños secuestrados empezaron a escapar del LRA y las dinámicas de reclutamiento forzado se hicieron más visibles, World Vision fundó el 1995 Centro de niños World Visión para la rehabilitación.

Dentro de los objetivos de este centro se encontraban la rehabilitación de los niños y la sensibilización a las comunidades acerca del programa. Igualmente, el centro de atención buscaba brindar alojamiento a los niños secuestrados y alejarlos del conflicto, brindar salud y rehabilitación a los niños afectados por la guerra, brindar alimentación, agua, ropa, y apoyo psicosocial. Así mismo, el centro brindaba formación laboral y profesional y al finalizar el proceso rastreaba a las familias y preparaba a las familias para la posterior reintegración.

A lo largo de los años en los que funcionó el centro de atención World Vision se vio enfrentado a varios desafíos, el primero de ellos fue el rechazo de los padres hacia sus hijos, pues le consideraban rebeldes, especialmente en el caso de las niñas que habían retornado con hijos de los comandantes del LRA. Por otro lado debido a que World Vision es una organización con valores cristianos muchos de los mecanismos utilizados propiciaban el perdón y la reintegración a través de dichos valores, que en algunos casos no eran compartidos por las comunidades. A pesar de los obstáculos se estima que entre 1995 y 2012 World Vision reintegro a 14.000 menores dentro de sus comunidades.

4) Save the Children: esta organización no trabajo de forma directa en la reintegración de los niños soldados, lo hizo desde 1994 a través de la Organización Gulu para el apoyo infantil, (GUSCO, por sus siglas en inglés). GUSCO es una organización indígena creada en 1994 y que trabaja para la promoción de la reintegración de los niños soldados en el Norte de Uganda a través del soporte psicosocial, la educación y formación laboral, la construcción de paz y la capacitación de las comunidades. El primer centro de atención para niños soldados fue establecido en 1997 con ayuda de Save the Children.

Esta organización adopto dos etapas para la reintegración: la primera basada en la rehabilitación formal de los niños, etapa en la cual eran recibidos en el centro de acogida y se les proveía de sus necesidades físicas básicas como comida, ropa y atención médica. La segunda basada en la rehabilitación psicológica y la reintegración comunitaria basada en el soporte a las comunidades. (Bainomugisha, 2010, p. 249.

GUSCO combino las metodologías la reintegración establecidas por el sistema internacional y lo rituales comunitarios para la aceptación de los niños por parte de sus comunidades. En este caso, la reintegración se implementó con relativo éxito, debido a que se realizó un trabajo previo de comunicación y sensibilización con las comunidades, además cuando los niños eran reintegrados los trabajadores sociales realizaban un seguimiento detallado de la situación lo que permitió que muchos de los niños retornados no regresaran al centro de acogida.

La justicia restaurativa para la reintegración en las comunidades

Como se evidenció con anterioridad al inicio muchos de los programas de reintegración de menores tuvieron dificultades para reintegrar a los niños soldados en sus comunidades debido al rechazo de estas como resultado de la estigmatización y la violencia que estos niños fueron obligados a ejercer en contra de sus comunidades. Para superar estas dificultades muchos de los programas de reintegración y muchas de las organizaciones que les apoyaban tuvieron que acudir a medidas alternativas que permitieran el retorno de los niños a sus comunidades en medio de condiciones seguras para su supervivencia.

Varios de los programas de reintegración acudieron a la adopción de medidas de justicia restaurativa para sortear las dificultades en las etapas de reintegración y reinserción. En algunas comunidades, especialmente en la comunidad Acholi las medidas de justicia restaurativa se aplicaron a través de la adopción de rituales y ceremonias tradicionales que permitían cohesionar nuevamente a las comunidades a través del perdón de los actos cometidos.

Uno de los mecanismos adoptados fueron las ceremonias Mato opu, las cuales son procedimiento pacifico a través del cual se paga por la acción cometida al clan familiar que se haya visto afectado por dicha acción. Estas ceremonias hablan de una concepción muy rica y elaborada en torno a la reconciliación y el diálogo como medios para resolver los conflictos. (Rodríguez, S. 2009, p. 87). La implementación de este ritual está basada en la aceptación de la ofensa cometida que conlleva todo un proceso de dialogo y purificación a través de rituales y oraciones.

Los rituales del Mato Oput son organizados por las organizaciones y los líderes espirituales de las regiones en donde se pretende reintegrar al niño soldado, como medidas de compensación se utilizan vacas, toros o cabras e incluso cuando la ofensa ha sido cometida por un miembro de otro clan se permite el matrimonio entre los miembros de los clanes enemistados para afianzar los lazos comunitarios. En los últimos años mecanismo como el Mato Oput han sido utilizados para purificar el alma de los niños de los niños soldados de por las atrocidades cometidas.

De acuerdo con Bainomugisha, 2010 durante la implementación del Mato Oput se alienta al perpetuador a reconocer la responsabilidad por el daño causado, seguido de la presentación de la evidencia y un testigo que animan al autor a arrepentirse y demostrar genuino remordimiento, así como a pedir perdón a las víctimas. Por su parte las víctimas son animadas a demostrar misericordia y a conceder el perdón.

A pesar de que el uso de componentes culturales para la reintegración de los niños soldados en el Norte de Uganda resulto ser de uso extendido por gran parte de las organizaciones que trabajaron en los procesos de reintegración aún existen opiniones contradictorias sobre la efectividad de su implementación. Un ejemplo es el hecho de que en algunos de los rituales se debe ofrecer al clan una niña virgen como forma de compensación lo cual resulta problemático para varias organizaciones. Por otro lado, aunque muchos de los niños pasan por centros de acogida en donde se les brinda educación y fortalecimiento en habilidades laborales, en muchos de los casos las comunidades que les acogen son pobre y no cuentan con los puestos de trabajo suficientes. A pesar de las múltiples limitaciones los mecanismos de justicia transicional tuvieron un relativo existo en la medida en que muchas de las comunidades se responsabilizaron por los niños que fueron retornados y aceptaron su regreso una vez estos se sometieron a los diferentes mecanismos y rituales de justicia de tipo restaurativa.

A partir del 2010 muchos de los centros de acogida fueron cerrados por falta de recursos, el centro de World Vision aún se encuentra en funcionamiento y es uno de los poco que quedan. A pesar de que organizaciones como UNICEF y Save the Children continúan trabajando en la región han enfocado sus esfuerzos en ayudar a erradicar la pobreza generalizada y el acceso a la educación y servicios sanitarios básicos, condiciones que desde la guerra no ha parecido mejorar.

CONCLUSIONES

Para lograr brindar una atención integral a los niños soldados, fue necesaria una excelente coordinación entre los diferentes organismos que se encargaban de las diferentes etapas de la reintegración. Esto se evidencio en el apoyo brindado por los diferentes países donantes y las ONG's que participaron en la reintegración de los niños soldados a través de los mecanismos creados por la ley de amnistía, los cuales, si bien eran mecanismos sin precedentes en la transformación de conflictos, presentaron una oportunidad para desarmar a los rebeldes y cambiar las dinámicas de violencia persistentes en el Norte de Uganda.

Si bien los impactos del uso de las tradiciones como mecanismo de justicia restaurativa se han visto entorpecidos por el hecho de que las condiciones de pobreza y desigualdad que llevaron al desencadenamiento del conflicto continúan operantes, estos si contribuyeron a que las comunidades se cohesionaran y asumieran la responsabilidad de restaurar sus lazos sociales. Especialmente en el caso de la comunidad Acholi el uso de rituales y ceremonias tradicionales como el Mato Oput permitió que los niños pudieran retorna en condiciones de seguridad a sus lugares de origen y que no regresaran a los centros de acogida o se rearmaran nuevamente.

Por último, es necesario señalar que en los procesos de reintegración no todo fue exitoso, aunque los programas intentaron tener un enfoque diferencial en la atención a las niñas muchas de ellas se vieron enfrentadas al estigma y sus familias no las aceptaron aún después de haber participado en ceremonias de sanación. Sin embargo, el obstáculo más grande para la correcta reintegración de los niños soldados ha sido la falta de oportunidades, a pesar de que en los centros de acogida recibieron formación laboral y educación, cuando muchos de los niños regresaron a sus comunidades se encontraron con condiciones de pobreza extrema que les impedían continuar sus estudios o conseguir trabajo. Esto ha traído como consecuencia que muchos de los ex – niños soldados se hayan volcado hacía la delincuencia ya que las condiciones que dieron paso al conflicto todavía continúan latentes.

RECOMENDACIONES

Si bien se entiende que el caso de Colombia es distinto en muchos factores al caso de Uganda, en vista del contexto actual en el que algunos grupos al margen de la ley como el ELN, las disidencias de las FARC y los Grupos Armados Organizados continúan reclutando niños para el desarrollo de sus actividades ilícitas, y en el cual dentro del marco del acuerdo de paz las FARC – EP han entregado los niños que permanecían en sus filas, se ve como necesario formular una serie de recomendaciones que permitan repensar la forma como se manejan los programas de reintegración de niños en el país y a la vez brinden un enfoque para la mejor coordinación con las diferentes entidades que participan en el proceso. Por lo anterior se formulan las siguientes recomendaciones.

Es necesario establecer una mejor coordinación entre las entidades estatales, las organizaciones de la sociedad civil, los países donantes y las diferentes organizaciones internacionales que intervienen en el proceso. Actualmente la reintegración de los niños soldados en el país está en manos del Instituto Colombiano de Bienestar Familiar, (ICBF) sin embargo, tomando el ejemplo de Uganda, sería provechoso contar con la experiencia de organizaciones como

UNICEF y World Visión estableciendo mecanismo de cooperación técnica especialmente en lo que se refiere a la atención psicológica y la rehabilitación de los niños que han tenido que pasar por el flagelo del reclutamiento forzado.

Tomando la experiencia de Uganda para el caso colombiano puede ser provechoso el uso de mecanismos de justicia restaurativa que permitan la reintegración de los niños en sus comunidades, especialmente de aquellos que provienes de comunidades indígenas o afrocolombianas. Esto teniendo en cuenta que el caso de Uganda las comunidades lograron en algunos casos reestablecer sus lazos familiares y a la vez se cohesionaron nuevamente haciéndose responsables del cuidado de sus niños y del retorno de estos.

Por último, se debe de aprender de las fallas en Uganda y lograr no solo que los niños retornen en condiciones de seguridad a sus hogares, sino que también retornen en mejores condiciones a las que se encontraban cuando fueron reclutados. En Colombia, las condiciones estructurales que dieron paso al conflicto armado aún se mantienen permitiendo así que muchos combatientes desmovilizados se regresen a las armas. Por lo tanto, es necesario eliminar dichas condiciones estructurales, luchar contra la marginación, la inequidad y la pobreza operantes en algunas zonas del país y brindarles a los niños reintegrados mejores oportunidades para que jamás vuelvan a tener que pasar por situaciones de violencia similares a las provocadas por su forzosa participación en el conflicto armado.

BIBLIOGRAFÍA

Alaniz, L. (2016). El proceso de reinserción de los niños soldados en Sierra Leona de 1999 a 2014 y las lecciones para el postconflicto en Colombia. (tesis de pregrado). Universidad de San Buenaventura, Bogotá, Colombia.

Alta Consejería Presidencial para los Derechos Humanos. (2017). Estos deben ser los jóvenes de la reconciliación: Paula Gaviria. Recuperado de:

http://www.derechoshumanos.gov.co/Prensa/2017/Paginas/13 2-adolescentes-inicianuna-nueva-etapa-lejo-de-la-guerra.aspx.

Atri, S., & Cusimano, S. (2012). Perceptions of Children involved in War and Transitional Justice in Northern Uganda. Universidad de Toronto. Recuperado de: https://munkschool.utoronto.ca/wp-con-

tent/uploads/2012/07/AtriCusimano_UgandaChildSoldiers_20
12.pdf.

Bainomugisha, A. (2010). Child soldiers in Northern Uganda:
An analysis of the challenges and opportunities for reintegration
and rehabilitation. (Tesis PHD). University of Bradford. Bradford, Reino Unido. Recuperado de:
https://bradscholars.brad.ac.uk/bitstream/handle/10454/5284
/Final%20PhD%20Thesis%20March%202011.pdf;sequence.

Beard, M. (2011). The children of Northern Uganda: the effects
of civil war. Global majority E-journal, 2 (1). 4 – 18. Recuperado   de:
http://www.bangladeshstudies.org/files/Global_Majority_e_Jou
rnal_2-1_Beard.pdf.

Briggs, J. (2005). Cuando los niños van a la guerra. Barcelona,
España: Océano.

Calderón, P. (2009). Teoría de conflictos de Johan Galtung. Revista paz y conflicto, (2),
60   -   81.   Recuperado   de:
        http://redcimas.org/wordpress/wpcontent/uploads/20
12/08/m_JGaltung_LAteoria.pdf.

CNMH, (2017). Una guerra sin edad informe nacional del reclutamiento y utilización de niños y niñas en conflicto armado colombiano. CNMH, Bogotá.

Ehrenreich, R.(1998) The stories we must to tell: Ugandans
childrens and the atrocities of the Lord's Resistance Army. Afri-
ca today, 45(1), 79 - 102.

Escola de cultura de pau. (2008). Escenario de paz y guerra en el
Norte de Uganda.

Recuperado de: http://escolapau.uab.cat/img/qcp/uganda.pdf

Escola de cultura de Pau. (2009). Análisis de los programas de desarme, desmovilización y reintegración (DDR) existentes en el mundo durante 2008. Recuperado de: http://escolapau.uab.cat/img/programas/desarme/ddr/ddr2009e.pdf.

Fiscalía General de la Nación. (2017). Las FARC reclutaron ilícitamente a 11.556 menores desde 1975: Fiscal (e) Jorge Perdomo. Recuperado de:
https://www.fiscalia.gov.co/colombia/noticias/destacada/las-farc-reclutaronilicitamente-a-11-556-menores-desde-1979-fiscal-e-jorge-perdomo/.

Galtung, J. (2003) Paz por medios pacíficos. Paz y conflicto, desarrollo y civilización, Bilbao, Gernika Gogoratuz.

Human Rights Watch. (2012). Who is Joseph Kony, questions and answers on the
Lord's Resistance Army. Recuperado de:
https://www.hrw.org/sites/default/files/related_material/Kony%20QA%203%2021%20 2012.pdf

Kabunda, M. (2011). Conflictos en África: el caso de la región de los grandes lagos Sudàn. investigaciones geográficas, (55), 71 - 90.

Losada, R., & Casas, A. (2008). Enfoques para el análisis político. Bogotá: Pontificia Universidad Javeriana

Lorey, M. (2001) Child Soldiers, Care & Protection of Children in Emergencies - A Field Guide. Save the Children Federation. Save the Children. Recuperado de:
https://resourcecentre.savethechildren.net/node/2386/pdf/2386.pdf.

Maina, G. (2009). an analytical evaluation of the reintegration process of formerly abducted children in northern Uganda and

the role of the various actors. Journal of peace, conflict and development. (14). Recuperado de:
https://www.bradford.ac.uk/social-sciences/peace-conflict-and-development/issue14/analyticalevaluation.pdf
Rodríguez, J. (2009) Conflicto y gobernabilidad en el norte de Uganda. Posibilidades y límites de los ritos de reconciliación mato oput. CIDOB d'Afers Internacionals , 87,
147 – 166. Dialnet. Recuperado de http://www.observatori.org/paises/pais_80/documentos/CID OB.pdf
UNICEF. (1997). Niños asociados con grupos armados. Recuperado de: https://www.unicef.org/spanish/protection/files/FactSheet_ch ildren_armed_groups_sp.p df.
UNICEF. (2015). Niñas y niños soldados. Recuperado de: http://www.unicef.es/actualidad-documentacion/publicaciones/ninos-y-ninas-soldado.
ONU. (1996). Repercusiones de los conflictos armados en los niños. Recuperado de: http://www.acnur.org/t3/fileadmin/Documentos/BDL/2008/6260.pdf?view=1.
Oficina del Representante Especial del Secretario General de Naciones Unidas para Niños y Conflicto Armado. (2013). Causas fundamentales del reclutamiento de niños. Recuperado de: https://childrenandarmedconflict.un.org/es/efectos-del-conflicto/causasfundamentales-del-reclutamiento-de-ninos.

La Memoria de El Salado: Un análisis a partir del informe del Centro Nacional de Memoria Histórica (2009).

Gabriela Franco Villamil
Marisol Moscoso Cely[42]

Introducción

El presente artículo, hace parte del proyecto Vita Activa, de la convocatoria de investigaciones de la Universidad de San Buenaventura de Bogotá 2017. En este proyecto, junto al semillero de investigación Conflicto, Historia y Acción Humanitaria, bajo la línea de investigación Atención a la migración interna producto del

---

[42] Profesionales en Relaciones Internacionales. Investigadoras proyecto: Vita Activa. Semillero Conflicto, Historia y Acción Humanitaria- CHYAH. Universidad de San Buenaventura. Facultad de Ciencias Jurídicas y Políticas. Bogotá. 2017-2018.

desplazamiento forzado en el conflicto colombiano, e inscrito en la línea de investigación Poblaciones, Territorios y Políticas públicas del Grupo de Investigación en Estudios de Religión Política y Sociedad, clasificado A (Colciencias).

La reconstrucción de memoria se concibe como la consolidación de verdad que logra restaurar el tejido social de las comunidades afectadas por la violencia, siendo ello parte de una reparación integral a las víctimas, con lo cual se dignifica a través de un reconocimiento social de los hechos. Por esta razón, la necesidad de la construcción desde la perspectiva de la comunidad se hace vital para la reivindicación de los sucesos y la aceptación de la responsabilidad por parte de los perpetradores de violencia y el Estado que fue parte misma del conflicto en el territorio.

En este sentido, El Salado, Bolívar un territorio inmerso en el conflicto interno colombiano se vio afectado por la violencia en el año 2000; El Salado, es un corregimiento bajo jurisdicción del municipio del Carmen de Bolívar, el cual se encontraba comprendido por los paramilitares como un lugar estratégico para control territorial; puesto que dicha zona estaba en disputa entre los guerrilleros y paramilitares. En dicho contexto, la comunidad se vio perjudicada ante el enfrentamiento por el control del corregimiento y el propósito de los paramilitares de perpetuarse en la zona por medio del miedo que se instauraba en la población a partir de la masacre que se dio en el 2000.

Con lo anterior, la población de El Salado se vio afectada en aspectos sociales, culturales y económicos como consecuencias de la misma violencia en el territorio; asimismo, las masacres lograron fracturar el tejido social de la comunidad y un desarraigo con su territorio rompiendo cualquier estructura comunitaria y social que allí haya existido. En razón de lo anterior, se concibe como necesario una reparación integral a las víctimas, la cual conjuga los elementos morales de reivindicación de la comunidad que experimentó la violencia.

Por consiguiente, el gobierno de Colombia constituyó una entidad que se encargará de reparar a las víctimas a partir de de la consolidación de reportes que relaten los sucesos de violencia que ocurrieron en el marco del conflicto armado, con el propósito de cumplir con el reconocimiento social de los hechos y el establecimiento de la verdad que exigen las víctimas.

Sin embargo, este proceso de reparación integral confiere diferentes aristas en cuanto a la configuración de los relatos sobre la violencia, es decir que se abre un debate metodológico y ético sobre cómo se debe reconstruir memoria para evitar la revictimización de quienes padecieron los hechos de violencia.Ante este panorama, es pertinente cuestionar ¿de qué manera se está reconstruyendo memoria en el país? y ¿cuáles son los métodos o modalidades propuestas desde la academia para llevar a cabo este ejercicio?

En efecto, el presente artículo pretende analizar el ejercicio de Reconstrucción de la Memoria de El Salado, Bolívar realizada por el Centro Nacional de Memoria Histórica (CNMH), estableciendo las contradicciones entre este reporte y el "deber ser" que expone la academia en cuanto a la consolidación de la verdad.

De esta manera, el documento se concibe como un artículo de reflexión, en el proceso de reconstrucción de Memoria Histórica, ya que se observa que el simple relato del horror no abarca por completo las perspectivas de los actores y otros aspectos relevantes, por lo tanto, la debida reconstrucción de memoria logra cerrar los ciclos de sufrimiento para las víctimas al establecer un relato que conjuga la verdad desde distintas ópticas y describe las dinámicas de una comunidad no solo con los actores armados, sino el tejido social que la constituía y lo que significaba estar en pertenecer y estar en el territorio antes, durante y después del conflicto.

En razón de lo anterior, el artículo propone inicialmente, un acercamiento a ciertos modelos de reparación integral a las víctimas que desde la academia se han planteado partiendo de una breve contextualización de la institución encargada en Colombia de llevar a cabo por mandato público la reconstrucción de memoria de las víctimas de país respectivamente el Centro Nacional de Memoria Histórica (CNMH); posteriormente se hace necesario hacer al lector un acercamiento al concepto de la "verdad" como variable fundamental en la reparación integral de las víctimas de cualquier conflicto armado, y su papel en la reconstrucción de tejido social.

En tercer lugar, el artículo abre un espacio para identificar y evaluar la modalidad de reconstrucción de memoria realizada en el documento "El Salado "La Masacre de El Salado: Esa guerra no era nuestra" sobre la masacre en El Salado-Bolívar haciendo un breve recorrido por algunos apartados allí expresados con base en los relatos de las víctimas sobre los hechos ocurridos. En consecuencia, se propone un modelo de reconstrucción de memoria para la reparación integral de las víctimas, el cual se plantea como una propuesta inicial con base en otros modelos de reconstrucción de memoria planteados desde algunos académicos.

Es importante resaltar, que el ejercicio que se realiza durante el artículo, hace parte de la necesidad de ampliar desde el ámbito académico el debate en torno al modelo correcto para reconstruir memoria y a su vez fortalecer la reparación integral a las víctimas en el marco de no solamente el conflicto interno colombiano si no para otros ejercicios de memoria en distintos conflictos a nivel internacional, en este sentido se evidencia la necesidad de ampliar el paradigma desde las Relaciones Internacionales, entendiendo que no solamente puede brindar herramientas teóricas para la temática sino que dentro del Sistema Internacional surgen continuamente conflictos ya sean internos, internacionales o internacionalizados, en los cuales las víctimas deben ser resarcidas de los daños de manera integral por lo que generar estudios sobre el mismo, genera una homogeneidad en el modelo eficaz para ello.

De esta manera, el artículo se concibe como un documento transversal a nivel interdisciplinario que añade como teoría de las relaciones internacionales sobre la construcción de paz y la concepción de violencia retomada por Galtung, quien se encargó de constituir los niveles o tipos de violencia que se pueden generar y los cuales son características de un conflicto armado;

así pues la violencia directa, cultural y estructural se conciben como el triángulo que establece las razones y motivaciones de la violencia. A partir de esta concepción, el autor establece una relación directa entre estos niveles y la paz, logran constituir dos tipos de paz: (1) paz negativa, es resultado de la eliminación de la violencia directa; (2) paz positiva, se construye al suprimir los tres tipos de violencia sobre todo aquella que es la base del conflicto.

Por consiguiente, se justifica que este artículo es pertinente para el área de estudios internacionales dado que la construcción de paz se ha convertido en una rama relevante de investigación y construcción teórica. Además, el estudio de los aspectos internos de un Estado como lo es la consolidación de un posconflicto y eliminar los grupos armados dentro lo mismo entendiendo que promueven la violencia y se instauran como un riesgo no solamente para la estabilidad interna sino para la seguridad de la región; es decir que, la construcción de paz está ligada con la seguridad internacional.

Metodología.

Con el fin de llevar a cabo la presente investigación se utilizara un método investigativo cualitativo, por cuanto se pretende describir y analizar un suceso a partir del establecimiento de una variable independiente(modalidad de reconstrucción de memoria) y una dependiente (reporte del CNMH sobre El Salado).De esta manera, el tipo de investigación pertinente para el desarrollo del artículo es el descriptivo, puesto que el análisis del reporte y de los diferentes marcos teóricos que se traen a colación para entender la relevancia de la verdad y la forma adecuada de reconstruir memoria, la cual permita un reparación integral de las víctimas.

Así mismo, se establecieron fuentes de investigación secundarias, ya que se realizará un análisis de datos para su posterior proceso de interpretación, así como la revisión de literatura logrando un marco de referencia sobre el tema.

Por último, la temporalidad de la investigación se enmarca en el año que sucedieron los hechos que describe el Centro Nacional de Memoria Histórica; no obstante, como parte de las conclusiones se establecerá como reflexión que la temporalidad de dicho reporte reduce la perspectiva y comprensión de la comunidad y como los hechos de violencia lograron fracturar el tejido social de la misma.

Métodos para la reconstrucción de memoria.

La visibilización de las víctimas de un conflicto, se ha convertido en uno de los pilares más importantes en las últimas décadas para reconstruir el tejido social de las comunidades afectadas por dichos casos de violencia. Casos como Ruanda, Perú, Guatemala, son solamente algunos ejemplos en los que se aplicó un enfoque de reconstrucción de memoria para visibilizar a las víctimas como parte de un programa de reparación integral en conjunto con pilares de justicia, reparación fisica, economica y moral.

En el contexto colombiano, para el año 2011 y con el fin de garantizar la reparación integral de las víctimas que ha dejado el conflicto armado colombiano desde 1985, crearía la Ley 1448[43] conocida como Ley de Victimas y Restitucion de tierras en el cual se proclama la implementación de medidas para la reparación de los daños a las víctimas como la restitución de tierras, indemnización, rehabilitación, satisfacción y las garantías de no repetición tanto a nivel individual y colectivo.

A partir de la promulgación de la Ley de Víctimas y Restitución de Tierras, se crea el Centro Nacional de Memoria Histórica (CNMH) con el fin de establecer los informes sobre los relatos individuales y colectivos de las víctimas acerca de los casos de violencia para

---

[43]   Ley 1448.Diario Oficial 48096 de junio 10 de 2011. Nivel Nacional, Colombia.

esclarecer a los victimarios y el daño causado a la población civil. El CNMH trabaja bajo tres pilares para realizar sus informes, el primero de ellos es la explicación de las causas que llevaron a cometer actos violentos sobre cierta población e individuos, el segundo se basa en plasmar "la magnitud del horror" que sufren las víctimas bajo el yugo de sus victimarios en terminos fisicos y psicologicos y por ultimo se realiza la caracterización de los impactos y daños que quedaron como consecuencia que los hechos violentos.

Si bien la iniciativa desde la Ley 1448 del 2011 en conjunto con los trabajos e informes del CNMH han permitido una visibilización de las víctimas que hasta antes de dicho proyecto no existía, y asimismo ha permitido esclarecer hasta cierto grado alguno los victimarios y su responsabilidad, se crea un nuevo paradigma entorno al proceder del CNMH para establecer los testimonios dentro de sus informes al plasmarse los relatos individuales y colectivos de únicamente los hechos violentos de los cuales fueron victimas, procedimiento el cual puede llegar a revictimizar y crear un círculo de violencia que no permite visualizar a las colectividades e individuos como una comunidad que tenían unas dinámicas sociales y culturales representativos antes de ser víctimas del conflicto, sin embargo este punto será retomado posteriormente a profundidad.

Es imprescindible primero realizar una revisión de otros enfoques de reconstrucción de memoria que permitan hacer un análisis comparativo con el enfoque del CNMH para lograr determinar cuál es la mejor forma de reconstrucción de memoria que repare realmente de manera integral a sus víctimas. Posteriormente, se tomará como eje central el informe del CNMH de El Salado "La Masacre de El Salado: Esa guerra no era nuestra" (CNMH, 2009)[44], evidenciando la importancia de la verdad en la reparación integral de las víctimas de este lugar situado en los Montes de María, el cual fue uno de tantos en Colombia que sufrió la crudeza del conflicto armado. Seguidamente se realizará el análisis del informe del CNMH de El Salado, teniendo en cuenta sus fortalezas y falencias que pueden encontrar las víctimas como protagonistas de los testimonios y por último se realizará un aporte so-

---

[44] Centro de Memoria Histórica, (2009). La Masacre de El Salado: Esa guerra no era nuestra. Colombia. Comisión Nacional de Reparación y Reconciliación. Recogido de http://www.centrodememoriahistorica.gov.co/descargas/infor mes2009/informe_la_masacre_de_el_salado.pdf

bre el enfoque que debe tener la reconstrucción de memoria en primer lugar de El Salado, así como otros lugares que han sido parte del conflicto armado.

Así pues, se pueden analizar varios enfoques para la reconstrucción de memoria, el primero de ellos bajo el concepto de "Memoria colectiva" el cual es retomado por el autor Maurice Halbwachs en su texto "La Memoria Colectiva" (2004). En él, se evidencia la importancia del testimonio tanto individual como colectivo para recrear acontecimientos en conjunto ya que, provee de más confianza un recuerdo que tienen varias personas al que tiene solo una, no por su veracidad si no por la exactitud de su testimonio el cual dentro de una colectividad puede enmarcarse en una mayor cantidad de características que rodean a la situación en el pasado. A pesar de ello Halbwachs hace hincapié en que los recuerdos no se mantienen intactos si no que, al contrario, se pueden ver afectados por las ideas del presente: *¿Cómo no va a modificarse la idea que tiene de su pasado? ¿Cómo las nociones nuevas que adquiere, nociones de hechos, reflexiones e ideas, no van a reaccionar sobre sus recuerdos?*[45]

---

[45]   Halbwachs, M. (2004). La memoria colectiva. Zaragoza, Prensas Universitarias de Zaragoza. p. 210.

En razón de lo anterior, al verse afectado los recuerdos por nuestro presente, la unión de las memorias de una colectividad disminuye dicha problemática y es mejor cuando el grupo tiene una relación no solamente de un acontecimiento sino conexiones más amplias de su pasado, puede ser una comunidad en la que se han compartido lazos sociales más fuertes como por ejemplo la familia.

Por otro lado, se plantea una clara distinción entre la memoria colectiva y la memoria histórica entendiendo que para plasmarse una memoria histórica es preciso tener una lejanía del pasado suficiente como para reconstruir los hechos del pasado sin embargo en la memoria colectiva, aunque se reconstruyan también los hechos, estos se hacen a través de las personas que sintieron y estuvieron presentes en determinados momentos dándole un carácter moral a su memoria. Asimismo, Halbwachs precisa en las dinámicas propias de cada grupo para enfatizar en la diferencia que existe en la realización de memorias colectivas según la comunidad ya que cada una tiene sus propias dinámicas durante el pasado que afecta los recuerdos que se tienen de este.

De manera que, es necesario entender cómo se desen-
volvió cada grupo en el pasado a partir de sus recuerdos colectivos en relación con sus dinámicas sociales,
políticas, económicas para asimismo poder recolectar
sus recuerdos de los acontecimientos de violencia que
los marcaron ya que cada recuerdo no es aislado si no
es un conjunto de escenas entrelazadas en la vida de
una persona, no es posible separar una de la otra.

En efecto, se debe tener en cuenta en la reconstrucción de memoria la forma en la que se plasman dichos
recuerdos. Los testimonios que se recogen suelen
plasmarse como una historia oral en la que los testigos
son la primera fuente siendo los protagonistas de los
acontecimientos que son de interés para las memorias,
las cuales se realizan por medio de entrevistas. Posteriormente se utilizan fuentes secundarias con otro tipo
de memorias como lo son, las cartas, diarios entre
otros documentos que den soporte a los testimonios
personales de los testigos.

Se podría decir que lo anterior expuesto, se asemeja a
la forma en que el CNMH realiza sus informes de reconstrucción de memoria en distintos territorios, por
medio de entrevistas principalmente en los que se les

formula preguntas a las víctimas acerca de los hechos de violencia de los que fueron protagonistas, en realidad es la forma más utilizada de llevar a cabo la reconstrucción de memoria en distintos conflictos que han tenido lugar en otros territorios.

Sin embargo, dentro de los relatos orales existen dos variables, el primero de ellos según Aceves, consiste en un enfoque de historia de vida completa el cual implica que el testimonio se abarca desde los primeros años de vida del narrador, el trayecto completo de la vida de una persona acompañado además de documentos y otros testimonios que soporten dicho relato. En este sentido el autor dice: *"El papel del investigador no concluye con la elaboración del texto autobiográfico, sino que tiene que agregar un trabajo preciso de reflexión, crítica y contextualización del texto oral, en el marco socio histórico correspondiente, con la finalidad de comprender el "sentido propio" y particular de la experiencia personal relatada por el sujeto en cuestión."* [46]

En segundo lugar, se encuentra la construcción de historia de vida focal o temática, en donde el investigador

---

[46] Aceves, J. (Marzo de 1999). Un enfoque metodológico de las historias de vida. México: Ciesas. Proposiciones 29.

se focaliza en recoger testimonios de vida de una etapa
o situación en particular para ser entrelazada con otros
relatos de un mismo grupo de personas para obtener
una versión única de dicho acontecimiento de manera
general. Para Aceves, hay una tercera opción para
construir memoria a partir de las historias de vida, en
las que el investigador toma parte de los relatos haciendo intervenciones con el fin de aclarar, explicar o
comentar las situaciones durante el testimonio.

Por otro lado, no solamente se pueden recolectar la
memoria de un grupo de individuos por medio oral,
sino que existen otras formas como el arte y la literatura. Todas las herramientas le apuntan a visibilizar a
las víctimas y poner como hecho real los actos violentos que sufrieron con el fin de que la sociedad sea
consciente y los reconozca como tales. Así pues, en
términos de arte, se ha fomentado la reparación sim-
bólica por medio de museos y monumentos que con-
sagran las historias de vida de las víctimas.

Es posible usar también pinturas, esculturas, música,
poesía o cualquier otra forma de literatura y arte que
busque simbolizar y recoger en una sola pieza las memorias de las víctimas buscando paralelamente no solamente reconocerlos si no ofrecerles un papel pre-

ponderante en una sociedad que desea repararlos integralmente por sufrir el yugo de una guerra en la cual no debían ser víctimas.

A pesar de la búsqueda constante formas por reconocer a las víctimas y su reparación integral, como se describió al inicio del texto, los enfoques que tiene la reconstrucción de memoria abren un debate moral y psicológico sobre las emociones que trae a la víctima recordar reiterativamente los actos de violencia, llevando a una posible revictimización. Asimismo, es evidente que el CNMH se ha enfocado constantemente en recoger historias de vida parciales sobre los acontecimientos de violencia exclusivamente, de manera que, podría cuestionarse si los recuerdos de las víctimas pueden ser separados de los recuerdos de su vida tanto como individuos y colectividades antes de sufrir el yugo del conflicto.

Luego de dar esbozos sobre algunos enfoques metodológicos para reconstruir memoria, los cuales pueden retomarse por parte de los investigadores en la recolección de historias de vida de las víctimas, es necesario posteriormente entender la importancia de la verdad en el proceso de reparación integral de las víctimas con el fin de debatir y analizar el proceder de la

CNMH en el informe de el corregimiento Villa del Rosario- El Salado.

La memoria un ejercicio de reparación moral.

La consolidación de la verdad después de los sucesos de violencia enmarcados en un conflicto armado, es uno de los pilares elementales en el posconflicto para la reparación de víctimas a un nivel de cumplimiento de justicia y visibilidad de los sucesos, al reconocer el papel de las víctimas - victimarios - Estado. Por consiguiente, la reconstrucción de memoria se establece como un ejercicio de recuerdo para sanar las fracturas y estigmas generados a la sociedad durante el conflicto.

De esta manera, la verdad logra restaurar el tejido social de las comunidades afectadas por la violencia y la dinámica que los actores del conflicto forjaron en los territorios donde se encontraban; impactando así en las relaciones de las comunidades que se ven envueltas en el conflicto armado. En este sentido, las víctimas de sucesos tan aberrantes como las masacres tendrán una justicia restaurativa que se nutre de la reparación moral, por medio del reconocimiento de responsabilidades, la visibilidad de la verdad del conflicto que ha permeado y socavado la vida de los civiles en la mitad de los enfrentamientos.

En concordancia, las víctimas y/o sobrevivientes inmersos en contextos de represión política y victimización establecen que es relevante el reconocimiento social de los hechos y de su sufrimiento; por consiguiente, se debe tener en cuenta que:

"...para las víctimas y familiares el conocimiento de la verdad es una de las principales motivaciones. Esa demanda implícita de dignificación está muy ligada al reconocimiento de la injusticia de los hechos y a la reivindicación de las víctimas y los familiares como personas cuya dignidad trató de ser arrebatada".[47]

Así pues, la dignificación de las víctimas está ligada a la reconstrucción del tejido social dado que la reparación integral permite que las víctimas resignifiquen su papel dentro de la comunidad fracturada por la violencia; permitiendo así un resarcimiento a nivel moral lo cual evita que se perpetúen los ciclos de violencia generada por la venganza y ajuste de cuentas que la violencia deja tras de sí.

---

[47] Beristain,C. (s.f). El papel de la verdad y la justicia en la reconstrucción de sociedades fracturadas: Universidad del País Vasco

Por ello, es relevante *"el reconocimiento de los hechos por los autores y de la responsabilidad del Estado, así como las acciones que ayuden a asumir la verdad como parte de la conciencia moral de la sociedad, son parte de la reparación de la dignidad de las víctimas y la mejora de la vida de los sobrevivientes"*[48] Con ello, se hace evidente la relevancia el tejido social para una comunidad dado que este es la estructura o base de conformación de las relaciones entre las personas que lo conforman; puesto que dicha base suscribe el papel o rol que tiene cada persona como sus relaciones con los miembros de la población. De esta manera, la unión de las personas con un fin determinado o por razón de convivencia estructuran lazos entre familias vecinas, amigos y con personas que son parte de la comunidad;en cuanto a ello, se afirma que: *"El tejido social permite, contar con la familia, las familias vecinos amigos que persiguen un fin, compartir, construir lazos, para construir condiciones de vida digna y enfrentarlas"*[49]

---

[48]   Beristain,C. (s.f). El papel de la verdad y la justicia en la reconstrucción de sociedades fracturadas: Universidad del País Vasco.

[49]   Rincón,I.(2013).Reconstrucción del tejido social y la persona: filosofía de la educación:UNAM

En efecto, los lazo que se construyen al interior de una comunidad son de un valor invaluable para el desarrollo de las relaciones y del pueblo o grupo que se forja a partir de la constitución de las conexiones; las cuales son la consecución de los roles de cada persona. Por esta razón, el reparar a través de un ejercicio de memoria es vital para restablecer la cotidianidad en las comunidades y reponer las heridas que dejó la violencia.

Por otra parte, la reconstrucción debida de la verdad posibilita relatar los acontecimientos desde los diferentes puntos de vista, que posee cada uno de los actores del conflicto. Sumado a ello, la memoria que logra describir las dinámicas de la población antes de ocurridos los sucesos de violencia y después de ellos da a conocer las fracturas que generó el conflicto; además permite observar y analizar cómo el territorio descrito junto con la comunidad se encuentran inmersas en la violencia al comprender que parte de las personas por diferentes factores socioeconómicos tienen que recurrir o convertirse en parte del conflicto.

Ahora bien, en Colombia se ha evidenciado este fenómeno el cual consiste en que los menores, jóvenes o adultos se suman a los grupos al margen de la ley o a las Fuerzas Militares, ya sea por reclutamiento o por voluntad. Esta segunda acepción se da usualmente en territorios donde el abandono del Estado es notorio, es decir que dicha población no tiene satisfechas sus necesidades básicas y está a merced del grupo o grupos al margen de la ley que se quieran adjudicar el mandato del territorio. Por consiguiente, las comunidades que viven dicha realidad están fuertemente ligadas al desarrollo del conflicto armado; siendo ello parte del argumento que ha logrado estigmatizar algunas poblaciones al referirse a determinadas regiones del país como pro-guerrilla, pro paramilitar o que apoyaban al Ejército[50].

Así pues, se estableció una lógica de violencia cultural que desemboca en directa cuando crímenes como las masacres, asesinatos selectivos, desapariciones forzadas y otros tipos de violencia se basaban en la justificación de los grupos armados como una forma de

---

[50]   Rutas del conflicto. (2018).¿En Colombia existen pueblos paramilitares o guerrilleros? Retirado de:http://rutasdelconflicto.com/especiales/estigma_grupo_armado/

contener o suprimir aquellas poblaciones que *"auxilia-
ban a sus enemigos"*.[51]

Con lo anterior, se denota que la memoria no es solo
un proceso para sanar las heridas del conflicto, sino
que a su vez permite eliminar la violencia cultural que
se generó tras la estigmatización de diferentes poblaciones que estaban ubicadas en regiones con presencia
de los grupos armados. Por lo tanto, al acabar con los
señalamientos se evita que las comunidades sean nuevamente afectadas por razón de que pertenezcan a un
bando o a otro. Como muestra de esto, El Salado, Bolívar fue un territorio categorizado por los paramilitares como parte de una importante presencia y apoyo
de la guerrilla. No obstante, dicha afirmación solo in-
tentaba justificar la incursión a un territorio estratégico, el cual tiene cuatro vías de acceso y era necesario
controlarlo para desplazar la presencia de guerrilla en

---

[51]   Rutas del conflicto.(2018).¿En Colombia existen pueblos   paramilitares   o   guerrilleros?   Retirado
de:http://rutasdelconflicto.com/especiales/estigma_grupo_arm
ado/

la zona, siendo ello parte de la expansión paramilitar que se llevaba a cabo en el país.[52]

En este contexto, los paramilitares desarrollaron las masacres como un método para apropiarse de los territorios estratégicos, otorgando a dichas acciones un valor simbólico que instaura el miedo en las comunidades por medio de actos violentos que dejaron un número considerable de la comunidad asesinada, desplazada y fracturada por los hechos cometidos. Así pues, este modo de operación se estableció para adueñarse de los territorios sin que sus pobladores pudieran objetar ante lo ocurrido. Por esta razón, las comunidades ven el relato colectivo de los hechos como un aspecto imperativo para la reformulación de sus vidas; siendo así un método para visibilizar los sucesos de

---

[52]   Centro de Memoria Histórica, (2009). La Masacre de El Salado: Esa guerra no era nuestra. Colombia. Comisión Nacional de Reparación y Reconciliación. Recogido de http://www.centrodememoriahistorica.gov.co/descargas/infor mes2009/informe_la_masacre_de_el_salado.pdf

violencia que fueron ocultos por intereses de los actores inmersos en conflicto armado.[53]

Si bien el saber los hechos desde diferentes puntos de vista (subjetivos) permite reconocer a las víctimas, además posibilita la unión de los lazos de la comunidad que se vieron afectados por la violencia que aconteció. Justamente, la naturaleza de las relaciones entre vecinos, familiares y grupos que conforman la comunidad, se ven alteradas por el uso que les dan los grupos al margen de la ley a determinadas personas de la población para que realicen señalamientos a grupos familiares o a individuos tildandolos de auxiliadores del enemigo; por esta razón, la dinámica de las relaciones se fractura y es apremiante que se reconstruya las uniones que existían en la comunidad, ello se recupera a través de una reparación moral que debe centrarse en el reconocimiento de los actos cometidos y el impacto que generaron en los aspectos sociales, políticos, psicológicos y económicos de la población.

---

[53] Rutas del conflicto.(2018).¿En Colombia existen pueblos paramilitares o guerrilleros? Retirado de:http://rutasdelconflicto.com/especiales/estigma_grupo_armado/

En consecuencia, se observa que la necesidad de verdad y justicia son de carácter apremiante para la comprensión de la naturaleza del crimen, buscando así el reconocimiento y estableciendo la responsabilidad de quien cometió los hechos. Ello implica que la memoria sea una herramienta de reparación que permita consolidar "la justicia en su sentido más general, que va más allá del marco de los tribunales; lo cual implica también que lo particular debe someterse al precepto abstracto" (Villasante,2013)[54].

Respecto a lo expuesto, se afirma que la reparación a las víctimas es uno de los pilares para constituir una sociedad justa en el periodo de posconflicto, dicho esto se suscribe la reconstrucción de verdad a partir del establecimiento de relatos que se consolidan en la memoria, siendo parte del ejercicio vital para el reconocimiento de los hechos y la responsabilidad de los actos cometidos. Por lo tanto, la memoria no debe estar viciada por intereses que invisibilizan la oleada de violencia que afectó los territorios; dado que el mal uso de la misma puede provocar una revictimización al no ser completa en aspectos de contexto, dinámicas

---

[54]   Villasante,M. (2013).Usos de la memoria. Dossier Revista, N 10:Lima, Perú

económicas, sociales, políticas y culturales de la región, los relatos de la comunidad, como su relación con el territorio y la descripción del tejido social que se vio fracturado.

De tal manera, el informe del CNMH sobre la Masacre de El Salado se expone como un documento que busca restablecer los actos cometidos por los paramilitares en la zona y como el medio propicio para reparar moralmente a las víctimas. No obstante, se constata que la comunidad no percibe la totalidad del documento como reflejo de lo ocurrido y de los impactos que las acciones violentas en la cotidianidad de El Salado con las repercusiones al tejido social y la perpetuación del abandono estatal.

El Centro Nacional de Memoria Histórica en la Masacre de El Salado.

Luego de entender la importancia de la verdad en la reparación integral de las víctimas, se evidencia la necesidad de mostrar una verdad imparcial que permita percibir la totalidad no solo de los hechos de violencia sino de las dinámicas que tuvo la comunidad antes y durante la masacre con el fin de llevar a cabo una real

reparación de tejido social de manera integral entendiendo que cada territorio atiende a unas necesidades
diferentes las cuales no pueden tratarse como iguales
para otros territorios que han sido también víctimas
del conflicto armado en Colombia.
De esta manera es necesario analizar el informe del
CNMH que se llevó a cabo en el corregimiento de Villa del Rosario- El Salado llamado "La Masacre de El
Salado: Esa guerra no era nuestra" en el 2009. Dicho
informe de 265 páginas contiene 6 capítulos, en el
primero de ellos se realizó una investigación con base
en los hechos desde el 16 de febrero del 2000 hasta el
21 de febrero del 2000 con un total de cinco días res-
pectivos a la duración de la masacre, enfatizando en el
nivel de horror que tuvo la violencia, haciendo explíci-
to los actos más atroces por parte de los paramilitares
a la población. En este apartado se describen las armas
usadas y el odio con el que se realizaron las acciones
contra la población a causa de la presunta premisa de
que el pueblo se caracterizaba por ser "guerrillero" al
tener dentro de sus habitantes personas pertenecien-
tes a guerrillas lo que los convertía en un objetivo militar.

Tal premisa fomento el discurso de odio de los paramilitares, creando un sentimiento de guerra personal
desde los victimarios hacia los habitantes del corregi-

miento, de manera que los actos violentos tuvieron un carácter tan agresivo hasta el punto de realizarse acciones inhumanas que son descritas durante el informe, asignándoles nombres y apellidos tanto a los victimarios como a las víctimas. Asimismo, en el primer capítulo se plantea un contexto a partir de la importancia del territorio para los actores armados evidenciando las causas para que se generará un ciclo de violencia en el corregimiento.

En este sentido, cabe resaltar la contextualización que se hace para poner evidencia los intereses de los grupos armados de la región, por lo cual el CNMH hace de manera explicativa una caracterización de las dinámicas regionales en torno a las guerrillas como las FARC, ELN, EPL, los grupos paramilitares y Fuerzas Armadas del Estado. Aun así, existe una falencia en torno a la contextualización de territorio con base a la perspectiva de las víctimas, es decir, un territorio no solamente se constituye en su razón de ser por las dinámicas de violencia que se crean en él si no por las dinámicas sociales, políticas, culturales y económicas que existen en la comunidad.

Asimismo, la contextualización en torno a la presencia de grupos armados en el territorio, muestran el gran abandono estatal hacia el corregimiento de Villa de Rosario- El Salado, *"En efecto, los Montes de María fueron un escenario marginal en el desarrollo del país hasta los años 80, pues carecían de importancia estratégica dentro del funcionamiento de la economía nacional y de la dinámica del conflicto armado nacional"* (CNMH, 2009). Sin embargo, no por el abandono estatal implica una invisibilización de la región antes de los actos de violencia, al contrario, es necesario desde la verdad, fomentar la visibilización del territorio a partir de las memorias de los habitantes.

La visibilización de corregimiento permite además, una mejor reparación integral a las víctimas, al ser capaces de atender a las necesidades propias de territorio antes de la oleada de violencia, es decir, solo se puede reparar lo que se sabe que se fracturó o estaba fracturado, de manera que el corregimiento tuvo un abandono del Estado aun antes de la presencia de grupos armados en la región, por lo cual la verdad permite la reivindicación del Estado con el territorio con base en las memorias de la comunidad.

Posteriormente, en el segundo capítulo se recogen las memorias de las víctimas, planteando la falta de imparcialidad de los medios de comunicación al ponerse como primer relato la versión de los victimarios. Así pues, el informe plantea una distinción entre las víctimas a partir de sus relatos entre desplazados, retornados, sobrevivientes que fueron testigos principales de los hechos y sobrevivientes de los territorios aledaños.

Durante los relatos, continuamente se realiza una intervención por parte de los investigadores en tanto explican los relatos que se plasman en el informe, de manera que se utilizan fragmentos cortos de las entrevistas a las víctimas seguido de una explicación y contextualización por parte de los investigadores de dichos fragmentos, lo que conlleva a que las historias de las víctimas no se realicen de manera completa e imparcial. Al contrario, se retoman varios fragmentos de las entrevistas de distintas víctimas tomando de cada relato únicamente sus encuentros con los victimarios. En el siguiente fragmento se evidencia por un lado la intervención de los investigadores y pequeñas partes de relatos de las víctimas que sirven de soporte para los argumentos de informe:

"Pero lo que más recuerdan con dolor y rabia es que sus verdugos les impidieron recoger y enterrar a sus muertos, lo que se vuelve aún más

penoso cuando los animales (el golero-ave carro-
ñera- y los cerdos) empezaron a "comerse" los
restos   de   las   víctimas."

[...] cantaban después de matar, se les veía el
placer de matar. Luego dice un peladito, "pero
yo no he matado, déjenme matar a alguien".

[...] Cuando sacaban una persona para ma-
tarla, ellos decían "yo lo mato" y el otro decía
"no, déjenmelo a mí". Se disputaban como si la
persona fuera un trofeo para matarla"[55]

Así pues, durante el capítulo dos, dirigido a las memorias de las víctimas, se evidencia un protagonismo bastante escaso por parte de los testigos sobre los hechos,
ya que el CNMH no toma los relatos de las entrevistas
enteros si no partes explícitas de violencia conforme el
informe va describiendo los hechos paso a paso. De
manera que las memorias individuales que deberían ser

---

[55]   Centro Nacional de Memoria Histórica. (2009). Testimonio #27; Testimonio #7 Hombre Joven. La Masacre de El
Salado: esa guerra no era nuestra". pp 95

la base de la memoria colectiva, en realidad solo son pequeñas perspectivas de testigos enmarcados en una memoria general la cual no muestra la verdad desde las víctimas sobre los hechos. Posteriormente, el CNMH realiza una lista sobre el número de víctimas, el tipo de violencia ya sea "Ejecución extrajudicial" o "desaparición forzada" y el presunto victimario según el grupo armado. Asimismo, se recogen algunos relatos sobre el retorno que algunos habitantes realizaron al territorio tiempo después de la masacre, sin embargo, cabe reiterar lo enfático que debe ser de tener una memoria integral, ya que un testimonio de retorno no obtiene la visibilización necesaria sin la comparación de los relatos antes de la violencia.

Lo anterior se evidencia esencialmente en las imágenes utilizadas en el informe del pueblo luego de dos años de la masacre, lo cual pone en debate la necesidad de una historia de vida detrás de las imágenes de desolación, historias de vida para retratar las imágenes antes de la violencia con el fin de entender y visibilizar la pérdida real de las víctimas en relación tanto con el territorio como con la comunidad.

Así pues, el análisis sobre el informe de CNMH se puede realizar de manera más amplia sin embargo se retoman partes claves con el fin de en el siguiente apartado, aportar un modelo de reconstrucción de memoria para que la verdad siga siendo la clave de una reparación integral, sin desconocer el arduo trabajo del informe , se plantean algunas recomendaciones tanto para complementar la metodología en el informe de El Salado, como para reconstruir memoria en otros territorios que han sufrido de igual manera el yugo de la violencia en Colombia.

Reconstruir memoria a partir de un modelo para la reparación integral

Recopilar, analizar y plasmar los relatos de memoria que se dan en diferentes aconteceres es un ejercicio de atención para evitar que dicha construcción de verdad no concilie con todas las partes involucradas y más aún con aquellas personas que sin ser parte del conflicto sufrieron la violencia de primera mano. Esto viene ante lo relevante que es dicha tarea para establecer que lo hechos de barbarie que ocurrieron en el marco del conflicto armado, evitando que ellos se vuelvan a repetir.

En este sentido, atender a la justicia, reparación y no

repetición es parte del objetivo de la construcción de verdad que se adquiere en el establecimiento de la memoria; por consiguiente, cuando la memoria se encuentra manipulada o sesgada solo permite el reconocimiento parcial de ciertos actos, invisibilizando los acontecimientos que pudiesen llegar a afectar a un sector responsable. Así pues, se nubla el proceso de memoria y se reprime a las poblaciones para que no se escuchen las historias que marcaron la dinámica que se vive actualmente en su cotidianidad.

Por lo tanto, el modelo que se utilice para la configuración de dichos relatos debe contemplar todas las partes inmersas en el conflicto, las dinámicas de la región, la relación entre la comunidad y el territorio, el tejido social que se tenía antes y después de lo ocurrido y por último dimensionar los impactos y consecuencias de estos actos en la población como lo es el desarraigo.

Ahora bien, la memoria según Todorov (2002) es en sí misma, y sin ninguna otra restricción, neutra es decir no es buena ni mala; por lo tanto esta se define a partir de la forma de restauración siendo esto el punto de partida para determinar si la memoria se encuentra sesgada en la medida que, se define a partir de la reestructuración de la misma (a qué intereses responde o si es imparcial) y sí está no contempla en su totalidad la visión de los diferentes actores ante los sucesos. Es decir, que se puede controlar la memoria con fines específicos por medio de la supresión de la misma, ello implica que "no es que en el pasado se hubiera ignorado la destrucción sistemática de los documentos y monumentos, lo que supone un modo brutal de orientar la memoria de toda la sociedad"[56].

Así pues, la memoria no es neutral sino viciada cuando es parcial, además ser voyerista o se conduce a escollos como lo son la sacralización y la banalización. En efecto, cuando se lleva la memoria a estos límites ella no puede ayudar en lo absoluto a la existencia actual, ya que la primer escollo de la memoria evita reconocer el pasado como al singular sino que ese atrincheramiento del acontecimiento los convierte en sagrado, en otras palabras este pasado no se puede abordar y queda como una pantalla ante él presente que en vez de llevar a él, es una excusa para la inacción; por otra parte la banalización no permite que la reconstrucción del recuerdo sea singular, sino que por el contrario

---

[56]   Todorov,T (2002).Memoria del mal tentación del bien.pag (193-198), Ediciones Península: Barcelona, España.

provoca que este sea concebido en un ámbito general, es decir igual a todos los recuerdos sin hacer ver esta memoria con una particularidad según lo que aconteció, con quienes y en donde por lo cual esta forma de esterilizar la memoria nos hace pensar en todo y en cualquier cosa.[57]

De esta manera, se expone que se debe construir memoria y relatar sin necesidad de detallar de manera enfática y sin tacto los hechos de barbarie evocando así un espíritu voyeurista al público que se dirige el documento; puesto que ello es una forma de revictimización.

Lo anterior trae a colación la necesidad y el deber de reconstruir una memoria objetiva que pretenda relatar y dar visibilidad de los hechos sin ello suponga banalizar el establecimiento de la verdad. En este sentido, como se ha expuesto se propone un modelo que evite la revictimización y que cumpla a cabalidad el papel de reparación moral de las víctimas.

En concordancia, con el apartado anterior que enfatiza en el documento que realizó el CNMH se puede

---

[57] Todorov,T (2002).Memoria del mal tentación del bien.pag (193-198), Ediciones Península: Barcelona, España.

evidenciar que dicha reconstrucción de memoria tiene ciertas falencias, en cuanto a la descripción de los sucesos dado que la verdad como relato colectivo que tienen las víctimas de la masacre de El Salado es parcial, es decir que el informe contiene fragmentos de los hechos en ciertas ocasiones poco coherentes o con declaraciones que son suprimidas del mismo.

Por consiguiente, la conciliación del documento como medio para establecer la memoria, no contempla con precisión los relatos; en consecuencia se coarta la memoria permitiendo que se banalice, dado que no demuestra lo que aconteció como un hecho particular sino que invita a concebir el recuerdo como un símil de otros sucesos parecidos, por lo cual se piensa en un todo y no se tiene en cuenta a la población de El Salado como una comunidad específica con un contexto singular y una relación con el territorio - actores del conflicto.

En cuanto a ello, el modelo propuesto debe evitar caer en los escollos de la memoria (sacralizar y banalizar). Por lo tanto, la memoria debe ser concebida desde un ámbito donde las víctimas tengan el rol protagónico y sus relatos se vean reflejados en el documento que se pretende realizar, teniendo en cuenta sus declaraciones completas. En esta misma dirección, se debe realizar un trabajo que visibilice a la víctima no solamente desde una perspectiva donde es quien vivió los hechos atroces, sino que se entienda como una persona que tiene un pasado antes de sufrir la violencia. Por ende, se entiende la memoria más allá de la descripción de un hecho atroz, ella es una propuesta para el reconocimiento del recuerdo y a su vez compila la historia de una comunidad en particular. Con ello, el modelo pretende relatar la verdad colectiva de la comunidad de El Salado, junto con su relación con el territorio y los actores del conflicto; todo esto se contempla a profundidad al describir y analizar periodos de tiempo anteriores a la masacre, durante y posterior a ella para evidenciar el cambio del tejido social.

Discusión y conclusiones.

El modelo para la reconstrucción adecuada de la memoria debe ir centrado en los relatos de las víctimas, teniendo en cuenta que quienes hacen parte del proceso de recopilación y cohesión de dichos relatos no deben interferir de manera directa en la reconstrucción de verdad, es decir que se realiza un trabajo donde los relatos no han de ser alterados o cortados para evitar que la reconstrucción sea sesgada. En este sentido, se propone como alternativa para construir memoria de forma integral por medio de una alternativa cultural que incentive a conocer los relatos de las víctimas y que ello propicie que sus testimonios no sean coartados; por lo tanto, la configuración de un video con entrevistas permite que se cuente la verdad colectiva de la comunidad de El Salado.

Si bien, es evidente que una de las dificultades para el CNMH es plasmar todos los relatos de las víctimas debido a la extensión que podría tomar el documento, se plantea como modelo formas audiovisuales desde las cuales facilite a las víctimas un camino de comunicación que les permita apropiarse como protagonistas de sus vidas no solamente dentro del conflicto armado si no de un territorio que hace parte de Estado colombiano y el cual la sociedad invisibilizó durante muchos antes de los actos violentos que sucedieron y muchos años después aún se presentan síntomas de violencia estructural entre los habitantes que aún viven en el corregimiento o población de El Salado que habita en otras zonas de país.

De manera que este artículo, se plantea como una observación inicial hacia un camino que desde la academia queda por recorrer, y es el de plantear, identificar y crear mejores modelos de reparación a las víctimas que ha dejado el conflicto por muchos años en nuestro país, y que requiere una visión de reparación más integral, para que aquellos que han sufrido el yugo de la violencia y la sociedad entera pueda reconstruir de nuevo el tejido social que ha estado roto durante las últimas décadas. Asimismo, es necesario que exista un trabajo coordinado desde los entes de investigación academia, sociedad civil, el Estado, Organismos Internacionales, entre otros, para que dicho avance en un modelo de reparación integral, no quede plasmado solamente en documentos investigativos, sino que trascienda a la realidad, y podamos como sociedad, reconocer y reparar realmente a nuestras víctimas.

Bibliografía

Aceves, J. (1999). Un enfoque metodológico de las historias de vida. México, Ciesas. Proposiciones 29.
Álvarez M. y Smith B. (2007). Revictimización Un Fenómeno Invisibilizado en la Instituciones. Revista Medicina Legal de

Costa Rica. 24 (1) Marzo.

Antequera, J. (2011). Memoria Histórica como relato emblemáti-co. Bogotá. Universidad Pontificia Javeriana.

Centro Nacional de Memoria Histórica, (2009). La Masacre de El Salado: Esa guerra no era nuestra. Colombia. Comisión Nacional de Reparación y Reconciliación. Recogido de http://www.centrodememoriahistorica.gov.co/descargas/infor mes2009/informe_la_masacre_de_el_salado.pdf

Centro Nacional de Memoria Histórica. (2009). Testimonio #27; Testimonio #7 Hombre Joven. La Masacre de El Salado: esa guerra no era nuestra". pp 95.

Collado, C; Baptista, P. (2010). Metodología de la investigación. México. McGraw-Hill

Gutiérrez de Piñeres Botero, C., & Coronel, E., & Pérez, C. (2009). Revisión teórica del concepto de victimización secundaria. Liberabit. Revista de Psicología, 15 (1), 49-58.

Halbwachs, M. (2004). La memoria colectiva. Zaragoza, Prensas Universitarias de Zaragoza.

Ley 1448.Diario Oficial 48096 de junio 10 de 2011. Nivel Nacional, Colombia.

Orsini-Saillet, C. (2006). La memoria colectiva de la derrota: Los girasoles ciegos de Alberto Méndez. Madrid: Sociedad Estatal de Conmemoraciones Culturales

EL ACOPIO DE CARBÓN Y SUS PASIVOS AMBIENTALES. SUTATAUSA CUNDINAMARCA 2012-2016

Laura Viviana Pachón Valdés
Andrea Carolina Pachón Fúquene[58]

INTRODUCCIÓN

El siguiente trabajo comprende una revisión de la normatividad existente sobre las prácticas propias de los acopios de carbón y su influencia en la contaminación ambiental en el municipio de Sutatausa Cundinamarca y que, según la investigación realizada durante el transcurso del año en curso, se evidencia una externalidad negativa ambiental importante debido a la

---

[58]   Profesionales en Derecho proyecto: Vita Activa. Semillero Conflicto, Historia y Acción Humanitaria- CHYAH. Universidad de San Buenaventura. Facultad de Ciencias Jurídicas y Políticas. Bogotá. 2017-2018.

alta contaminación que generan las malas prácticas de explotación minera.

De acuerdo al Departamento Nacional de Planeación, el sector minero energético es considerado por el gobierno colombiano como un importante ingreso para el crecimiento económico. Colombia es el país con mayores reservas de carbón en América latina, es el sexto exportador de carbón en el mundo, sin embargo, a nivel ambiental y social se ha convertido en un tema crítico que tiene preocupado al municipio de Sutatausa Cundinamarca.

Asimismo este proyecto nos revela que la salud de los habitantes de este municipio se ve afectada gracias a la partícula PM2.5 al igual que la economía debido a que su producción ganadera y agrícola se redujo en porcentajes significativos y aledaños se ven afectados económicamente, las malas prácticas de distribución del carbón   especialmente en el manejo adecuado de selección, transporte alto grado de contaminación que viene afectando en mayor medida a los habitantes del municipio ya mencionado, es la contaminación y destrucción del medio ambiente, la cual se realiza por diferentes actores y de diversas maneras, como por ejemplo la dispersión de material particulado, lanzamiento de materiales pesados al agua y la destrucción de bosque nativo, entre otros, a causa de la actividad de los acopios de carbón.

Dos fuentes de vida como son el agua y el aire requieren protección desde diferentes perspectivas, para cuidar su producción permanente calidad y limpieza, etc. Es sabido que la minería es una de las actividades más contaminantes y de ella se ha hablado en múltiples ocasiones; sin embargo, no se ha hecho lo mismo (o al menos con la misma profundidad), respecto a actividades asociadas a ella, como lo son el transporte y acopio de los minerales extraídos como producto. El estudio de los grandes problemas de la minería o sus actividades conexas puede realizarse revisando el panorama nacional, pero también es posible hacerlo estudiando la problemática de un municipio o una determinada zona que sirva para hacerse una idea del panorama en general. El municipio de Sutatausa ha visto como en los último 30 años ha cambiado su estructura económica, basada ancestralmente en la agricultura por una fundamentada en la minería, ha visto crecer sus problemas de contaminación de la misma manera que el fenómeno se ha presentado en otros sectores del país. Así mismo es posible replicar los aprendizajes derivados del manejo de transporte y acopios de carbón respecto de otros materiales de extracción del suelo. En más de una ocasión los derechos fundamentales de las personas deben ceder ante la urgente necesidad de suplir necesidades básicas como la alimentación, el vestido o el pago de servicios públicos esenciales; Situación a la que se ven obligados muchos habitantes de sectores aledaños a donde se desarrolla la minería, ya que tienen que soportar todas las afectaciones que reciben en su salud a cambio de poder sobrevivir. Aspectos como estos deben ser del interés de la academia revisando no solo la normatividad al respecto sino las verdaderas posibilidades de cumplimiento de la misma.

Dentro de los planes de desarrollo que corresponden a los gobiernos recientes es posible identificar el papel que la minería juega en el desarrollo del país, por ello es necesario revisar los aspectos que generan bienestar en las comunidades, sin embargo, al igual que en la medicina se tienen en cuenta los efectos secundarios, la visión de una actividad como esta requiere de un tratamiento en igual sentido, para ver esos otros aspectos que no son evaluados en su totalidad.

En la presente investigación se pretende realizar una revisión de la normatividad existente sobre las prácticas propias de los acopios de carbón y su influencia en la contaminación ambiental, tomando como referente los acopios existentes en el municipio de Sutatausa Cundinamarca. Lo anterior en tres etapas siendo la primera la recolección de datos de testimonios de la

comunidad propia del contexto, la segunda etapa en la
que el equipo investigador realiza un rastreo académico sobre las normas reguladoras de los acopios de
carbón en el marco legal, constitucional e internacional así como los mecanismos constitucionales de protección al medio ambiente y las sentencias que versan
al respecto y por último se contrasta los datos obtenidos con el rastreo académico realizado con el fin de
validar o descartar el problema planteado. Como objetivo general y para el desarrollo de este trabajo es importante realizar una revisión de la normatividad existente sobre las prácticas propias de los acopios de carbón y su influencia en la contaminación ambiental,
con el fin de poder identificar las condiciones de los
habitantes, la calidad de vida de la población, entendiendo los principios constitucionales, legales y normatividad internacional. Sutatausa ha sufrido grandes
transformaciones, debido a las diferentes actividades
que se desarrollan en la zona, es importante reconocer
los daños que se están causando debido a la actividad
que se genera en los acopios de carbón, para desarrollar esta investigación debemos indagar sobre las normas reguladoras de los acopios de carbón, con el fin
de conocer la protección que realiza en Estado Colombiano al medio ambiente.

JUSTIFICACIÓN

La realización de este documento emana de la necesidad de conocer cuáles son las externalidades negativas de los acopios de carbón sobre la salud, la economía de las personas y el espacio (ecosistema) donde habitan, en la actualidad el municipio de Sutatausa es uno de los municipios con amplia explotación minera, por lo que resulta fácil observar en su zona la actividad de los acopios de carbón.

Imagen 1..- Acopio de carbón del municipio de Sutatausa Cundinamarca

Fuente: elaboración propia, fotos tomadas del trabajo de campo realizado en Sutatausa Cundinamarca

Al norte de Bogotá D.C. en el departamento de Cundinamarca se encuentra situado el municipio de Sutatausa Cundinamarca, perteneciente a la provincia del Valle de Ubaté, a 2.550 metros sobre el nivel el nivel del mar, el 70% de su territorio presenta una topografía montañosa con tres cuencas hidrográficas que vierten su caudal al rio de Ubaté.

Se encuentra ubicado a 88 Kilómetros de la capital colombiana, limita al norte con villa de san diego de Ubaté, por el Este con Cucunuba, por el sur con Tausa y por el Oeste con Carupa y Tausa. (secretaria de gobierno, 2018); Cuenta con un área de 67 km2, su temperatura oscila entre los 14oC, las actividades principales del municipio son la agricultura, la ganadería, la explotación minera (carbón), las artesanías y el turismo. Según en el censo realizado por el DANE Sutatausa cuenta con una población de 4.653 de personas, de los cuales 1.348 se encuentran en cabecera y 3.305 personas habitan en el resto del municipio (DANE, 2005).

Se ha escogido al municipio de Sutatausa para realizar la presente investigación toda vez que actualmente tiene como una de sus problemáticas principales la explotación al medio ambiente a causa de la extracción minera, los acopios de carbón y el transporte de materiales, así mismo tiene características culturales y sociales que de alguna manera representan a la población colombiana, por tanto, el estudio de la problemática en este municipio servirá para tener una idea a nivel nacional.

Imagen 3.- mapa división general del territorio

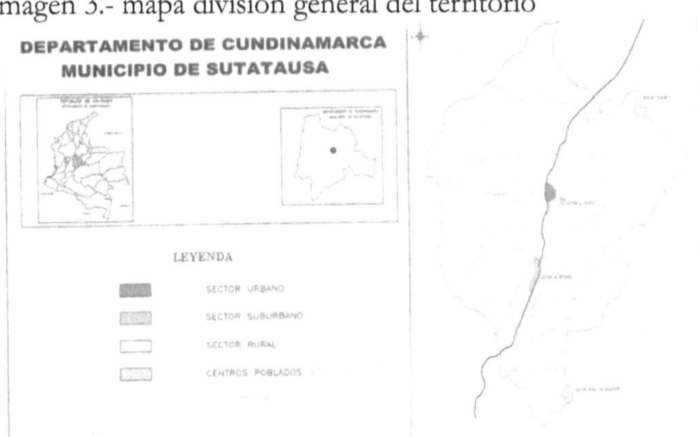

Fuente: Secretaria de Planificación Infraestructura y Servicios Públicos, Plan de ordenamiento territorial municipal división política veredal, 2018, Alcaldía Municipal de Sutatausa (secretaria de planeación, 2018)

La importancia de estudiar el tema radica en las implicaciones que la explotación de carbón y particularmente el acopio y transporte de este generan en la población especialmente en aspectos como el cambio del ecosistema, la salud en la población, y la economía, los cuáles serán analizados por separado así:

EXTERNALIDAD AMBIENTAL

Los acopios son centros de recolección y distribución del carbón, con el fin de ser analizado, caracterizado y preparado para ser entregado a su comprador. Los pa-

433

tios de acopios en el municipio de Sutatausa sirven para identificar el tipo de carbón, la cantidad de cenizas que posee y poder calorífico. Dependiendo de los resultados que arroje el carbón son cargados en el transporte el cual debe estar debidamente adecuado para movilizar el mineral sin que ocasione contaminación al aire, suelo, fauna y flora hasta llegar a su destino.

Imagen 3. Centro de acopio

Fuente: Sutatausa Informe secretaria de desarrollo agricultura y medio ambiente, Respuesta circular C.A. 017, Centros de Acopio Alcaldía municipal de Sutatausa, 2018 (Sutatausa, Respuesta circular C.A 017, 2018)

El establecimiento de acopios de carbón genera una externalidad negativa en todo el medio ambiente con la consecuencia de la perdida de los servicios que está presentando el ecosistema, los acopios existentes a la fecha en el municipio de Sutatausa se encuentran invadiendo espacios públicos, generando una mayor contaminación del suelo, aire, agua, fauna y flora.

Imagen 4. Contaminación al aire

Fuente: Sutatausa Informe secretaria de desarrollo agricultura y medio ambiente, Respuesta circular C.A. 017, Centros de Acopio Alcaldía municipal de Sutatausa, 2018 (Respuesta circular C.A. 017, 2018)

AFECTACIÓN EN EL RECURSO AIRE

El recurso aire se contamina debido a la dispersión del material particulado conocido como PM2.5 y por el óxido nitroso (NO2) ocasionado por el movimiento del carbón en los patios de acopios, esta contaminación produce que los habitantes de la zona tengan una condición respiratoria complicada causando efectos negativos a la salud entre ellos el funcionamiento pulmonar concibiendo enfermedades respiratorias futuras. (LOCKWOOD, Alan, Welker-Hood Kristen, Rauch Molly, Gottieb Barbara)

AFECTACIONES AL SUELO

El suelo es un recurso esencial para la población, porque de él depende el sustento de las personas, los animales y las plantas que habitan en la zona. El Decreto Ley 2811 de 1974 estableció la contaminación como la alteración del ambiente por las actividades que realiza el hombre. La actividad que se realiza en los acopios de carbón genera una variación en la textura del suelo, desestabilidad del terreno al encontrarse en una zona montañosa.

La mayor afectación del suelo que se ha evidenciado en el municipio de Sutatausa, se encuentra ubicado en la vereda de Concubita, con una extensa zona de montaña, la cual ha ocasionado que se genere una pérdida del suelo y del bosque nativo, gran contaminación negativa que ocasiona una parte del sustento de la vegetación nativa.

AFECTACIÓN EN LA FLORA

Debido a las actividades que el hombre realiza en la zona de impacto, se ocasiona un daño irreversible a la fauna, generando una dificultad del crecimiento de muchas especies vegetales, a causa de los químicos, maquinarias y procesos realizados para la actividad del carbón, desarrollo que causa que el suelo se debilite y altere los procesos naturales del crecimiento de la vegetación, produciendo un daño al ecosistema.

Imagen 5. Contaminación al suelo

Fuente: Sutatausa Informe secretaria de desarrollo agricultura y medio ambiente, Respuesta circular C.A. 017, Centros de Acopio Alcaldía municipal de Sutatausa, 2018 (Respuesta circular C.A 017, 2018)

Sutatausa se caracteriza por la extensa zona rural que posee, con la actividad minera se han introducidos cambios afectando gran parte de los bosques y del suelo existentes en la región, elevando el nivel de contaminación y generando un grave daño a la población, por no poder desarrollar con libertad las actividades de ganadería y cultivo que se desempeñan para la subsistencia.

Imagen 6 Afectación a la flora

Fuente: Sutatausa Informe secretaria de desarrollo agricultura y medio ambiente, Respuesta circular C.A. 017, Centros de Acopio Alcaldía municipal de Sutatausa, 2018   (Sutatausa, Respuesta circular C.A. 017, 2018)

AFECTACIÓN A LA FAUNA

Al igual que la flora, una de las causales de extinción de la fauna es la contaminación que es generada a causa de la explotación del carbón realizada por el hombre, una de las consecuencias que genera el deterioro de la fauna es el desequilibrio del medio ambiente, al extinguirse o disminuir las cantidades de ejemplares algunas especies que habitan en la zona, es que se provoca una variación en la cantidad de otras especies que dependen de la cadena alimenticia de los animales.

EXTERNALIDAD NEGATIVA A LA SALUD

La externalidad negativa a la salud de la población no es solo para las personas que se ejercen la actividad como un sustento de vida, sino afecta a toda la población en general, a causa de los diferentes escenarios en que se encuentra el mineral, con la extracción, la clasificación, el almacenamiento el transporte entre otros.

La salud se ve afectada en varios factores y causas diferentes enfermedades como lo son el cáncer, accidentes cerebro-vasculares, asma, y enfermedades del aparato respiratorio. Una de las principales causas que genera la contaminación en toda la población es el transporte del mineral, debido a que no se tienen en cuenta las mínimas normas de seguridad para que el polvillo y residuos del carbón se esparzan a lo largo de las carreteras que tienen que recorrer para ser entregado a su comprador. (LOCKWOOD A. W.-H.)

EFECTOS RESPIRATORIOS

El polvillo que causa el carbón no es nocivo para la salud cuando solo se está expuesto por un tiempo muy corto, este empieza a causar daño cuando el ser humano está en contacto demasiado tiempo al ambiente donde se encuentra el carbón, causando diferentes enfermedades como:

Neumoconiosis de los mineros del carbón, *"Grupo de enfermedades causadas por la acumulación de polvo en los pulmones y las reacciones tisulares debidas a su presencia. Se incluyen en el grupo de las enfermedades pulmonares intersticiales difusas"* (Centrales) esta enfermedad es principalmente causa a las personas que se encargan de la extracción del carbón en las minas, es una enfermedad pulmonar que se produce por la inhalación del polvo del mineral, esta enfermedad en su mayoría les da a las personas que toda su vida se ha dedicado a esta actividad, por lo general cuentan con una edad superior a los 50 años.

Silicosis, es una enfermedad que afecta a los pulmones por la alta exposición al polvillo, esta enfermedad suele aparecer tras una exposición de 10 a 15 años consecutivos a las partículas que trae el carbón PM2.5, esta enfermedad afecta a las partes más pequeñas de los pulmones (MEXICO, 2016) Antracosis, esta enfermedad al igual que las anteriores causas, por la inhalación prolongada del carbón.

Este polvillo no solo afecta las vías respiratorias de las personas, sino también a los animales donde tienen una gran sensibilidad a la contaminación que se produce, donde llegan a tener no solo enfermedades respiratorias sino enfermedades que comprometen el pelo, la saliva, la piel, entre otros factores implicados.

Imagen 7. Afectación a la fauna

Fuente: Sutatausa Informe secretaria de desarrollo agricultura y
medio ambiente, Respuesta circular C.A. 017, Centros de Acopio Alcaldía municipal de Sutatausa, 2018   (Sutatausa, Respuesta
circular C.A 017, 2018)

Durante los años 2005 y 2015 las enfermedades respiratorias agudas es una de las principales causas de
mortalidad de los habitantes del municipio de Sutatausa, la cual es producida por el polvillo de carbón. "Las
enfermedades respiratorias son las principales causas
de muerte y discapacidad en el mundo. Cerca de 65
millones de personas sufren de enfermedad pulmonar
obstructiva crónica (EPOC) y 3 millones mueren cada

año, lo que la convierte en la tercera causa de muerte en todo el mundo." (internacionales)

De acuerdo al análisis de situación de salud (ASIS) Colombia 2016, entre los años 2005 a 2014 entre los grupos de hombres y mujeres a nivel nacional unas de las mayores causas de muertes están relacionadas con las enfermedades respiratorias. En los hombres las enfermedades crónicas de las vías respiratorias dejo el 24,72% (59.449) de muertes en todo el territorio nacional, en cuanto a las mujeres dejo el 21,18% (51.171) de muertes. (Demografía D. d., Analisis de situación de salud ASIS COLOMBIA, 2016, 2016)

Imagen 8. Tasa de mortalidad ajustada para las enfermedades transmisibles en el total de la población del Municipio de Sutatausa, 2005-2015

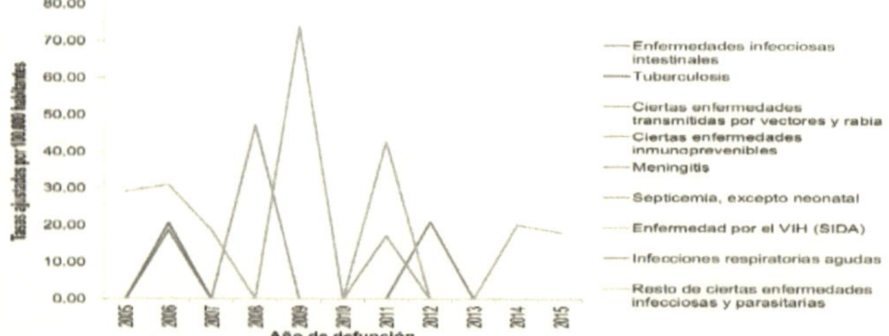

Fuente: Secretaria de Desarrollo Social Salud, Plan de internaciones Colectivas, Alcaldía municipal de Sutatausa, 2017, pág. 48 (Secretaria de Desarrollo Social Salud, 2017)

EFECTOS CARDIOVASCULARES

Según estudios realizados en los Estados Unidos una de las principales causas para que se generen daños cardiovasculares, es la contaminación al aire, el estudio realizado por Physicians for Social Responsibility, aun no encuentran las causas del porque se producen este tipo de enfermedades por la frecuente exposición al carbón, pero existen afirmaciones que se producen por las mismas causales a la de los problemas respiratorios, que son la inflamación cardiovascular y el estrés oxidativo. (LOCKWOOD A. W.)

Imagen 9. Mortalidad por las demás causas en hombres, 2005-2014

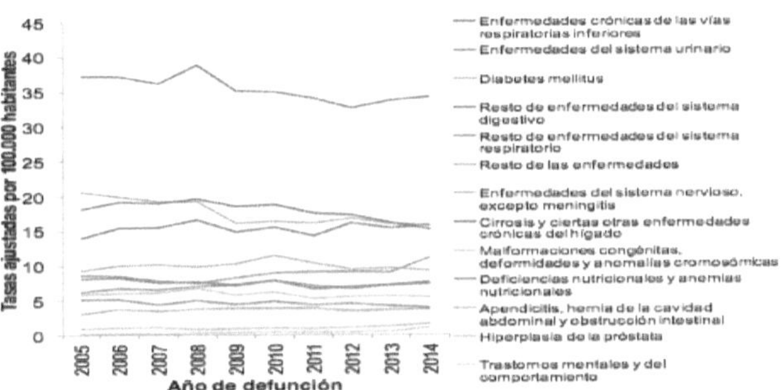

Fuente: Demografía, Dirección de Epidemiología y Demografía, Análisis de situación de salud (ASIS)COLOMBIA, 2016, Bogotá, Ministerio de Salud, 2016. (Demografía D. d., 2016)

Imagen 10. Mortalidad por las demás causas en mujeres, 2005-2014

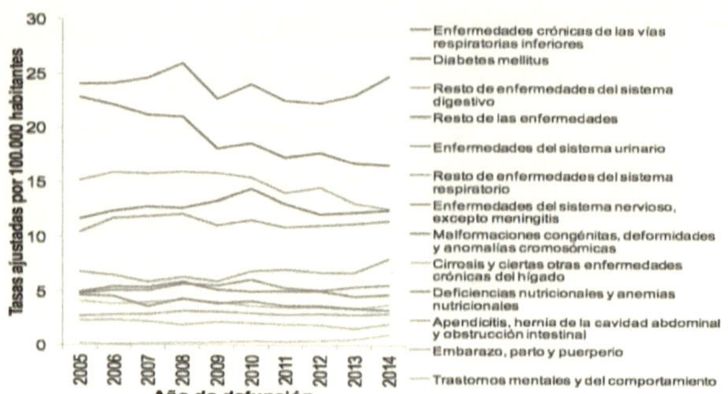

Fuente: Demografía, Dirección de Epidemiología y Demografía, Análisis de situación de salud (ASIS)COLOMBIA, 2016, Bogotá, Ministerio de Salud, 2016. (Demografía D. d., Analisis de situación de salud (ASIS) COLOMBIA, 2016, 2016)

Los problemas cardiovasculares, es la causa de mortalidad más grave para los habitantes del municipio de Sutatausa, en el año 2015 la tasa de mortalidad fue de 147,35 muertes por cada 100.000 habitantes, el resto de muertes son relacionadas por las demás causas que para el 2015 presenta un descenso de 136,58 de muertes por cada 100.000 habitantes.

EFECTO ECONÓMICO

Uno de los factores a tener en cuenta en el presente trabajo es relacionado con la economía de la zona por cuanto muchas familias derivan el sustento y algunos particularmente de los acopios de carbón. Sin embargo, es importante describir arraigos generales como ha sido la economía del municipio en otras actividades.

Según algunos habitantes de la zona en la antigüedad las actividades principales que se ejercían en el municipio era la ganadería y la agricultura, situación que fue cambiada con la actividad de los acopios de carbón. La externalidad negativa ambiental que se generó para las actividades principales se relaciona a que toda vez que el material particulado se esparce en el ambiente genera una afectación a los cultivos los cuales se van dañando, a los animales y al pasto que tiempo después el ganado no se lo come.

Esto muestra otro fenómeno que tiene que ver con la satisfacción de los derechos a costa de otros, la población que habita en el municipio de Sutatausa en su mayoría no tienen acceso a una vida digna debido a la contaminación que se produce del mineral por lo tanto no pueden acceder a otros derechos fundamentales, es decir muchas personas son obligadas a acceder a trabajos relacionados con el carbón estando expuestos a enfermedades y diferentes factores que afectan de manera significativa su bienestar sin tener otro sustento.

Imagen 11. Tasa de mortalidad ajustada por edad del municipio de Sutatausa, 2005-2015

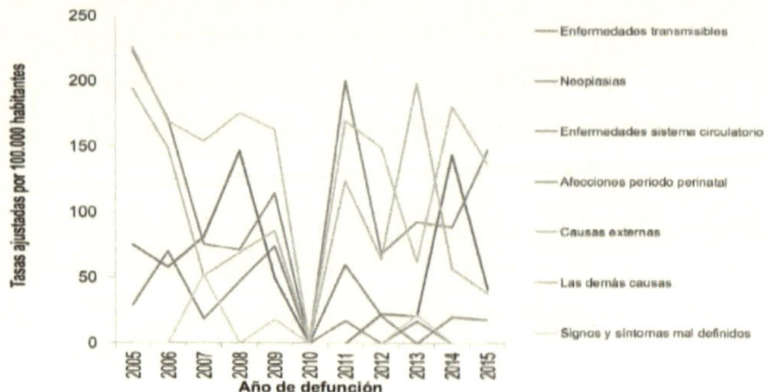

Fuente: Secretaria de Desarrollo Social salud, Plan de intervenciones colectivas, Análisis de Situación de salud, Alcaldía municipal de Sutatausa, 2017 (Secretaria de Desarrollo Social salud, 2017)

Las anteriores permiten identificar la importancia de los centros de acopio de carbón en la dinámica socioambiental en el municipio de Sutatausa Cundinamarca, mostrando una doble implicación, por un lado, se ve reflejado la externalidad negativa ambiental y a la salud que está ocasionando el mineral, pero por el otro se evidencia lo importante que es para las personas contar con esta actividad como fuente de trabajo.

- Un aspecto visualizado hace referencia al deterioro de la salud de las personas, lo que se evidencia a través del aumento de las enfermedades respiratorias, la incidencia de las enfermedades como la neumoconiosis de los mineros del carbón y con los diferentes grupos de enfermedades que se causan a partir de la exposición al mineral por bastante tiempo.

- El deterioro del paisaje, una gran parte de la capa vegetal ha desaparecido para establecer los acopios así mismo la vegetación circundante se ha visto afectada en su color y existencia misma ya que el material particulado disperso se ha adherido a las hojas, troncos y flores entre otros. De igual manera las fuentes hídricas han sido contaminadas con el material particulado por efectos de las aguas de escorrentía.

- Económica, el cambio el desplazamiento de otras actividades como la de la ganadería y la agricultura como para solo quedar la minería, el cambio de las condiciones socioeconómicas de las familias de ser dueños y pequeños productores a simple empleados de compañías mineras.

BIBLIOGRAFÍA

Bastidas, L. F. (2010). (P. U. Javeriana, Ed.) Obtenido de La acción popular: Herramientas del Ministerio Público en la Defensa

del Medio Ambiente:
http://javeriana.edu.co/biblos/tesis/derecho/dere10/tesis51.pd
BUILES, Naranjo Monica María, Rodríguez Eduardo Herrada,
Ossa Duque Ediver. (s.f.). Red Socio Jurídica. Obtenido de Minería y medio ambiente en el Estado Colombiano: Una perspectiva constitucional y legal a la luz del Plan Nacional de Desarrollo: https://www.redsociojuridica.org/red/wp-content/uploads/2017/05/Mineria-y-Medio-Ambiente-en-el-Estado-Colombiano.pdf
Centrales, O. s. (s.f.). Protocolo de vigilancia de la salud específica, silicosis y otras neumoconiosis.
DANE. (2005). Boletín, censo general 2005, perfil Sutatausa Cundinamarca.
Demografía, D. d. (2016). Análisis de situación de salud (ASIS) COLOMBIA, 2016. Ministerio de Salud.
GUILLERMO, M. A. (27 de mayo de 2011). Congreso Visible.org. Obtenido de La Constitución del 91 y sus garantías ambientales:
http://critica.filosoficas.unam.mx/pg/es/numeros_enlinea.php
IDEAM. (2016). Informe del Estado de la calidad del aire en Colombia 2016. IDEAM.
Uniter for Lung Health. (2017) El impacto global de la Enfermedad Respiratoria – Segunda edición. México, Asociación Latinoamericana de Tórax
LOCKWOOD, Alan, Welker-Hood Kristen, Rauch Molly, Gottieb Barbara. (2010). El impacto del carbón sobre la salud humana. Physicians for Social Responsibility. Greenpeace: Argentina
ANM. (2018). Estadísticas de accidentalidad 2018 acumulado. Agencia Nacional de Minería. Bogotá, Agencia Nacional de Minería.
Ministerio de Cultura, . (s.f.). Patrimonio Mundial. Obtenido de Convención para la protección del patrimonio mundial, cultural y natural:

http://www.turismosobrarbe.com/patrimoniomundial/conts_0
1.php?idi=1&niv=1&cla=_3VU0VNMQZ

PAZ, Luisa, Avendaño William, Parada Abad. (2014). Scie-
lo.org.co. Obtenido de Desarrollo conceptual de la educación
ambiental en el contexto colombiano:

http://www.scielo.org.co/pdf/luaz/n39/n39a15.pdf

RAGIN, C. (s.f.). La construcción de la investigación social, introducción al método científico. Universidad de las Andes, Bogotá. Bogotá D.C.: Siglo del hombre editores.

RESTREPO, Albert; TORRES, Jorge Iván. (2007). Análisis sobre el proyecto de ley 010/07 Senado "por el cual se modifica la
ley 685 de 2001, Código de minas". Contraloría. Bogotá, Contraloría.

SUTATAUSA (2017). Análisis de situación de salud con el modelo de los determinantes sociales de salud. Alcaldía municipal
de Sutatausa. Secretaria de gobierno, a. d. (2018). Plan de con-
tingencia, Sutatausa Cundinamarca.

SUTATAUSA. (2017). Análisis de Situación de salud. Alcaldía
municipal de Sutatausa.

SUTATAUSA. (2018). Plan de ordenamiento territorial municipal, división general del territorio. Secretaria de planeación, infraestructura y servicios públicos del municipio de Sutatausa.

SUTATAUSA. (2018). Respuesta circular C.A 017. Centro de
acopio. Contraloría general de la nación, Sutatausa.

VELAZCO, G. A. (16 de abril de 2013). Blogs E.O.I. Obtenido
de ¿Qué es el desarrollo sostenible:

http://www.eoi.es/blogs/mtelcon/2013/04/16/%C2%BFque-
es-el-desarrollo-sostenible/

EVALUACIÓN DEL PLAN DECENAL DE SALUD PÚBLICA.
Departamento de Santander (Colombia) 2012-2021

Nilson Augusto Rojas Pimentel[59]

INTRODUCCIÓN

Este trabajo de investigación se centra en realizar una evaluación del proceso de implementación del "Plan Decenal de salud pública 2012-2021", política pública que busca lograr la *equidad en salud de los Colombianos,* entendida como la "ausencia de diferencias entre grupos sociales, innecesarias, evitables e injustas" a través del planteamiento de tres objetivos estratégicos: Garantizar el goce efectivo del derecho a la salud; mejorar las condiciones de vida que modifican la salud y cero tolerancia frente a la mortalidad, morbilidad y discapa-

---

[59] Máster Iberoamericano En Evaluación De Políticas Públicas. Universidad Internacional de Andalucía. (Huelva-España). Investigador. Centro de Estudios Sociedad y Espacio. Colombia.

cidad evitables, mediante la planeación, ejecución, seguimiento y evaluación de estrategias de intervención que son lideradas por las entidades territoriales e involucran tanto al sector salud como a otros sectores (Ministerio de Salud, 2013).

Al Ministerio de Salud y Protección Social le corresponde la rectoría en el proceso de construcción del Plan Decenal de Salud Pública –PDSP- 2012-2021, de acuerdo con la Ley 1438 de 2011; sin embargo, la aplicación y materialización operativa implica un liderazgo territorial de gobernadores y alcaldes, para lograr la integración y el compromiso de todos los sectores y actores en su territorio. Este proceso les ha significado a los territorios el contar con una asistencia técnica por parte del nivel central en el conocimiento y la adopción de lineamientos técnicos, herramientas, instrumentos y un sistema de monitoreo y evaluación que se ha ido incorporando de manera paulatina a la articulación del Plan de Desarrollo de los Departamentos, y a los planes de salud territorial, en busca de su correspondencia, coherencia, pertinencia y completitud.

En relación a lo anterior es claro decir que no se puede implementar el plan decenal de salud pública sino se elabora el plan territorial de salud, entendido este como el instrumento de política pública que permite incorporar la salud en todas las políticas del territorio, por lo tanto, es un componente transversal del Plan de

Desarrollo Territorial, que orienta las acciones sectoriales, transectoriales y comunitarias relacionadas con la salud, para alcanzar la mayor equidad en salud y desarrollo humano sustentable (Ministerio de Salud, 2014).

La implementación es una fase clave dentro de todo el ciclo de las políticas públicas, porque solo a partir de ella se puede dilucidar con mayor claridad la etapa previa de diseño, así como la posterior de evaluación. Como lo plantea Cohen, March & Olsen (1972) esta puede ser vista como un 'puente' que permite cristalizar objetivos y metas diseñadas, y que pueden ser objeto de evaluación. La metáfora del puente permite comprender cómo es que se llega de un lugar origen: determinado diseño o planeación de política pública, a un lugar destino: un resultado u output que puede ser evaluado. Es decir, que no existiría utilidad de la planeación-diseño sin la implementación y no habría evaluación si no se ha implementado política pública alguna. Para que el diseño y la evaluación como pasos del proceso de políticas públicas cobren sentido debe existir el puente que las comunique: la implementación. Evaluar esta fase del Plan decenal de salud pública 2012-2021, es una de las prioridades del Ministerio de Salud, lo que ha llevado a plantear metodologías y estrategias para lograr su adopción buscando velar por el cumplimiento de sus metas y el fortalecimiento de la gestión de la salud pública de las entidades territoriales.

Existe escepticismo de expertos en el país sobre la viabilidad del plan ante la presencia de problemas que podrían impedir el desarrollo a cabalidad del mismo, según el investigador Juan Carlos Eslava (2015) advierte que:

El primer gran problema es que no se hizo una evaluación del Plan anterior (Plan Nacional de Salud Pública 2007-2010), no hay una visión clara de qué se hizo con esa iniciativa cuya continuación bien podría ser el Plan Decenal de Salud Pública

(PDSP), lo que conlleva a dos consecuencias: "Primero, no se tiene una línea de base clara para establecer cómo avanza el nuevo plan frente a objetivos compartidos, como en el plan anterior. Y segundo, no hay claridad en lo que se ha hecho hasta ahora para el plan". El segundo gran problema es que pese a incluir muchos planteamientos conceptuales y operativos, falta claridad en la articulación de enfoques que proponen las líneas operativas y las dimensiones; Como tercero menciona que existe un bajo perfil en la formación del recurso humano en salud pública: Por ello, el investigador sugiere que en el Plan se le debe dar mayor énfasis a la gestión del conocimiento y a la formación de personal en salud pública. En relación a esto último Martínez (2015) menciona que "Hay 950 municipios rurales categoría 6 sin la mínima capacidad técnica, de modo que las capacidades de gestionar la salud pública en lo territorial son mínimas.

Lo expresado anteriormente por los expertos respalda aún más la necesidad de acompañamiento y seguimiento al desarrollo del Plan Decenal, con estrategias eficaces, una de estas, ha sido la asistencia técnica como mecanismo de adaptación del PDSP a las diversas realidades de salud de los territorios de modo que en ellos, se reflejen los principios rectores de la política, las acciones fundamentales de intervención del entorno, de los comportamientos, de los servicios de salud y de la participación social contenidos de manera indicativa en él con el fin de hacer realidad en el país el cumplimiento de los objetivos del plan. A dos años de implementado, se ha brindado el acompañamiento a las entidades territoriales como son los Departamentos del País, generando informes técnicos que muestran avances, debilidades y mejoras para realizar los ajustes correspondientes, caso contrario se presenta en los Municipios en donde este seguimiento es responsabilidad del equipo multiplicador que ha sido capacitado para tal fin, pero no se conoce aún información fiable del estado de avance del plan a nivel local, que identifique aciertos y dificultades para sugerir recomendaciones en esta etapa inicial que es fundamental en el marco de todo programa o proyecto, y en este caso de una política Pública.

Los aciertos alcanzados en los Municipios de acuerdo a la asistencia técnica recibida sobre el desarrollo de las acciones de difusión, movilización y capacitación del Plan, garantiza la implementación del mismo, la articulación y armonización con los planes territoriales de salud vigentes y el ajuste a los planes operativos anuales POA, para cada periodo gubernamental, esperando en el año 2022 la evaluación final del Plan Decenal.

Evaluar los resultados alcanzados en la implementación es el propósito de este trabajo, específicamente en los Municipios del Departamento de Santander, quien fue asistido técnicamente por el equipo de expertos del Ministerio de Salud, desde el año 2014, en todos los componentes del proceso de implementación, como fue la apropiación, el posicionamiento y el relacionamiento, siendo responsables de multiplicar el saber adquirido a nivel local, para que estos formulen de manera integral el plan de salud en el marco del Plan Decenal de Salud Pública 2012 -2021, *utilizando la metodología Pase a la Equidad en Salud*. Esta intervención es significativa para el Ministerio de Salud, por los esfuerzos realizados para el cumplimiento de las metas, lo que en términos de eficiencia cabe preguntarse ¿Cuántos Municipios de Santander han implementado el Plan Decenal de salud Pública 2012-2021? ¿Existe articulación y armonía entre los planes existentes?

¿Qué avances muestran los Municipios en la aplicación de las herramientas propuestas? ¿Cuáles son los resultados en la implementación de plan Decenal de Salud Pública 2012-2021 en los municipios de Santander 2017?

Lo anterior encuentra resonancia en la necesidad de aumentar la información sobre el impacto de la intervención en este tipo de acciones públicas, teniendo presente las variables que mide actualmente el Plan Decenal y con ello generar interés en el estudio por parte de las autoridades Departamentales y Nacionales, en la medida que se logre posicionar el tema de la evaluación del proceso de implementación como una herramienta que permite identificar aquellos elementos que podrán o deberán ser ajustados durante el ciclo de ejecución del Plan Decenal de
salud pública 2012-2021.

OBJETO DE ESTUDIO

De acuerdo con el Plan Nacional de Desarrollo 2010 – 2014, Colombia enfrenta grandes retos en el tema de salud pública, muchos de ellos originados en las grandes diferencias que existen entre regiones y entre grupos poblacionales: "(…) si bien la política de salud pública, y sus instrumentos, reconocen las diferencias territoriales, en muchos casos la gestión departamental y municipal evidencia debilidades en eficiencia, priorización y focalización de los recursos disponibles, lo que contribuye a la persistencia de disparidades entre regiones y entidades territoriales". El Plan Decenal de Salud Pública, PDSP, 2012 – 2021 es una apuesta política por la equidad en salud (Whitehead, 1992), entendida como la "ausencia de diferencias en salud entre grupos sociales consideradas innecesarias, evitables e injustas". Esto implica que la equidad en salud se logra cuando todas las personas alcanzan su potencial de salud independientemente de sus condiciones sociales, culturales y económicas.

El Plan Decenal de Salud Pública, PDSP, 2012 – 2021, es producto del Plan Nacional de Desarrollo 2010 – 2014 y busca la reducción de la inequidad en salud planteando los siguientes objetivos: garantizar el goce efectivo del derecho a la salud para todos, mejorar las condiciones de vida que modifican la situación de salud y disminuyen la carga de enfermedad existente manteniendo cero tolerancias frente a la mortalidad, la morbilidad y la discapacidad evitables. Uno de los mayores desafíos del Plan Decenal de Salud Pública, PDSP, 2012 – 2021, es afianzar el concepto de salud como el resultado de la interacción armónica de las condiciones biológicas, mentales, sociales y culturales del individuo, así como con su entorno y con la sociedad, a fin de poder acceder a un mejor nivel de bienestar como condición esencial para la vida.

Uno de los insumos base del Plan Decenal de salud Pública 2012-2021 es el análisis de salud realizado por el Ministerio de Salud (2014) que muestra en resumen lo siguiente:

El país ha logrado avances importantes en el crecimiento de la expectativa de vida y la reducción de la mortalidad; hay una tendencia decreciente en la tasa de mortalidad ajustada por edad. Esa reducción fue del 11% entre 2005 y 2012. Los cambios más relevantes están relacionados con decrementos en la mortalidad, neonatal e infantil. La razón de mortalidad materna se redujo entre 2005 y 2012 de 70.1 a 65.9 y puede estar alrededor de 55.2.0 por 100.000 nacidos vivos en 2013, muy cerca de la meta del milenio (Estadísticas vitales DANE 2013); según el Banco Mundial la razón era de 100 por 100.000 nacidos vivos en 1990. La tasa de mortalidad neonatal disminuyó en 26.4 % entre 2005 y 2013. La tasa cruda de mortalidad infantil decreció de 15.9 a 11.5 muertes por 1.000 nacidos vivos entre 2005 y 2013. El Banco Mundial estima la tasa de mortalidad infantil ajustada para 2015 en 15 muertes por 1.000 nacidos vivos mientras que para 1990 ese indicador se estimaba en 29 por 1.000. Todas estas variaciones son consistentes con una reducción general de la mortalidad.

El perfil de causas de mortalidad en menores de 5 años evidencia reducción en todos los grupos de causas entre 2005 y 2012. Los grupos en que la mortalidad se ha reducido más del 50% son las enfermedades del sistema respiratorio, lesiones por causa externa, enfermedades infecciosas, endocrinas, del sistema nervioso, digestivas y hematológicas. La mortalidad por cáncer infantil (4.1%) es el único grupo patológico en que se evidencia incremento. También se registra la reducción en los tres tipos de desnutrición (aguda, crónica y global). En el período 1977 – 1980 la prevalencia de carenciales por desnutrición global era de 19.4% (Mora, 1982). Para 2010, la Encuesta Nacional de Situación Nutricional (ENSIN) encontró que esa prevalencia habría reducido drásticamente al 3.4%

Entre 2005 y 2012 la primera causa de muerte corresponde a las enfermedades del sistema circulatorio, seguida de las demás causas (crónicas, metabólicas, entre otras), y las neoplasias; esto coincide con el aumento de los índices de vejez y envejecimiento, y significa un reto para el sistema de salud en la prevención y limitación del daño de las enfermedades crónicas. Aunque la mortalidad por causas externas se ubica en el cuarto lugar de frecuencia, la carga de la mortalidad medida en AVPP pone de manifiesto a las causas externas como primera causa de mortalidad prematura y expone su mayor incidencia en hombres jóvenes, revelando el peso que genera la violencia en el capital y bienestar social. (Ministerio de Salud (2014)

La mortalidad materna, neonatal, infantil y en la niñez
ha tendido al descenso, alcanzando los valores más
bajos del decenio; sin embargo, estas muertes son evitables, innecesarias y consideradas injustas. Se proyecta
que, manteniendo las variables constantes, para 2020
su comportamiento continuará decreciente. Variables
como la ubicación geográfica, la etnia, la pobreza y el
porcentaje de analfabetismo han demostrado ser determinantes de estas muertes; por lo tanto, su intervención debe estar enfocada al mejoramiento de las
condiciones sociales que generan brechas de desigualdad. El análisis de la morbilidad atendida muestra resultados congruentes con los hallazgos en el análisis
de mortalidad; alrededor del 50% de las atenciones se
dan por enfermedades no transmisibles, que aparecen
como primera causa de atención a partir de la adolescencia en todos los ciclos vitales y en todos los departamentos del país. Cobra relevancia entonces mencionar la importancia de la prevención de la cronicidad a
través del fomento de la dieta sana, la actividad física
constante y el abandono de hábitos como el consumo
de tabaco y de alcohol, entre otros.

La ERC en estado 5 afecta en su mayoría a hombres
entre 50 y 75 años; la prevalencia es más alta en el régimen contributivo que en el subsidiado, evidenciando
una brecha de desigualdad alrededor del 60%. Así
mismo, se observan diferencias según ubicación geográfica. En general, los efectos en salud afectan de

forma más profunda a las personas con mayores limitaciones o en desventajas sociales y económicas, creando brechas de desigualdad entre los grupos poblacionales, evidenciando la necesidad de intervención del Estado para que vele por la justicia, la igualdad y el bienestar social.

Desde la gestión de la salud pública se evidencia una baja capacidad técnica y de gestión por parte de las entidades territoriales para orientar la construcción participativa de los planes de salud territorial, motivar acciones intersectoriales sobre los determinantes sociales que promuevan la salud de la población y orienten la gestión integral del riesgo en salud, ejecutar intervenciones colectivas efectivas y coordinar la articulación de las acciones de salud pública con las actividades individuales realizadas por todos los agentes del Sistema. Aunado a las falencias del modelo de salud y del ordenamiento institucional de sector salud a nivel nacional que se ve reflejado en lo territorial, como se refleja en los efectos de una doble descentralización que entregó hospitales y funciones de salud pública a entidades territoriales sin generar las capacidades para su gestión (Guerrero et al, 2013).

De ahí que la inversión en salud pública muestra condiciones de ineficiencia; una evaluación rápida sobre ejecución presupuestal encontró que para octubre de 2015 cerca del 40% de los presupuestos de salud pública de los municipios no habían sido ejecutados. También es clave reconocer explícitamente los problemas de calidad y cobertura de algunas de las acciones de promoción de la salud y prevención de la enfermedad, ya que se registra una ausencia de un sistema obligatorio de la garantía de la calidad para estas acciones, así como de adecuada información que sirva para los procesos de gestión y de IVC. Los municipios de menor tamaño evidencian limitaciones en su capacidad técnica de gestión de la salud pública (coordinación, liderazgo, competencias y suficiencia del recurso humano) y hay restricciones en la escala de operación para ejecutar intervenciones en salud colectiva de manera costo-efectiva. (Ministerio de Salud (2014).

Figura 1 Proceso de despliegue del PDSP en los Departamentos

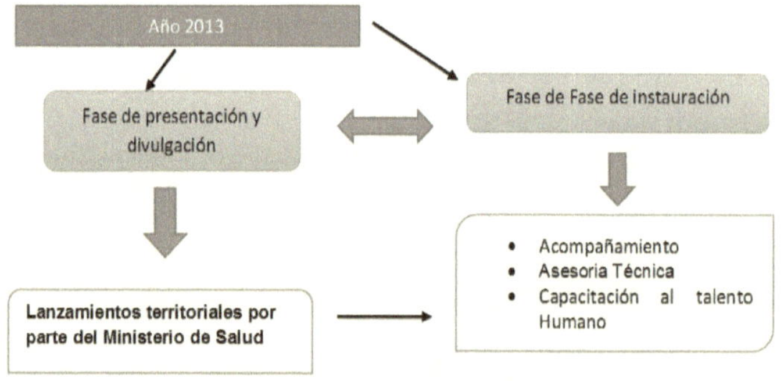

Figura 5 Proceso de despliegue del PDSP en los Departamentos

Fuente: Elaboración propia basada en información del Ministerio de salud y protección social

De otra parte, la heterogeneidad territorial y poblacional del país contrasta con un aseguramiento que interviene los riesgos de la población de manera homogénea, sin considerar los condicionantes de la dispersión poblacional y territorial sobre los desenlaces en la prestación de los servicios.

Dando cumplimiento a la responsabilidad establecida para el Ministerio de salud como es el de brindar asistencia técnica a las entidades territoriales, planteado en la fase de difusión y divulgación del proceso técnico para la formulación, se creó una estrategia para el despliegue e implementación del plan decenal, llamado "Modelo de asistencia técnica regional unificado (ATRU) es liderado por la Dirección de Epidemiología y Demografía del Ministerio, con el apoyo de la Organización Panamericana de la Salud y del Grupo de Comunicaciones del MSPS, cuenta con los componentes de Comunicación, Mercadeo, y Movilización Social; Análisis de la Situación de Salud (ASIS); Planeación Estratégica; Planeación Operativa y Monitoreo; y Seguimiento y Evaluación.

Estrategias Para La Implementación del PDSP, Según el Modelo de Asistencia Técnica Regional Unificado.

Este modelo despliega la asistencia hacia una serie de actividades definidas en seis procesos: Comunicación e Incidencia técnica y política, Movilización Social, Análisis de la Situación de Salud (ASIS), Planeación Estratégica, Planeación Operativa, y Monitoreo, Seguimiento y evaluación. Los parámetros expuestos en este modelo sirvieron como referente para dar cumplimiento al objetivo desarrollado en este trabajo investigativo.

El trabajo operativo se realiza por regiones a través de siete equipos interdisciplinarios, quienes son los encargados de multiplicar en el nivel local las acciones de difusión, movilización y capacitación del Plan, para lo cual deben lograr que las autoridades sanitarias y administrativas locales se comprometan en la multiplicación de las acciones de asistencia técnica. El proceso del despliegue del Plan en cada Departamento. se describe a continuación: (Ministerio de Salud, 2013).

Cuadro 1. Proceso de asistencia técnica para la implementación del PDSP 2012-2021

PROCESO 1: COMUNICACIÓN Y MERCADEO SOCIAL		
PRODUCTOS	**ACTIVIDADES**	**MEDIOS DE VERIFICACION DE LOS PRODUCTOS**
Posicionamiento local del PDSP como instrumento de transversalización de la salud en todas las políticas públicas.	Identificación de actores	Evaluación de percepción en eventos. Verificación de actores que participan en la formulación del plan Territorial de Salud.
	Realización y difusión del ABC del PDSP (Guía)	

Apropiación local del PDSP, expresado en adquisición de conocimientos sobre el PDSP y su operativización.	Elaboración y difusión de boletines digitales	
	Elaboración y difusión de reportajes y entrevistas	
Relacionamiento, expresado en interacciones transectoriales para la gestión de la salud pública y presencia en las agendas informativas de los actores locales.	Elaboración y distribución de boletines de prensa	

<table>
<tr><th colspan="3">PROCESO 2: MOVILIZACIÓN SOCIAL PARA EL DESARRO-LLO</th></tr>
<tr><th>PRODUCTOS</th><th>ACTIVIDADES</th><th>MEDIOS DE VERIFICACION DE LOS PRODUCTOS</th></tr>
<tr><td>Agenda transectorial regional para la salud púbica desde el modelo de los determinantes sociales de la salud.

Propuestas de gobierno y plataformas políticas de candidatos vinculadas a los lineamientos del PDSP.

Presencia del PDSP en las agendas públicas como objeto de opinión de eventos académicos, de debate político</td><td>Transferencia de conocimiento a las jefaturas de prensa locales

Cabildeo con gobernadores y alcaldes

Desarrollo de actividades de movilización de actores a través de las redes sociales en el nivel nacional y local

Presencia del PDSP en sitios web nacionales y locales

Fortalecimiento de los Consejos Territoriales de Seguridad Social en Salud</td><td>Planes y proyectos transectorial que intervienes determinantes sociales.

Plataformas políticas de candidatos que incluyan la intervención de determinantes sociales desde las directrices del PDSP.

Eventos de rendición de cuentas de gobernadores y alcaldes que evidencien la armonización del Plan</td></tr>
</table>

PRODUCTOS	ACTIVIDADES	MEDIOS DE VERIFICACION DE LOS PRODUCTOS
entre otros	Fortalecimiento de los Consejos Territoriales de Planeación	territorial de salud al PDSP.
	Promoción de las acciones de rendición de cuentas	
PROCESO 3: ANÁLISIS DE SITUACIÓN DE SALUD UTILIZANDO EL MODELO DE DETERMINANTES SOCIALES DE LA SALUD		
PRODUCTOS	**ACTIVIDADES**	**MEDIOS DE VERIFICACION DE LOS PRODUCTOS**
1. Profesionales responsables de elaborar el ASIS en los ámbitos departamental, distrital y municipal capacitados	Preparación de la logística para el desarrollo de los talleres de capacitación	Listados de asistencia a los talleres de capacitación. Documentos ASIS departamentales y distritales ajustados.
. 2. Documentos ASIS en los ámbitos departamental, distrital y municipal actualizados	Socialización de la Guía conceptual y metodológica ASIS en los ámbitos departamental, distrital y municipal a través de taller de capacitación en cada capital departamental.	Documentos ASIS departamentales y distritales publicados en la página web.
	Asistencia técnica y acompañamiento al nivel departamental y distrital para el ajuste de los documentos ASIS.	
PROCESO 4: PLANEACION ESTRATEGICA		
PRODUCTOS	**ACTIVIDADES**	**MEDIOS DE VERIFICACION DE LOS PRODUCTOS**

. Documento de acto administrativo que define el PDSP como política de salud transectorial que debe estar presente en todas las políticas públicas del territorio. Planes Territorial de Salud armonizados al PDSP para aprobación por las asambleas departamentales o consejos	Formación del talento humano local en planeación estratégica mediante diplomado de planeación en salud pública	Matriz aprobada de componente estratégico indicativo del PST. Actas de aprobación por consejos municipales o asambleas departamentales de los Planes Territoriales de Salud, con visión, metas sanitarias, objetivos estratégicos, estrategias por dimensiones prioritarias y transversales armonizados al PDSP
	Transferencia de herramientas estandarizadas para la planeación estratégica en salud pública	
	Acompañamiento en la elaboración del marco de desafíos y retos en salud pública para el territorio	
	Acompañamiento en la estructuración del marco estratégico del PST armonizado al PDSP	

PROCESO 5: PLANEACION OPERATIVA		
PRODUCTOS	**ACTIVIDADES**	**MEDIOS DE VERIFICACION DE LOS PRODUCTOS**
. Consejos de Planeación Territorial, asesorando el desarrollo del PDSP para el desarrollo de la intersectorial dad al nivel local. Planes Operativos Anuales y de Inversión armoniza-	Acompañamiento a los consejos de Planeación Territorial para la inclusión el PDSP como instrumento de política de salud transectorial.	Plan Operativo Anual de Inversión (POAI) representativo de las líneas y proyectos que desarrollarán el PTS armonizado al PDSP aprobado por concejos y asambleas.
	Transferencia de metodologías, herramientas e instrumentos para el ajuste de los POA y POAI de la entidad territorial.	

dos al PDSP para aprobación por consejos y asambleas. Planes de trabajo y cronogramas para la replicación de la estrategia de asistencia	Acompañamiento para el ajuste de los POA y POAI de las entidades territoriales	
	Desarrollo de capacidades y acompañamiento para la replicación de la estrategia de asistencia técnica	
	Acompañamiento a los consejos de Planeación Territorial para la inclusión el PDSP como instrumento de política de salud transectorial.	

PROCESO 6: MONITOREO, SEGUIMIENTO Y EVALUACIÓN		
PRODUCTOS	**ACTIVIDADES**	**MEDIOS DE VERIFICACION DE LOS PRODUCTOS**
1. Cronogramas de actividades de asistencia técnica cumplidos. **2.** Planes operativos anuales y de inversión ejecutados en las fechas de evaluación	Diseñar y desarrollar el tablero de control para el monitoreo y evaluación de la implementación del PDST, con los indicadores de impacto, resultado, producto y procesos contemplados en la metodología de construcción del PDSP.	Instrumento de autoevaluación, verificación externa y planes de mejora e informe de cumplimiento.
	Aplicación del tablero de control para el monitoreo, seguimiento y evaluación.	

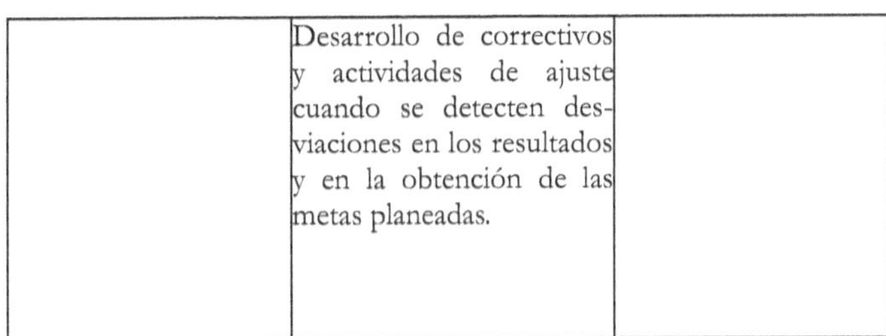

| | Desarrollo de correctivos y actividades de ajuste cuando se detecten desviaciones en los resultados y en la obtención de las metas planeadas. | |

Fuente: Construcción propia del investigador teniendo como referente el documento "Modelo de asistencia técnica regional unificado para la implementación del Plan Decenal de Salud Pública PDSP, 2012 – 2021". Ministerio de Salud, Bogotá, Colombia. 2013

Para estas dos fases se planearon una serie de actividades de asistencia técnica, definidas en seis procesos que se presentan a continuación: (Ministerio de Salud, 2013).

DISEÑO METODOLÓGICO

Como se mencionó anteriormente, el Plan decenal de salud pública 2012-2021 contempla un documento técnico que establece los lineamientos unificados que se tuvieron en cuenta para su formulación, en el cual incluyen los insumos, herramientas, estrategias y metodologías; así mismo la reglamentación y lineamientos para la operación en los territorios Departamentales y Municipales, con las normas y manuales correspondientes; la estrategia de difusión, la instauración en donde se establece una estrategia de gestión que per-

mite de manera permanente el análisis de la situación
de salud y que cada año se pueda ajustar el diagnóstico
y por ultimo una estrategia de seguimiento con metas
e indicadores, un sistema de evaluación y análisis que
se afianza con la operación de observatorios, registros,
sistemas de seguimiento y salas situacionales que se
articulan y coordinan con las diferentes dimensiones y
sus componentes. Se ha programado para el año 2022
la evaluación del impacto. Para realizar el proceso de
asistencia técnica, seguimiento, monitoreo y evaluación del cumplimiento de objetivos, metas indicadores,
e impacto, se plantea en el documento técnico la realización de convenios de cooperación técnica con entidades como la OPS, Universidades públicas, el Fondo
de Población de Naciones Unidas, quienes apoyan la
gestión a nivel de los territorios, como son los Departamentos, quienes deben replicar el proceso en los
Municipios.

Evaluar el proceso de implementación en los Municipios es el objeto de este trabajo investigativo, en donde el agente evaluador es externo, cuyo interés es acceder a la información actualizada que apoye acciones
por emprender en la implementación del plan, así como la toma de decisiones y orientaciones basadas en la
evidencia, por partes de entes gubernamentales. A dos
años de haberse formulado el plan, el proceso desarrollado contempla la fase de difusión que es la primera
actividad programada, la movilización y finalmente la

capacitación sobre la instauración, según el cronograma propuesto por el Ministerio de salud.

ENFOQUE, TIPO DE INVESTIGACIÓN Y POBLACIÓN:

La investigación se ubica en un tipo de evaluación de proceso, con la perspectiva del enfoque cuantitativo, en el cual se busca evaluar la implementación del plan, con el fin de generar conocimiento que sirva de base para mejorar el proceso de implementación de la misma. El enfoque cuantitativo según Sampieri (2016) utiliza la recolección de datos para probar hipótesis con base en la medición numérica y el análisis estadístico, con el fin establecer pautas de comportamiento y probar teorías.

Este enfoque cuantitativo se realiza con un alcance descriptivo. Con los estudios descriptivos se busca especificar las propiedades, las características y los perfiles de personas, grupos, comunidades, procesos, objetos o cualquier otro fenómeno que se someta a un análisis. Es decir, únicamente pretenden medir o recoger información de manera independiente o conjunta sobre los conceptos o las variables a las que se refieren, esto es, su objetivo no es indicar cómo se relacionan éstas. (Sampieri, H, 6 edición, 2016)).
En el caso de este estudio, se especifica el proceso inicial para su implementación, teniendo en cuenta las

variables formuladas en los lineamientos metodológicos y operativos propuestos por el plan Decenal de salud pública, para tal fin.

El ámbito territorial de la intervención es departamental, involucra a la totalidad de los Municipios que son 87, e igual número de participantes como son los secretarios de Salud o los funcionarios encargados de la implementación del plan decenal de salud pública a nivel local, como población objeto del estudio.

TECNICAS DE RECOLECCIÓN DE DATOS

Se emplearon dos técnicas: Recolección de información documental, esta revisión se realizó en dos fases:

Fase 1. Búsqueda, ubicación y consulta de fuentes primarias, relacionadas con el objeto de investigación como fueron los informes de avances reportados por los Municipios a la Secretaria de Salud de Santander, asociado al cumplimiento de las actividades en la fase de implementación.
Fase 2. Selección de documentos disponibles que se aproximaban al tema de investigación, como información en documentos físicos o en páginas web. (Fuente secundaria). El autor de este trabajo realizo una búsqueda amplia de la política pública, consultando la documentación del Ministerio de Salud. A través de la revisión de la literatura existente, se elaboraron los an-

tecedentes de la problemática de la investigación, lo que condujo a la creación de un marco teórico previo, la contextualización del objeto de estudio y la formulación de los objetivos son elementos necesarios para guiar cualquier estudio.

La otra técnica fue una encuesta para la recolección de datos, se utilizó un instrumento elaborado por el investigador, teniendo como referente en su construcción los elementos de las fases de difusión, movilización, instauración (capacitación), contemplados en el modelo de asistencia técnica para la implementación del plan, como se muestra a continuación:

Cuadro 2 Operacionalización de las variables

Variable	Definición	Definición operacional	Escala de medición
Comunicación y movilización social	Conjunto de acciones comunicativas y mediáticas, encaminadas a facilitar el conocimiento, la comprensión y el empoderamiento de los servidores públicos y los ciudadanos.	Refiere actividades previas a la implementación	*Lanzamiento del plan *Socialización del plan *Asesoría técnica *Capacitación del talento humano *Ninguna
		Refiere el medio utilizado para la socialización al contestar la encuesta	*Medio radial *Foro *Encuentro *Redes sociales *Boletín informativo *Jornada cultural *Taller *Otros *Sin Respuesta

Variable	Definición	Definición operacional	Escala de medición
Capacitación	Proporcionar conocimientos organizados que le permitan al servidor público mejorar su capacidad para la innovación, afrontar el cambio, percibir los requerimientos del entorno, tomar decisiones acertadas en situaciones complejas, trabajar en equipo y valorar y respetar lo público.	Entidades y organismos que acompañaron el proceso de socialización del PDSP 2012-2021	Ministerio de salud Secretario de Salud del Departamento Organismo externo Otros
Variable	Definición	Definición operacional	Escala de medición
Asesoría y acompañamiento	Corresponde a la emisión de opiniones, consejos o advertencias sobre la forma de gestión de procesos	Mide el número de asesorías y acompañamiento recibido y las temáticas abordadas	SI NO Cuales?

	internos claves del sistema de salud, en respuesta a consultas, necesidades, inquietudes y problemas sentidos y expresados, por los servidores públicos de los equipos territoriales.		
Variable	**Definición**	**Definición operacional**	**Escala de medición**
Planeación estratégica	un conjunto de acciones sistemáticas y estratégicas dirigidas a lograr que la planeación territorial en salud, en general, y los Planes Territoriales de Salud y los Planes Institucionales de Salud, en particular, se hagan bajo los lineamientos del Plan Decenal de Salud	Refiere las armonizaciones con los planes territoriales y de salud a través del uso de estrategias	Selección de dimensiones Uso de la estrategia PASE SI NO

	Pública y en particular, con el modelo de determinantes sociales de la salud y el enfoque transectorial.		

Fuente: Estas variables se ajustaron de acuerdo al documento del Ministerio de Salud de asistencia técnica.

DESARROLLO METODOLÓGICO DE ACUERDO A LOS OBJETIVOS ESPECÍFICOS.

Para lograr los resultados esperados del presente trabajo, el desarrollo metodológico se dividió en cuatro (4) etapas, teniendo en cuenta los objetivos específicos planteados. A continuación, se describen las actividades que se realizaron en cada etapa:

Etapa I: Diagnóstico situacional
Recopilación de información
Se estableció contacto con cada uno de los funcionarios de los 87 Municipios, para dar a conocer el objetivo del estudio, este se realizó con apoyo de la secretaria de salud del Departamento de Santander, estableciendo el compromiso de la recibida por correo del instrumento y el diligenciamiento del mismo en un término de 48 horas.

•   Verificación de la implementación del plan en cada Municipio

Con la información recopilada se realiza la tabulación y el análisis para establecer cuales Municipios tienen implementado el plan decenal de salud pública. Esta información se complementa con la revisión de los informes de avances remitidos a la Secretaria de Salud de Santander.

Los datos obtenidos son almacenados en una base de datos y sistematizados estadísticamente por el programa SPSS versión 22. Se utilizan para el análisis tablas de frecuencias absolutas, porcentajes y promedios.

Etapa II: Establecer los avances y las dificultades

Con base en el diagnóstico obtenido se procede a identificar que avances y dificultades se presentan en el proceso de implementación, teniendo como insumo para el análisis los informes remitidos.

Etapa III: Verificación de la existencia de evidencias resultado de la asistencia técnica recibida.

En esta etapa se verifica, el resultado de la asistencia técnica recibida para la puesta en marcha de los lineamientos metodológicos, técnicos y operativos de la Estrategia PASE a la Equidad en Salud, expuestos a través de los procesos necesarios para la formulación integral de Planes Territoriales de Salud en el marco del Plan Decenal de Salud Pública 2012-2021.

Se relacionan los productos originados por la asistencia técnica que deben ser articulados con el plan decenal como son el plan territorial de salud y la adopción de la estrategia PASE

Etapa IV: Recomendaciones para direccionar la implementación del Plan decenal

Se plantean recomendaciones dirigidas al ente departamental y a los Municipios con el fin de fortalecer el proceso de implementación.

RESULTADOS

7.1 Resultados del Instrumento Aplicado

En el presente capitulo se presenta el análisis de los resultados arrojados por la aplicación del instrumento a secretarios de salud o quienes hacen las veces, en cada uno de los 87 Municipios del Departamento de Santander.

Gráfica 2 Municipios con actividades realizadas antes de la implementación del Plan decenal de Salud pública 2012-2021.

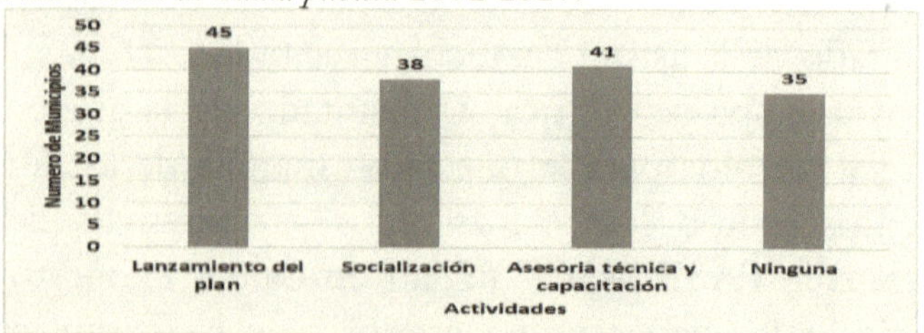

Fuente: Encuesta aplicada a los secretarios de salud agosto de 2017

Para una mejor comprensión en los resultados presentados es importante mencionar que el Ministerio de Salud y Protección Social como responsable de la dirección de la fase operativa del Plan Decenal de Salud Pública 2012-20121, diseño y lidero el proceso de difusión, socialización y asistencia técnica a las entidades territoriales del país, quienes son las encargadas de liderar la realización de estas mismas actividades en cada uno de los municipios. Adicionalmente, el de garantizar el desarrollo de los procesos metodológicos y operativos y las acciones de seguimiento que permitan monitorear la implementación del Plan Decenal de Salud Pública.

Del total de municipios encuestados que fueron 87, el 40% no realizo actividad previa a la implementación del plan, los demás según se evidencia en la gráfica 1, realizaron lanzamiento en un 52%, socialización un 44% y recibieron asistencia técnica y capacitación el 47%.

En la mayoría de los Municipios el lanzamiento del plan se hizo en actos públicos, mediante convocatoria a los diferentes actores (líderes comunitarios, gerentes de las Empresas promotoras y prestadoras de salud y comunidad en general), por parte del alcalde de la localidad y liderado por los equipos técnicos de la Secretaria de Salud del Departamento. En algunos de estos actos se realizó la socialización del mismo. Se hace evidente que la difusión del plan decenal ha sido insuficiente y no llegó al 100% de los Municipios, siendo este un indicador que no contribuye en el cumplimiento de las actividades propuestas por el modelo de asistencia técnica formulada por el Ministerio de Salud.

Gráfica 3 Organismo que realizó la socialización

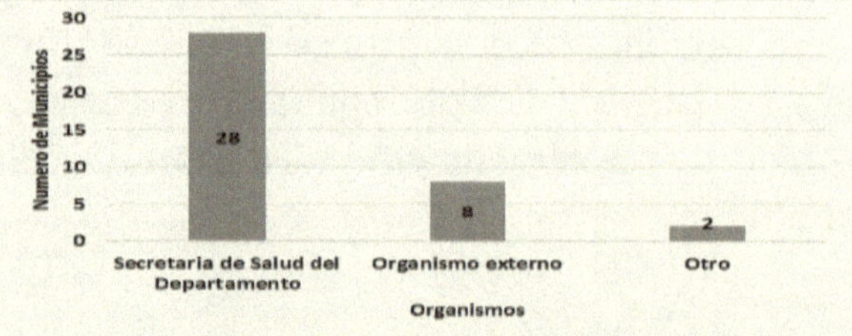

Fuente: Encuesta aplicada a los secretarios de salud agosto de 2017

La socialización del Plan Decenal de salud Pública fue realizada por la Secretaria de Salud del Departamento en un 74%, entidad que según lo expuesto por el Ministerio de Salud es la encargada de liderar esta actividad. Le sigue en su orden los organismos externos, entre quienes están la Universidad Industrial de Santander, entidad que mantiene un convenio con la secretaria de salud para brindar asistencia técnica a los municipios organizados por provincias.

Los medios más utilizados fueron el radial con una frecuencia de 25 veces, siguiendo en su orden los encuentros y los talleres, el que menos se utiliza son las jornadas culturales y las redes sociales.

La radio en las zonas rurales se convierte en un medio masivo de comunicación, con alta audiencia en especial en las zonas más alejadas y con menor posibilidad de recibir información directa, es por estas razones, que ha sido contemplada en la estrategia de comunicación formulada por el Ministerio de salud para la difusión y socialización del Plan, ante la existencia de Municipios del Departamento que se encuentran ubicados en estas zonas.

Gráfica 4 Medio utilizado para la socialización del plan

Fuente: Encuesta aplicada a los secretarios de salud agosto de 2017

Los encuentros regionales o asambleas comunitarias son espacios de encuentros presenciales, que permite la participación de los grupos de interés, convirtiéndo-

se también en uno de los medios que más se utiliza en
la gestión pública, para la rendición de cuentas.

Gráfica 5 Asesoría técnica y acompañamiento recibido

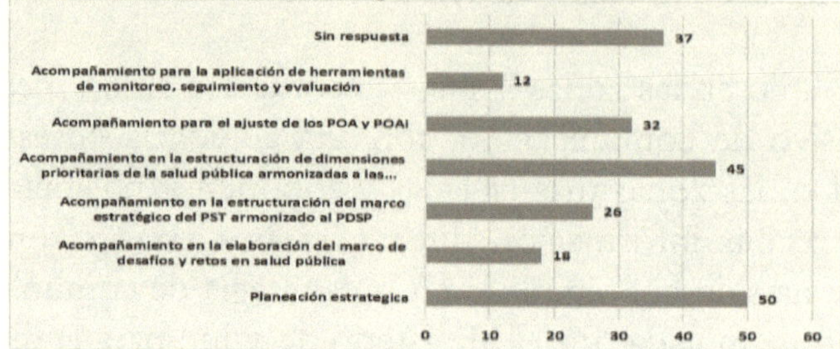

Fuente: Encuesta aplicada a los secretarios de salud agosto de
2017

El acompañamiento en la asistencia técnica se da en
mayor frecuencia en el tema de planeación estratégica,
esta juega un rol sustancial en el ciclo de la política
pública, siendo un elemento clave en el diagnóstico y
en la formulación, pero también suministra elementos
fundamentales para la implementación, el seguimiento
y la evaluación.

En el contexto del Plan Decenal de Salud Pública la
planeación estratégica, se asume como un conjunto de
acciones sistemáticas y estratégicas dirigidas a lograr
que la planeación territorial en salud, en general, y los
Planes Territoriales de Salud y los Planes Institucionales de Salud, en particular, se hagan bajo los lineamien-

tos del Plan Decenal de Salud Pública y en particular, con el modelo de determinantes sociales de la salud y el enfoque transectorial. (Ministerio de Salud, 2013).

En su orden la temática de interés impartida es sobre la estructuración de las dimensiones y el acompañamiento en los ajustes de los planes operativos, estas tres temáticas se articulan para cumplir con el plan Decenal. Se resalta que el ítem sin respuesta registra 37 anotaciones, información que coincide con el número de Municipios que no recibieron asistencia técnica, registrado en la gráfica 1.

La asistencia técnica en esta política en el proceso de implementación busca la capacitación para generar conocimientos, el desarrollo de habilidades y el cambio de actitudes que conlleven a generar proyectos de aprendizaje significativo. No disponer de ella se convierte en una limitante que puede verse reflejado en el cumplimiento de los objetivos propuestos.

Se puede observar según lo refieren los encuestados, que los Municipios en un 67% han incorporado las dimensiones propuestas en su plan territorial de salud, factor importante en la etapa de implementación de la política, que hace prever que se ha cumplido con la fase del proceso establecido como lineamiento Nacional. Este es un indicador que evidencia la existencia de los planes territoriales en salud con dimensiones prio-

rizadas y armonizadas al Plan decenal de salud pública
2012-2021.

*Gráfica 6 Plan Decenal de Salud Pública en armonía con el Plan territo-
rial de salud según las dimensiones*

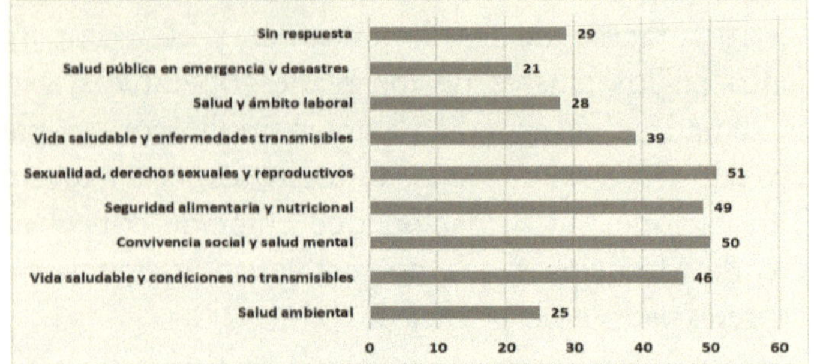

Fuente: Encuesta aplicada a los secretarios de salud agosto de
2017

Es importante resaltar que un 33% no manifiesta información a lo solicitado, lo que hace prever la necesidad de realizar un seguimiento puntual a estos entes
locales, que permita identificar cuáles son las falencias
presentadas para establecer planes de mejoramiento en
el proceso.

Gráfica 7 Para la armonización del Plan Territorial de Salud con el Plan de Decenal de Salud Pública 2012-2021, se utilizó la Estrategia PASE a la Equidad en Salud

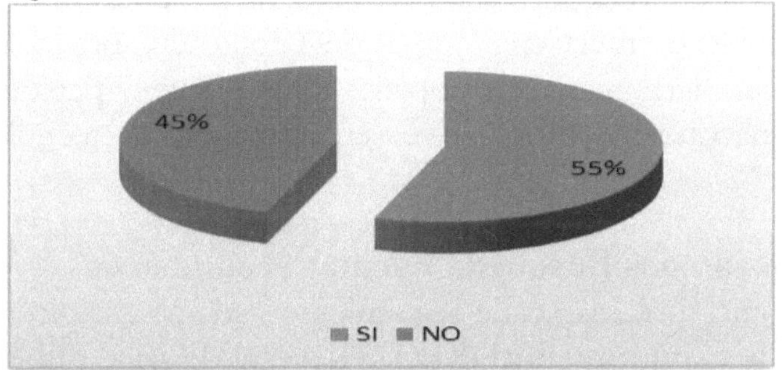

Fuente: Encuesta aplicada a los secretarios de salud agosto de 2017

El 55% de los encuestados representantes de 48 Municipios, refieren que si se utilizó la estrategia, este aspecto es relevante en la medida que es la metodología que proporciona las herramientas tecnológicas que posibilitan pasar del discurso a la acción y se convierte en la plataforma que facilita la integración de la información al Sistema de Información en Salud (SISPRO), y se convierte, así, en la fuente de información sobre la cual se construye y desarrolla el Sistema de Monitoreo y Evaluación del Plan Decenal de Salud Pública PDSP 2012-2021.

Los que no la utilizaron, que fueron 39, ante la pregunta de expresar los motivos, refieren que "no disponían de la información" "la metodología no fue socia-

485

lizada a tiempo" "el equipo técnico no acudió a todos
los Municipios" "Los funcionarios que fueron capacitados ya no desempeñan las funciones" "el cambio de
gobierno interviene en el desarrollo del proceso",
"son herramientas complejas que requiere personal
con conocimientos básicos en el manejo de tecnología"

Resultados Búsqueda Fuentes Secundarias

Como mecanismo de seguimiento cada Municipio re-
mite el informe final del plan decenal de salud pública
2012-2021 a la Secretaria de Salud del Departamento.
Realizada esta revisión se encontró lo siguiente:

Cuadro 4 Seguimiento al informe final del Plan Decenal de Salud Pública 2012-2021

Número de Municipios que enviaron el PDSP	Porcentaje de cumplimiento formulación del PDSP con metodología PASE	Porcentaje de cumplimiento formulación del PDSP con otra metodología	Porcentaje de cumplimiento en la implementación del PDSP 20122021
55	76%	24%	80%

Fuente: Elaboración propia resultado de la revisión de 55 informes

Del total de Municipios del Departamento que son 87,
el 63% que representa a 55, enviaron al ente departamental los documentos que evidencian la formulación

del Plan Decenal de Salud Pública, inmerso en el Plan Territorial de Salud 2016-2019.

En la revisión se verifico que los informes contemplara los anexos técnicos aprobados mediante proyectos de acuerdo que adoptan el plan territorial de salud 2016- 2019, y los soportes que evidencia la participación del Consejo territorial de seguridad social que es un "espacio de toma de decisiones, en el que se desarrollan políticas concertadas frente al Sistema General de Seguridad Social en Salud, que asesora a las Direcciones de Salud de las respectivas jurisdicciones en la formulación de los planes, estrategias, programas y proyectos de salud en la orientación de los sistemas territoriales de seguridad social en salud"(Acuerdo 025 de 1996) y la participación de la comunidad con sus representantes.

 A la fecha de elaboración de este trabajo, el 80% de los planes iniciaron su implementación, resaltando que 42 informes presentan en su contenido la estructura sugerida en los lineamientos del Ministerio de Salud armonizado con la metodología PASE, lo cual quiere decir que en el 2016 con el cambio de los mandatarios, se vivió la experiencia de la formulación de los nuevos planes de desarrollo territorial, en los cuales por disposición del artículo 27 de la Resolución 1536 del 2015, deben quedar incorporados los nuevos Planes territoriales de salud –PTS- dentro de los plazos de ley establecidos para la planeación del desarrollo. En la adopción de esta estrategia se refleja el desarrollo metodológico de dos procesos, tres momentos y diez pasos.

Existe otro grupo de documentos que su estructura y contenido está basada en la Resolución 425 de 2008, norma que definía la metodología para la elaboración, ejecución, seguimiento, evaluación y control del Plan de salud territorial y las acciones de salud pública, está establecido que esta pierde vigencia a partir de la expedición de la resolución 1536 de 2015 que establece disposiciones sobre el proceso de planeación integral en salud. Con respecto a esto se espera que en su momento de seguimiento y evaluación la entidad pertinente, determine su pertinencia, coherencia y viabilidad.

Estos resultados encontrados en esta revisión afianzan, la información obtenida del instrumento aplicado, que muestra que 32 Municipios que representa el 37%, no han implementado aun el Plan decenal de salud pública, o se encuentran en la fase de formulación, lo que sí es claro es que varios de estos no contaron con el acompañamiento técnico, para el desarrollo de un ejercicio que reviste una mayor complejidad y exige un mayor aprendizaje y práctica por tratarse de una experiencia nueva en materia de planeación.

La asistencia técnica en esta fase de implementación es un aspecto clave que busca el fortalecimiento de capacidades de los servidores públicos de las secretarias de salud, este fortalecimiento se define como las condiciones, cualidades, habilidades y destrezas que los servidores públicos deben tener, desarrollar, aprender y/o fortalecer para contribuir a la implementación del PDSP 2012-2021 y su sostenibilidad, mediante las diferentes herramientas normativas, conceptuales, metodológicas y operativas.

ANÁLISIS, DISCUSIÓN Y CONCLUSIONES

Cuando no se logra avanzar en el cumplimiento pleno de la implementación de una política, como la estudiada en este trabajo académico, se podría pensar que existen unos factores o barreras que pueden incidir en el cumplimiento de los objetivos.

Uno es de estos factores focalizado en el caso de Colombia es la crisis de la salud que se vive actualmente, que evidencia inconvenientes como los desequilibrios a los que está sometida la sostenibilidad financiera del sistema, la persistencia de inequidades en el estado de salud, las deficiencias en la calidad de la atención y la escasa modernización de las instituciones prestadoras como lo plantea Orozco (2015). Se podría decir que los municipios que contemplan mayores recursos tienen la posibilidad de implementar las políticas asumidas, situación que no es igual para aquellos que carecen de estos, que no logran detectar los problemas de implementación a tiempo, que, si se diera, el sistema lograría regularse sobre la marcha y hacer los ajustes oportunos.

La eficacia no depende solo de la estructura y organización que presente una política, como es el caso del Plan decenal, el cual muestra una normatividad que la respalda y unos lineamientos técnicos, metodológicos y operativos que la hacen viable para su implementación, sino que se requiere de la voluntad de los actores que hacen parte del proceso, quienes deben propiciar la articulación y armonización de los planes territoriales para llevarlos a feliz término, demostrando un liderazgo activo, creíble y convincente. En lo que respecta a esta voluntad política, Aguilar (2007), citado por Arroyo, 2010, plantea que debe existir voluntad expresa de los actores políticos dentro de contextos políticos plurales, de libertad y respeto; adicionalmente, en su segunda contribución destaca el énfasis que pone en los actores sociales, en cuanto a que la política pública tenga la posibilidad de superar los ataques e intentos de bloqueo por parte de los ciudadanos o grupos de interés.

Un factor de gran importancia detectado es la falta de continuidad de los procesos en las Alcaldías, especialmente cuando empieza una nueva administración, esto propicia una desarticulación entre las diferentes dependencias y equipos intersectoriales, que produce el estancamiento de las acciones y no cumplimiento de los cronogramas establecidos, mostrando la debilidad del organismo ejecutor, como es el Municipio, tal como lo menciona Tapella, (2007) cuando dice que "es muy común encontrar esta situación en los proyectos apoyados por instituciones estatales, las cuales están sujetas a los cambios en la conducción política (cambios de gobiernos y de funcionarios). Frecuentemente, una determinada área o institución que fue prioridad para una gestión de gobierno, deja de serlo para la subsiguiente; en tal sentido, pierde el apoyo y legitimación de las autoridades, lo que termina en un abandono de los proyectos que éstas estaban implementando" p.5.

En relación con lo anterior, el cambio de administración, también afecta el funcionamiento de los equipos de trabajo, por lo general estos han sido capacitados y se han posicionado y apropiado del proceso, que al ser interrumpido, produce traumatismos en la continuidad de las acciones, en el caso de la implementación del plan, este requiere de un adiestramiento previo en el manejo de herramientas para su funcionamiento, que no es de fácil manejo sino se tiene el conocimiento para hacerlo.

En este momento es necesario tener en consideración que el proceso de asistencia técnica requiere no solo del suministro de información, datos, cartillas, instrumentos, sino del acompañamiento a los equipos locales en un proceso de formación activa a fin de dejar capacidad instalada en cada uno de los Municipios.

CONCLUSIONES

Con fundamento en lo expuesto en los apartados anteriores se puede concluir que un porcentaje representativo de Municipios del Departamento, asumió la implementación del Plan Decenal de Salud Pública 2012-2021, desarrollando las fases previas como fue el lanzamiento, la socialización y el acompañamiento técnico. Si bien se evidencia este alcance, es importante resaltar que no todos asumieron los lineamientos metodológicos, técnicos y operativos formulados como directriz nacional.

El proceso de implementación muestra limitaciones que inciden en el no cumplimiento de los lineamientos, entre los que se resaltan: la aplicación inadecuada de metodologías o modificación arbitraria de la misma; fraccionamiento en el ejercicio por la terminación del periodo de los alcaldes; desconocimiento de la estrategia "PASE a la equidad en salud" que plantea una secuencia lógica de los procedimientos, momentos, pasos y actividades que permite a las entidades territoriales avanzar exitosamente en la formulación de los Planes Territoriales de Salud; la no asistencia técnica por parte de los equipos multiplicadores a los actores responsables de su formulación; la tecnología utilizada no facilita la conectividad

Los informes que formulan los planes territoriales de salud y el plan decenal entregado al ente Departamental para su seguimiento, no muestran una estructura unificada en su contenido, encontrándose que unos asumen el modelo de la estrategia PASE a la equidad en salud y otros los lineamientos de la resolución 425 del 2008 metodología que perdió vigencia con la promulgación de los lineamientos de la Política Integral de Atención en Salud.

La escasa gestión temprana, oportuna e integral de los riesgos en salud, que se suscitan deliberadamente dentro de una comunidad demuestran como desde la planeación y la implementación las entidades territoriales fracasan y son incapaces de reducir la susceptibilidad al daño, teniendo en cuenta tanto los riesgos acumulados como los que emergen en el momento vital. En este caso la resistencia de los funcionarios públicos en la instancia Municipal develo la falta de interés por la evaluación, además de violar un derecho ciudadano de conocer la gestión de sus gobernantes.

El sin fin de tensiones generadas por la confrontación
de los intereses del bien común protegidos en el marco de la Evaluación y las practicas inadecuadas del
contexto político donde predomina de modo aberran-
te el interés particular, originado por la captura del Estado por el clientelismo, la burocracia y la deslegitima-
ción de la gobernanza. Esta evaluación además revelo
las limitaciones estructurales, la falta de capacidad institucional, liderazgo de las autoridades y la facultad de
rectoría, que obstaculiza el logro de los objetivos de la
salud, la participación ciudadana y su capacidad de in-
ferir en las decisiones y acciones del sistema.

La fragmentación de la implementación de la política
pública, demostró la falta de personal idóneo, la alta
rotación de los mismos, las deficiencias de infraestructura y logística, en algunos casos los honorables
secretarios de salud manifestaron su preocupación por
mejorar el acceso y calidad a los programas por medio
de la adopción de distintas estrategias, sin embargo, el
logro de este propósito en el plano de la descentralización administrativa, derivo en el incumplimiento de las
competencias de los actores públicos por factores que
van más allá de barreras administrativas, geográficas
económicas, del servicio y derecho de la salud. En
conclusión, la implementación de esta política tuvo un
matiz de tela de Penélope que al final fue conquistada
por la Evaluación en función de la democracia y la justicia social. La paradoja como paradigma.

RECOMENDACIONES

Desde el gobierno nacional:

• Mejorar la calidad institucional y la gestión administrativa.

• Fortalecer la capacidad técnica, rectoría y gobernanza del ministerio de salud, las secretarías departamentales y municipales para liderar el sistema.

• Verificar que la implementación del plan decenal se articuló con todos los actores del sistema.

• Incluir la evaluación en todas las etapas de formulación e implementación del plan para favorecer la articulación intersectorial.

• Mejorar la idoneidad de los diferentes actores y del personal o talento humano, en este sentido los gobernantes deben cumplir con un marco de competencias y compromisos.

• Involucrar a la comunidad en la realización de diagnósticos participativos, aplicación de evaluaciones y socialización de resultados a través de informes de gestión.

• Mejorar la infraestructura pública, física y tecnológica, la asesoría técnica y la gestión de recursos.

- Promulgar e institucionalizar la evaluación de políticas, planes, programas y proyectos en el ámbito de gobierno.

- Desde la organización.

- Desarrollar un sistema de información integrado y de alta calidad para la toma de decisiones, seguimiento y control.

- Fortalecer la capacidad administrativa de las secretarias de salud.

- Posicionar en la población el mecanismo de Evaluación para la comprensión del estado social de derecho.

- Desde la Participación comunitaria

- Involucrar y formar líderes comunitarios en el proceso de diseño, planeación y ejecución de la política, para el desarrollo de acciones conjuntas.

- Desde la Academia e investigación.

- Vincular la academia a los procesos de gestión de las secretarias de salud.

- Vincular la academia a la formación de personal en competencias para la implementación de la Evaluación de políticas públicas.

- Promover la investigación de políticas, planes, programas y proyectos de políticas públicas.

- Desde la Gobernanza

• Promover la Participación social amplia integrada como sistema de apoyo administrativo. □ Desde el gobierno local:

• Implementar un sistema de monitoreo de políticas públicas ya que esta promoverá el fortalecimiento en el gobierno local y la institucionalidad.

• Adoptar la evaluación como herramienta de gestión para valorar el desempeño de administración pública.

• Decretar como obligatorio el empalme de la formulación de toda política exigiendo el sistema de seguimiento o control desarrollado por la entidad territorial.

• Mejorar la transparencia y eficiencia del sistema evaluación a través del gobierno en línea.

• La implementación de la evaluación de las políticas públicas a través de lineamientos procedimentales y de monitoreo, en el marco de un sistema de indicadores que generaría para el Departamento de Santander una serie de factores propicios para verdadera la gobernanza.

• Colombia hoy vive un periodo de transición hacia un país más justo y en paz, donde la prioridad se enfoca la distribución tripartita del poder, la generación de empleo, la promoción de la educación, el avanzar en materia de infraestructura, la lucha contra la impunidad, la corrupción y las drogas, gozar una verdadera justicia de paz, reparación y reintegración, que devuelva la confianza al ciudadano y que este a su vez adopte como deber la cultura de la evaluación.

BIBLIOGRAFÍA

Aguilar, L. F., Galíndez, C., & Velasco, E. (2005). Política pública y desarrollo de los recursos humanos. *Revista Servicio Profesional de Carrera, 2*(3). Recuperado de http://revistabuengobierno.org/home/wp-content/Documentos/RSP3_2.pdf

Aguilar Villanueva, L. F., Aguilar Villanueva, L. F., ASCHER, W. B., ROBERT, D., GARZON, Y., LANDAU, D.,... & Laswell, H. D. (2007). El estudio de las políticas públicas. Recuperado de http://www.inap.mx/portal/images/RAP/el%20estudio%20de%20las%20politicas%2 0publicas.pdf

André, N., & Roth, D. (2006). Políticas Públicas: Formulación, implementación y evaluación. *Ediciones Aurora, Colombia.* Recuperado de http://200.25.59.71:8081/jspui/bitstream/11146/519/1/1094 Politicas%20publicas_Roth%20Andre%201.pdf

Arroyo, C, C. (2010). Propuesta de un modelo para evaluar la implementación de la política pública de profesionalización del servicio público. Universidad Autónoma Nuevo León, tesis de doctorado en filosofía con acentuación en ciencias políticas. México. Recuperado de http://eprints.uanl.mx/2053/6/1080194472.pdf

Corzo Castro, D. F., & Román Ariza, G. (2014). Análisis de las problemáticas de la implementación de políticas públicas en Colombia: sector salud. *Temas SocioJurídicos, 33*(67), 47. Recuperado de

http://revistas.unab.edu.co/index.php?journal=sociojuridico&
pa-
ge=article&op=view&path%5B%5D=2101&path%5B%5D=1
878

Cuervo, J. (2007). Las políticas públicas: entre los modelos teóricos y la práctica gubernamental. (Una revisión a los presupuestos teóricos de las políticas públicas en función de su aplicación a la gestión pública colombiana). Ensayos sobre políticas
públicas, 65-95. Recuperado de
http://publicaciones.uexternado.edu.co/ensayos-sobre-
politicas-publicas-politicacolombiana.html

Martínez,   F,   (2013). El   Pulso. Salud Pública   en   Plan   Decenal: ¿se mejorará la salud de los
colombianos? Medellín, Colombia, Suramérica   año 15   no.
177 junio del año 2013   ISSN 0124-4388. Recuperado de
http://www.periodicoelpulso.com/html/1306jun/debate/deba
te-14.htm

Moral, I. (2014). Elección del método de evaluación cuantitati-
va de una política pública. *Serie: guías y manuales*. Recuperado de
http://www.sia.eurosocialii.eu/files/docs/1400665227-
DT6.pdf

Osuna, J. L., Márquez, C., Cirera, A., & Vélez, C. (2000). Guía
para la evaluación de políticas públicas. *IDR. Sevilla*. Recuperado de
http://siare.clad.org/siare/innotend/evaluacion/manualeval.pd
f

Roth Deubel, A. N. (2009). La evaluación de políticas públicas
en Colombia: una mirada crítica a partir de las prácticas evaluativas oficiales de los programas de la" Red de Apoyo Social".
Revista del clad Reforma y Democracia, (45). Recuperado de
http://www.redalyc.org/pdf/3575/357533676007.pdf

Rodríguez Ibagué, L. F., & Díaz Muñoz, M. F. (2009) Políticas públicas y entornos saludables. Borradores de Investigación: Serie documentos Rehabilitación y Desarrollo Humano, ISSN 1794-1318, No. 47 (noviembre de 2009). Recuperado de http://www.urosario.edu.co/urosario_files/64/645294f0-93c7-4caf-b44d6620b8004870.pdf

República de Colombia. Ministerio de salud. (2013) Modelo de asistencia técnica regional unificado para la implementación del Plan Decenal de Salud Pública PDSP, 2012 – 2021. Bogotá. https://www.minsalud.gov.co/Documentos%20y%20Publicaciones/ASISTENCIA%2 0TECNICA%20PDSP.pdf

República de Colombia. Ministerio de salud. (2014) Metodología para el monitoreo y evaluación de los Planes Territoriales de Salud. Bogotá. Recuperado de https://www.minsalud.gov.co/sites/rid/Lists/BibliotecaDigital /RIDE/VS/ED/PSP/meto dologia-monitoreo-eval-pts.pdf

República de Colombia. Ministerio de salud. (2013). Plan Decenal de Salud Pública PDSP, 2012-2021 La salud en Colombia la construyes tú. Bogotá, Colombia. Recuperado de https://www.minsalud.gov.co/sites/rid/Lists/BibliotecaDigital /RIDE/VS/ED/PSP/PDSP.pdf

República de Colombia. Ministerio de salud. (2013). Planeación integral en salud Instrumento estructural para la gestión en salud. Recuperado de https://www.minsalud.gov.co/sites/rid/Lists/BibliotecaDigital /RIDE/VS/ED/GCFI/Pla neacion-territorial-instrumento-gestion-publica-sandra-fuentes.pdf

Sampieri, R. H., (2016). *Metodología de la investigación* (sexta edición). México: McGraw-Hill. Recuperado de https://docs.google.com/viewer?a=v&pid=sites&srcid=ZGV mYXVsd-

GRvbWFpbnxjb250YWR1cmlhcHVibGljYTk5MDUxMHxne
Do0NmMxMTY0NzkxNzliZmYw

Tapella, E. (2007). "¿por qué fracasan los proyectos? la importancia de la evaluación ex ante en el ciclo de vida de los proyectos. Instituto de Investigaciones Socioeconómicas. Puerto Rico.
Recuperado   de
https://planificacionsocialunsj.files.wordpress.com/2011/09/p
or-quc3a9-fracasanproyectos-evaluacion-ex-ante.pdf

Tobar, F. (2012). Políticas de salud: conceptos y herramientas".
*Responsabilidad profesional de los médicos: ética, bioética y jurídica: civil y
penal, 2*, 535-552. Recuperado de
http://www.fsg.org.ar/TOBAR%202.Politica_de_salud.pdf

Vargas, Alejo (2001). Notas sobre el Estado y las políticas públicas. Bogotá: Almudena Editores Arroyave, S. A. (2011,
January). Las políticas públicas en Colombia. Insuficiencias y
desafíos. In Revista Fórum (Vol. 1, No. 1, pp. 95-111). Recuperado de
http://revistas.unal.edu.co/index.php/forum/article/view/323
59